际中文教师
跨文化传播能力研究

王雁冰　著

郑州大学出版社

图书在版编目(CIP)数据

国际中文教师跨文化传播能力研究／王雁冰著. --郑州：郑州大学出
版社，2024.4
ISBN 978-7-5645-9763-4

Ⅰ. ①国… Ⅱ. ①王… Ⅲ. ①汉语－对外汉语教学－教师－教学
能力－研究 Ⅳ. ①H195

中国国家版本馆 CIP 数据核字(2023)第 240685 号

国际中文教师跨文化传播能力研究
GUOJI ZHONGWEN JIAOSHI KUA WENHUA CHUANBO NENGLI YANJIU

策划编辑	孙理达	封面设计	苏永生
责任编辑	孙理达	版式设计	苏永生
责任校对	张若冰	责任监制	李瑞卿

出版发行	郑州大学出版社	地　　址	郑州市大学路 40 号(450052)
出 版 人	孙保营	网　　址	http://www.zzup.cn
经　　销	全国新华书店	发行电话	0371-66966070
印　　刷	广东虎彩云印刷有限公司		
开　　本	710 mm×1 010 mm　1／16		
印　　张	13.25	字　　数	232 千字
版　　次	2024 年 4 月第 1 版	印　　次	2024 年 4 月第 1 次印刷

书　　号	ISBN 978-7-5645-9763-4	定　　价	68.00 元

前言 PREFACE

2021年5月31日,习近平总书记在主持中共中央政治局就加强我国国际传播能力建设进行集体学习时强调,"要更好推动中华文化走出去,以文载道、以文传声、以文化人,向世界阐释推介更多具有中国特色、体现中国精神、蕴藏中国智慧的优秀文化",展示真实、立体、全面的中国。国际中文教育是传播中国声音、展示中国形象的重要渠道之一,国际中文教师是国际中文教育的主体,提升其跨文化传播能力的重要性不言而喻。本书通过对国际中文教师跨文化交际能力的阐述,结合案例及分析,借以对有志于从事国际中文教育的读者提供借鉴和参考。

本书聚焦于国际中文教师跨文化传播能力研究。本书第一章首先简要回顾了我国国际中文教育的发展历程,分析了其理论基础和影响因素;其次从学理上分析国际中文教育是一项传播事业;再次从文化的概念和特点入手,分析传播学视角下的跨文化传播,并阐释了国际中文教育和跨文化传播的关系,最后简要介绍了汉语志愿者项目以及孔子学院的相关情况。

第二章首先分析了跨文化传播的定义、内涵、理论基础及传播规律;然后论述跨文化传播能力是国际中文教师能力的重要组成部分,并重新界定国际中文教师跨文化传播能力的定义和内涵,认为其跨文化传播能力包括跨文化适应能力和跨文化交际能力,进而论述国际中文教师应具备跨文化传播学的基础知识与理论、国内外语言及文化国际传播的历史与现状、汉语及中国文化传播的模式与策略等三方面素养;最后探讨了国际中文教师在跨文化传播能力存在以下五方面的问题:对国际中文教育的认识不到位;文化知识准备不足,文化立场摇摆不定;跨文化交际意识不足;缺乏课堂文化教学经验以及文化推广活动缺乏丰富多彩性。

第三章首先分析了国际中文教师跨文化适应能力的定义和内涵,讨论了跨文化适应能力是国际中文教师跨文化传播能力的基础。接下来,选取了1名公派汉语教师以及8名汉语志愿者的案例,在案例分析方面,主要从文化知识方面、跨文化交际意识方面以及环境适应能力方面进行分析。

第四章首先从国际中文教师跨文化交际能力的定义和内涵入手,指出跨文化交际能力是国际中文教师跨文化传播能力的重要体现;其次分析了文化冲突对国际中文教育的正面影响和负面影响，并从四个方面提出面对跨文化交际中文化冲突的应对策略：师生全面培养全方位的跨文化交际能力，共同构建多元化的思维方式，增强跨文化适应能力；建立平等共享的"第三种文化"以及教师灵活运用跨文化教学能力。接下来选取了12名汉语志愿者的案例，并在中文教学方面从注意因材施教、注重策略调整以及注重教学反思进行分析；在文化推广方面从推广形式、积极融入当地文化和提升跨文化交际能力进行分析。

第五章主要从加强传播理论学习、协调好语言与文化的关系、提升中国传统文化素养、提升跨文化适应能力以及提升跨文化交际能力等五个方面提出提升国际中文教师跨文化传播能力的对策建议。

本书的特点是采用新的视角对国际中文教师跨文化传播能力进行分析，理论和案例相结合，通俗易懂。

本书从酝酿到定稿历时近6年。笔者是平顶山学院的一名教师，曾作为国家公派汉语教师，于2014年9月至2016年8月赴美国特洛伊大学孔子学院从事汉语国际推广工作。海外工作经历使笔者对国际中文教师的跨文化传播能力萌发兴趣，并产生了收集身边汉语教师志愿者跨文化传播案例的想法。笔者所在工作单位是河南省首批汉语国际推广基地之一，近年来，该校选派的汉语教师志愿者人数位居全省同类高校前列。经笔者多方努力，本书搜集到该校汉语教师志愿者跨文化传播案例30余篇，从中精选了20篇，和笔者的海外教学经历一起，作为本书研究的案例和分析素材。

本书的读者对象是高校汉语国际教育专业学生以及其他有志于从事国际中文教育的各类人员。案例尽可能保留提供者的原汁原味，图文并茂，可读性强。

笔者首先感谢为本书提供素材的来自平顶山学院的20名汉语教师志愿者，他们在认真完成汉语国际推广工作的同时，应邀对其跨文化传播的案例进行回顾和梳理。本书在写作过程中，还得到了平顶山学院文学院有关同人以及该校国际交流与合作中心主管领导和同事的大力支持和帮助，在此一并致谢。

因本人学术能力和水平有限，书中难免有错误或不当之处，敬请读者批评指正！

王雁冰

2022 年 4 月

目录 CONTENTS

第一章　国际中文教育和跨文化传播的理论分析 ·················· 1

　第一节　从对外汉语教学到国际中文教育 ···················· 1

　第二节　国际中文教育与传播学 ·························· 8

　第三节　国际中文教育和跨文化传播 ······················ 10

第二章　国际中文教师跨文化传播能力及存在问题 ·············· 22

　第一节　跨文化传播概述 ······························ 22

　第二节　国际中文教师跨文化传播能力研究 ················ 31

　第三节　国际中文教师跨文化传播能力存在的问题 ·········· 35

第三章　国际中文教师跨文化适应能力及案例分析 ·············· 40

　第一节　国际中文教师跨文化适应能力概述 ················ 40

　第二节　国际中文教师跨文化适应能力案例 ················ 42

　第三节　国际中文教师跨文化适应能力案例分析 ············ 112

第四章　国际中文教师跨文化交际能力及案例分析 ·············· 117

　第一节　国际中文教师跨文化交际能力概述 ················ 117

　第二节　国际中文教师跨文化交际能力与文化冲突 ·········· 118

　第三节　国际中文教师跨文化交际能力案例 ················ 126

　第四节　国际中文教师跨文化交际案例分析 ················ 187

第五章　提升国际中文教师跨文化传播能力的对策建议 ········ 192

　第一节　加强传播理论学习 ···························· 192

　第二节　处理好语言与文化的关系 ······················ 194

　第三节　提升中华优秀传统文化素养 ···················· 195

　第四节　提升跨文化适应能力 ·························· 196

　第五节　提升跨文化交际能力 ·························· 197

参考文献 ··· 200

第一章 国际中文教育和跨文化传播的理论分析

本章第一节简要回顾我国国际中文教育从对外汉语教学到汉语国际教育再到国际中文教育的发展历程,并简要分析国际中文教育的理论基础和影响因素。第二节借用哈罗德·拉斯韦尔(Harold Lasswell)的理论分析国际中文教育是一项传播事业。第三节从文化的概念和特点入手,分析传播学视角下的跨文化传播,最后就国际中文教育和跨文化传播的关系进行分析,简要介绍汉语教师志愿者项目,详解介绍孔子学院的相关情况。

第一节 从对外汉语教学到国际中文教育

国际中文教师是国际中文教育的主体,研究国际中文教师离不开研究国际中文教育,本节简要回顾对外汉语教学、汉语国际教育以及国际中文教育的概况和发展历程。

一、对外汉语教学概述

我国的对外汉语教学由来已久,起始于汉代,兴盛于唐代,当时的外国留学生或者"学问僧"多达数千人次。西到安息与天竺,东到高丽和日本,均有派出到中国的汉语学习者。他们本着或学习或经商或传教的目的,着重口语;或者以对汉学进行研究为目的,看重书面语。明朝末期来华的法国传教士金尼阁(Nicolas Trigault)编著的《西儒耳目资》和清朝末期英国人威妥玛(Thomas Francis Wade)编著的《语言自迩集》可以算作当时影响比较广的、具有代表意义的汉语教材。

新中国成立以来,"对外汉语教学"经历了三个发展阶段,每个阶段特点不同。

(一)第一个阶段

第一个阶段是从新中国成立初期到20世纪70年代初期。当时,对外汉语教学还不是独立的学科,只是来华留学生专业学习前的预备语言教育。

1950年,保加利亚、罗马尼亚、波兰、捷克斯洛伐克等数个东欧国家派来了第一批来华留学生。留学生从参加1至2年的语言培训课程,然后转移到其他大学学习文学、历史和其他专业。1952年,又有来自德意志民主共和国、苏联、蒙古、朝鲜、越南、阿尔巴尼亚和南斯拉夫的来华留学生,后来又有荷兰、意大利、加拿大、古巴等国派来留学生。50年代初,南宁和桂林还成立了招收越南留学生的学校。60年代初,非洲和阿拉伯国家大批学生来华,北京外国语学院成立了非洲留学生办公室,对留学生进行汉语教学。1962年,在北京成立了外国留学生高等预备学校。1965年,改名为北京语言学院。同年,越南政府派来了大批的留学生,当时国内20多所高校承担了对越南学生的汉语预备教育,这使对外汉语教学达到了空前规模。1973年以后,到中国学习的外国留学生与日俱增,主要来自亚非拉等第三世界国家。

(二)第二个阶段

第二个阶段是从改革开放到2005年。1984年,对外汉语教学成为一门独立的学科。学术界把对外汉语教学的学科属性定义为应用语言学中的一个分支。

对外汉语教学的独特性和重要性,得到了政府的关注。教育部组建了专门的领导小组,各个高校的留学生教学机构也纷纷建立,开始着重于留学生学历培养以及对外汉语教师培养的教材编写、资格认证等。其间,随着中日和中美关系的逐步发展,以及对外开放政策的实施,日本以及欧美的留学生大量增加,到1986年,已经有上百个国家的留学生来到我国高校进行汉语学习。

(三)第三个阶段

随着2005年7月"世界汉语大会"的召开,对外汉语教学进入了第三个发展阶段。这个阶段与前期最重要的区别是汉语教学主阵地的转移,从中国国内转向整个世界。汉语作为第二语言的教学实现了从"请进来"到"走出去"的转变。对外汉语教学得到了大力发展,这归功于中国国民经济的蓬勃发展以及中国国际地位的大幅提高。

二、汉语国际教育概述

2004年起,随着国家相关政策的调整,对外汉语教学开始向汉语国际推广转型,孔子学院在世界各地遍地开花。海外汉语教育的迅速发展,使得"对外汉语教学"这一说法越来越不能适应汉语国际教学发展的新情况,"汉语国际传播""汉语国际教育""国际汉语教学"等说法开始被越来越多的人认可并使用。2007 年,我国开始设置"汉语国际教育硕士专业学位";2012 年,教育部颁布了《普通高等学校本科专业目录和专业介绍》,其中将原本称为"对外汉语教学"的专业更名为"汉语国际教育"。从学科定名的变化也可发现,"对外汉语教学"的说法正在逐渐淡化,"汉语国际教育"正逐渐取代它成为涵盖国内和国外汉语教学的名称。而且,"汉语国际教育"的内涵和外延比"对外汉语教学"更加丰富,不仅包括国际范围内的汉语教学,而且包括汉语教学的研讨、汉语教师的培养、汉语教材的开发、中国文化在世界范围内的传播等。随着汉语国际推广事业的进一步发展,汉语国际教育的内涵更加深刻,外延更加广博。汉语国际教育逐渐成为涵盖和统筹国内和国外两种语境下汉语教育的定名,既包括国内教育,也包括海外教育。可以说,汉语国际教育是在汉语国际推广的新形势下,对对外汉语教学的补充、延伸和发展,是在全球化背景下对汉语教育的重新定位。

汉语国际教育既是一门学科,又是一项事业。作为一门学科的汉语国际教育向着越来越成熟的方向发展,从学科定位到培养目标到课程设置都非常清晰,培养了一批又一批优秀的国际汉语教师和汉语国际教育研究人员,为汉语国际推广事业输送了大量人才,加快了汉语国际传播的步伐。作为一项事业的汉语国际教育经过多年的发展,所取得的成就也是有目共睹的。海外汉语学习需求越来越大,孔子学院和孔子课堂的数量迅速增加,经过多年的发展,孔子学院已在全球一百多个国家落地开花。无论是来华留学生还是海外学习者的人数都保持着持续增长的势头,针对华人、华侨的华文教育也开展得丰富多彩、如火如荼。原中国国家汉语国际推广领导小组办公室(简称"国家汉办")每年选派的公派汉语教师和汉语教师志愿者的规模不断扩大,各国本土汉语教师队伍也在不断壮大。汉语教材和教学资源日益丰富、多元,以满足不同语种、不同层次以及不同阶段汉语学习者的需求。汉语国际传播的媒介和渠道不断拓宽,网络孔子学院、广播孔子学院、电视孔子学院等的成立,为世界各地的汉语学习者提供了丰富的汉语课程和汉语学习资源,方便学习者随时随地学习汉语。汉语国际教育领域的研究也日趋成熟深入,研究成果层出不穷,越来越多的教学和科研人员投入到这个学术研究领域,不断推动该领域的发展。

然而,以孔子学院为领头羊的汉语国际教育经过十几年令人惊叹的迅猛发展后,在全世界掀起"汉语热"的同时,也引起了国际社会一些不理解的声音,甚至接连出现了孔子学院被关闭的事情。因此,我们十分有必要反思和调整汉语国际推广的策略,化解国际社会对我国汉语国际教育的质疑和偏见。汉语国际教育发展的重点不应该再继续放在追求数量和速度上,而应该转到更加注重质量的内涵转型和调整上,确保汉语和中华优秀传统文化的有效传播,提升汉语和中华优秀传统文化在国际社会的好感度和实际影响力。

三、国际中文教育

"国际中文教育"这一术语在正式场合的使用始于 2019 年国际中文教育大会。此次大会上,时任国务院副总理孙春兰的主旨报告和时任教育部部长陈宝生、副部长田学军的报告一改以往"汉语国际教育"的表述,而采用了"国际中文教育"。此次大会给国际中文教育事业发展和学科建设指明了方向。孙春兰副总理在大会上强调,要遵循语言传播的国际惯例,聚焦语言主业,适应本土需求,帮助当地培养中文教育人才,构建更加开放、包容、规范的现代国际中文教育体系。

国际中文教育既指事业也指学科。作为构建新的国际中文教育体系的重要举措,2020 年国际中文教育的管理体制进行了重大改革。2020 年6 月,经民政部批准,由北京语言大学、复旦大学和中国教育出版传媒集团有限公司等参与发起的"中国国际中文教育基金会"(简称"基金会")正式成立,该基金会为非营利民间慈善组织。据基金会官方网站介绍,中国国际中文教育基金会旨在通过支持世界范围内的中文教育项目,促进人文交流,增进国际理解,为推动世界多元文明交流互鉴、共同构建人类命运共同体贡献力量。基金会章程第二章第七条明确规定其业务范围:"(一)研究提出全球孔子学院和国际中文教育发展愿景;(二)制定孔子学院品牌标准和规范,授权设立孔子学院和孔子课堂;(三)评估孔子学院和孔子课堂办学质量;(四)开展其他符合基金会宗旨的国际中文教育项目等相关业务。"从其简介和章程来看,基金会主要负责孔子学院和孔子课堂的品牌运营和质量管理,在对国际中文教育项目的支持方面与中外语言交流合作中心有所交叉。

2020 年 7 月,经教育部批准,成立了教育部中外语言交流合作中心(简称"语合中心")。原"孔子学院总部"和"国家汉办"两个机构名称不再使用。语合中心的主要职能是:"为发展国际中文教育与促进中外语言交流合作提供服务,统筹建设国际中文教育资源体系,参与制定国际中文教育相关标准并组织实施;支持国际中文教师、教材、学科等建设和学术研究;组织实施国际中文教师考试、外国人中文水平系列考试,开展相关评估认定;运行汉语桥、新汉学、奖学金等国际中文教育相关品牌项目;组织开展中外语言交流合作等。"从这些职能定位看,语合中心虽为事业单位,但被赋予了管理国际中文教育事业和学科发展的组织领导职能。基金会和语合中心的成立,对未来国际中文教育的发展将产生重要影响,同时也是国际中文教育体系构建的开始,新的国际中文教育体系构建面临的许多理论和实践问题都值得深入研究。

任何语言的国际化历程总是在世界格局的时空背景之下,与其所属国家的命运紧密相关。"国强,则语言强。""国家硬实力是语言国际传播的决定性因素。"语言传播史证明,国家强大必然推动本国语言的国际传播,英语、法语、西班牙语、葡萄牙语等语言成为国际语言的案例就印证了这一点。面对当前挑战,中国逆势发展,国家综合实力快速增强,全球影响力显著提升。这些重要因素必将推动中文快速面向世界传播,是国际中文教育发展的原动力和确定性趋势。国际中文教育作为中文国际传播最重要的传播途径,将面临诸多新的发展机遇和挑战。

四、国际中文教育的理论基础

国际中文教育的学科基本理论和学科应用理论组成了完整的国际中文教育学科理论体系。根据目前学术界对国际中文教育学科基本理论的划分,可以概括为三个方面:学科语言理论、语言教学理论和跨文化教学理论。

(一)学科语言理论

学科语言理论是面向国际中文教育的语言学及其分支学科的理论研究。第二语言教学的内容是语言,既然是语言的教学,那么语言学的理论就会对第二语言教学的理论和实践产生一定影响。因此,语言学及其各有关分支学科的理论就成为第二语言教学所关注和研究的重要内容。可以把以中文作为第二语言或者外语教学而进行的汉语研究所形成的所有汉语语言学理论都归为学科语言理论。

（二）语言教学理论

1. 学科性质理论

学科的第一观察点是学科的性质和特点，这是建设这门学科的基石。学科性质理论对研究学科有着极为重要的作用，它的主要内容应当包括：①国际中文教育的最根本性质是它既是一种第二语言教学又是外语教学。②国际中文教育的基本语言观是人类最重要的交际工具是语言，要把语言当作交际工具来教，其最基本的目的观是培养学习者中文的交际能力。

2. 教学原则理论

（1）教学原则的基本性质。教学原则是指教学中工作和活动应当遵循的基本要求。教学原则的基本性质是：首先，它是对教学实践经验的一个总结，并且是一个不断发展的概念，具有时代性；其次，它是对教学过程规律性的一个认识和概括，并可以反过来指导实践，有很强的实践性；同时，教学原则的提出都有理论基础，体现了一定的理论性。

（2）国际中文教育总的教学原则。第一，以学生为中心的原则。在过去的传统教学里，我们都是以教师为中心，注重教师的教，而学生是客体，不注重学生的学和个体情况。以学生为中心的基本要求是整个教学应当立足学生、满足学生及适合于学生的需要，要调动学生、依托学生还要有利于学生的发展。第二，以培养交际能力为核心的原则。这个教学原则是对学科性质和特点的最高体现。第三，以功能、文化、结构相结合为框架的原则。要把这三者很好的结合，结构是基础、功能是目的、文化教学要为语言教学服务。

（三）跨文化教学理论

1. 文化教学的地位

研究语言教学中的文化问题已经成为语言学科理论研究的重要内容，因此文化教学在第二语言教学中是必不可少的。

2. 文化教学的内容

第二语言教学中，文化教学和研究的主要内容是语言本身和语言交际相关的交际文化。

3. 文化教学的原则

文化教学的根本原则,是语言教学必须教授交际文化,知识文化的教学要根据学习者的具体需求和培养目标来决定。

五、国际中文教育的影响因素

国际中文教育的发展受国际政治、经济、文化的影响很大。一个国家与中国的关系状况、经贸合作交流的程度以及不同的文化背景,都会对其他国家开展中文教育产生重要影响。国际政治对中文教育的影响往往通过制定促进或阻碍中文教育发展的国家政策体现,如 20 世纪 50 年代末到 80 年代末,中国与印度尼西亚关系恶化,印尼采取反华排华政策,其中之一便是禁止教授华文并关闭华校,此政策存续约 30 年,导致印尼华文教育中断 30 年。20 世纪 90 年代以来,中国与印尼关系持续向好发展,中文教育相关政策彻底改变,推动了印尼中文教育的快速发展。又如泰国 20 世纪冷战时期长期跟随西方阵营,中泰关系处于低潮,导致中文课程长期被排除在泰国中小学课程体系之外。随着中泰关系的改善,1992 年泰国教育部将中文课程列入了其中小学课程体系,并陆续推出了《泰国促进汉语教学,提高国家竞争力规划》等一系列政策,推动泰国中文教育取得了快速发展,泰国成为全球中文教育发展的先进典型。

近年来,美国实施全方位遏制中国发展战略,通过《国防授权法案》(*Defense Authorization Act*)中关于孔子学院和中文领航项目"二选一"的政策,使一批已经成立孔子学院多年的大学不得不选择美国国防部主导的中文领航项目而关闭孔子学院,导致美国孔子学院发展受到严重影响。

国际政治对中文教育的影响一般通过相关政策实施,因此,对各国中文教育相关政策的研究可精准把握其中文教育走向,为国际中文教育发展提供可靠的决策依据。国际经济贸易对各国中文教育具有多种形式的推动作用,目前相关研究仍在起步阶段。此类问题属于国际中文教育的外部问题,但往往对国际中文教育事业发展能够产生重要影响,是需要研究的重要领域。

第二节　国际中文教育与传播学

传播学诞生于二十世纪四五十年代,是威尔伯·施拉姆(Wilbur Schramm)综合前人研究和相关学科成果,经过融合、归纳和修正创立的一门学科。发展至今,传播学已经成为在学术界和理论界占据重要地位的学科,一些理论成果成为认识、解释和指导人类各种社会活动的重要理论依据。我国对于传播学的研究起步较晚,但经过多年的发展,已基本实现了传播学的本土化研究,构建起了自己的理论范式,建立了较为完善的学科体系。

一、语言和传播的关系

"传播"是传播学的基本概念之一,简单来说是指人类使用符号,通过某种媒介来相互交流信息的活动。传播渗透在人类的一切活动中,只要有人存在,就有传播行为发生。其中,语言传播自古便有。一个民族的语言被另一个民族学习和使用,使这个民族的语言传播到另一个民族,这是不同民族之间相互接触和交流的一种方式。我国在漫长的历史发展过程中,与周边国家和民族的交流非常活跃和频繁。尤其是盛唐时期,日本、新罗等国家更是派遣大量的留学生、僧徒来唐朝学习,频繁的交流活动促进了我国语言和文化的广泛传播。

今天,世界全球化不断深化,国家间的交往日益密切,竞争也越来越激烈,各国都倾尽全力推动本国语言与文化的对外传播,扩大本国在国际社会的影响力,争取国际话语权。我国针对这一国际形势,一方面,结合自身发展的需要,适时提出了汉语国际推广的政策,主动推动汉语走向世界,扩大汉语的国际影响力;另一方面,随着中国经济的飞速发展,国际地位的逐步提升,国际社会对于学习汉语的需求也在迅速增长。国际中文教育便是在此形势下为满足国际社会汉语学习的需求而形成的一种汉语国际传播的新形式。

传播学中,将传播分为人内传播、人际传播、组织传播、大众传播等类型。我们审视目前国际中文教育的现状,可以大致将国际中文教育的传播类型分为人际传播、组织传播和大众传播三大类。比如,孔子学院的课堂教学活动就兼具人际传播和组织传播的特点。课堂上教师与学生之间的互动交流显然属于人际传播；同时，孔子学院作为一个教育机构，有严密的组织体系，有训练有素的汉语教师队伍，由它主导开展的汉语教学和文化传播活动，是典型的组织传播。大众传播手段在国际中文教育中也得到了广泛的运用，如汉语学习者使用的教材、书籍、报刊，汉语教学广播、电视节目、汉语学习网站等，不胜枚举。可以看出，每一种类型的传播都在国际中文教育中有着举足轻重的地位，发挥着不可替代的作用。目前，通过课堂教学这一人际传播方式而进行的汉语传播是开展国际中文教育的主要形式，但是我们也不得不重视大众传播手段在拓宽汉语国际传播范围的作用。

我国在国际中文教育事业上倾注了大量的心血，做了多方面的努力，如积极推动孔子学院的创办、培养派遣国际中文教师、编写多语种中文学习教材、开拓中文学习渠道等。这些努力极大地丰富了国际中文教育的传播类型。

二、国际中文教育是一项传播事业

拉斯韦尔传播模式又称为拉斯韦尔大众传播模式，是美国学者哈罗德·拉斯韦尔（Harold Lasswell）于 1948 年提出的一种传播模式，该模式首次将人类的传播活动进行了比较详细、科学的分解，提出了构成传播过程的五个基本要素，即传播者、讯息、媒介、受传者和传播效果。这五个基本要素构成了分析一个传播过程的基本框架。

国际中文教育是新形势下适应国际汉语推广的需要，满足国外汉语学习的需求而形成的一种语言和文化传播的形式，是一种典型的将汉语和中国文化向国际社会推广的传播活动。传播者是传播行为的发起者，也可叫传播主体，负责制作并传播讯息。传播者既可以是群体或组织，也可以是个人。国际中文教育这一语言文化传播过程的发起者，往大了说，可以是基金会、语合中心、孔子学院、各类汉语教学机构、出版社等；往小了说，可以是从事国际中文教育的各类工作人员，如国际中文教师、汉语教材的编写者、汉语学习类报刊杂志的编辑、汉语学习网站的编辑、汉语教学类广播电视节目的制作者等。传播者是传播过程的第一个环节，承担"把关人"的角色，决定传播什么不传播什么，选择通过什么渠道使用什么媒介传播，是传播过程的起点。

讯息是传播的中间环节，也可以称为传播内容。人们进行传播活动的一个主要目的就是传递、交换、共享传播的内容。国际中文教育是一种综合性的语言与文化传播活动,传播内容既包括汉语言文字,又包括中华文化中符合世界价值观且独具中华民族特色的思想文化。有研究者认为,国际中文教育中语言教学只是手段和途径,文化推介才是主要内容和目的;也有研究者认为语言教学是核心,语言教学的过程就伴随着文化的传播。

媒介是中介或中介物,是传播信息符号的载体,是实现传播行为的物质手段。在国际中文教育的传播过程中,媒介是指用以传播汉语和中华文化的物质工具,包括教材、词典、书籍、广播、电视、网络和新媒体等。

受传者是传播过程的另一主体,是信息的接收者,也称受众。在国际中文教育中,受众的范围是比较广的,包括海内外愿意学习汉语、了解中国文化的外国人和海外华人华侨及其后代等。受众在整个传播过程中并不是一味地被动接受,而是体现出较强的能动性。他们可以根据自身的需要和兴趣,自主选择接收哪一类传播内容、使用哪一种传播媒介,还可以向传播者及时做出反馈,促使传播者不断对传播行为进行修正、调整和完善。

传播效果是指传播者发出的信息经媒介传至受众,对受众的思想观念、行为方式等产生的影响和发生的变化。我国通过开展国际中文教育想要取得的最直接的传播效果,是越来越多的外国人掌握汉语、了解中国、喜欢中国。而我们更期望达到的更令人喜闻乐见的传播效果,是汉语成为世界范围内各种交际场合中最常被使用的语言之一,中国文化得到世界各国的理解和尊重,文化摩擦和冲突日益减少,中国的国际影响力日益扩大。要实现这些传播效果,国际中文教育还有很长的路要走,而且在传播过程中必须密切关注阶段性传播效果,及时调整传播策略。

在当今社会,语言文化等逐渐对世界传播结构产生更深刻的影响。在国际中文教育传播中,语言就像一座桥梁,连接陌生的文化、种族和地域,帮助传播更好地发挥其功效。传播也为语言凝结为更深层次的文化提供途径。每一个民族的语言所蕴含的文化,在反复的教学传播过程中,和别的民族文化发生交融磨合,或是形成新的复合型文化,或是因其独特性而在文化交融中独放光彩。

第三节　国际中文教育和跨文化传播

本节将从文化这一概念入手,分析传播学视角下跨文化传播的必要性和合理性,接着探讨国际中文教育和跨文化传播的关系,最后简要介绍国际中文教育的主体——孔子学院教师和汉语教师志愿者,并鉴于孔子学院在国际中文教育中的重要性,详细介绍孔子学院的有关情况。

一、"文化"概念的共同特点及传播学视角下的跨文化

文化这一概念成为全人类共同的、贯彻历史的话题。"文"字的本义是指各种交错的纹理,包括各种语言文字在内的各种象征符号。"化"字的本义是改易,指事物动态的变化过程。把"文"和"化"这两个独立的词义放在一起使用,较早见于《周易·贲卦》:"刚柔交错,天文也。文明以止,人文也,观乎天文,以察时变观于人文,以化成天下。"天文是指天道自然,人文指伦理纲常。人文存在的价值是用伦理纲常教化世人,使之循规蹈矩,自觉遵守社会规则。中国对文化的解释比较注重其人文方面的内涵,即人的后天修养与精神、物质的创造。

在西方社会,"文化"算得上是最难界定的词语之一。爱德华·霍尔(Edward Hall)曾说过,"文化是一个已经有了如此众多的意义的词语,以致于再多一个也无妨。"英语中的"文化"来自拉丁文,原义是种植或耕种,是一个农业用词。后来逐步引申为培养、教养等。无论是"耕种"还是"教养",我们都可以看出文化一词的核心价值。20世纪以后,随着人文科学和社会科学的兴起,有关文化的定义中更加强调文化与意义的关系。有人说,"文化是一种特定生活方式的表述。它表现的不仅是艺术方面和学识方面,还包括习俗方面和普通行为方面的某种意义和价值。"

人类学家克利福德·杰尔兹(Clifford Geertz)将文化比作人类给自己编织的一张网。"网"的概念说明文化既是一种产物又是一个过程,既是静态的又是动态的。文化通过人们的传播活动而形成、修正及发展。作为一张网,文化既有助于又限制于网内成员的行为方式。依据杰尔兹关于文化的定义,一种文化对于属于它的群体成员的行为具有预知和导向功能。有学者认为,文化是一个群体成员们生活方式的总汇,这其中包括行为规范、信念、价值观、世界观及有象征性的物品。因此,文化对于人们的行为方式有重要的影响。爱德华·霍尔指出,文化是那些深层的、普遍的、未道出的经验和行为准则。同一文化群体的成员们下意识地用文化去约束自己的行为和衡量他人的行为。霍尔的文化定义强调文化的群体共有性,同时,它阐明文化是通过其所属群体成员的传播活动继承、巩固和发展的。

尽管文化的定义各有不同,但每个对于文化特点的定义,都有共同之处。

（1）文化是后天习得的。习得性是文化最重要的特点。

（2）文化代代相传。一种文明如果要延续下去，就必须保证它的关键信息和元素得以传承。而正是通过人与人之间的交流和传播，人类的种种文明才得以延续和发展。

（3）文化以符号为基础。语言就是一种符号，符号对于文化是如此重要，以致于人类学家克拉克洪（C. Kluckhohn）曾写道："人类文化如果没有语言，那是不可想象的。""正是因为人类有了语言这一特殊符号，人类才可以不仅彼此传授知识，而且可以传授观念。"

（4）文化易于改变。我们生活的这个地球永远处于无休止的运动变化之中，我们的世界，人类的生活都是一个变化的过程。从几千年前游牧部落的四处迁徙流浪，到今天成千上万的人们在网上收看同一条新闻，文化一直面临着外来观念和信息的闯入，文化的创新、扩散以及由此带来的文化适应永无止息。

（5）文化是一个完整的系统。正如爱德华·霍尔所说："你接触文化的一部分，就会受到其他各部分的影响。"人类历史上的每一次文化运动，其影响都不是只限于生活的某一方面，就是很好的例证。

（6）文化的适应性。文化的适应性相当强。在人类历史上，每个国家和民族的文化都或多或少受到过自然灾害、战争和其他灾难的影响。比如中华民族、犹太民族等。但这些国家和民族的文化仍得以代代延续，正说明了文化的强大适应性。

基于文化概念的复杂性，学术界关于文化的定义莫衷一是。从传播学角度来看，《科利尔百科全书》对于文化的定义既综合了人类学家关于文化的预知性和限定性的观点，又体现了传播学家关于文化是传播活动产物的观点。因此，它适用于跨文化传播学领域。《科利尔百科全书》指出："文化是一种符号、意义和行为规范的体系，是一个群体成员的所言、所行、所想和所感。同一文化群体的成员通过种种传播渠道，将自己的文化继承和发展。"《科利尔百科全书》的定义强调了文化的两个特点：一，文化是通过人们的传播活动继承发展的，因此，它既有惯性又有变化性；二，文化为人们提供行为规范，在传播过程中，交际双方不仅要使用对方听得懂的语言符号，还要使用对方可以接受的交际方式。

人类原始部族的诞生开始了最初意义上的跨文化传播。部落之间的冲突、战争、征服、兼并以及诸如联姻、贸易等的交流方式，都可以算是跨文传播的范畴。随着人类社会进程的不断推进,人类跨文化传播的发生频率日益提高,程度不断加深。尤其是进入21世纪之后,传播技术迅猛发展,经济全球化趋势逐步加深,在这两方面动力的作用下,世界正在相对变小,跨文化传播已经成为现代人普遍的生活方式。

人类漫长的跨文化传播史证明,人们之所以与文化他者进行交往,除了生存的现实需求外,更深层次的动机来自于文化的自我诉求。人们往往要对自己的文化进行自我求证、自我修改、自我充实、自我发展。如果一种异域文化对我们来说无关紧要,那么这种异域文化就不可能进入我们的文化视野。某种文化一旦进入我们的文化视野,它也就或多或少地展现了我们文化自身的焦虑、恐惧、希望或向往。也就是说,"除非发现了这种文化可利用的价值并真诚地加以利用将其转化为自我解放与自我超越的力量,否则,一种异域文化不管多么伟大,对文化之间的交流来说都是没有意义的"。跨文化传播自我诉求的动因决定了传播主体对文化意义表征的重要性,只有进行合目的性的建构,一种文化才能够进入另一种文化的结构心理,才能够有所影响、有所触动,两种文化在相互碰撞中完成冲突、修正、交融和再造的过程。当一种文化以开放的态度自我反思以求进步时,必然会意识到多元文化存在的合理性,各种文化可以在相互借鉴的过程中实现共同发展。

二、国际中文教育和跨文化传播

要理解国际中文教育同文化传播的重要关系,有必要先分析一下语言同文化的深层联系,也就是说究竟我们每天都在运用的语言是否影响我们对这个世界的看法,即我们的思维呢?

早在1921年,语言学家爱德华·萨皮尔(Edward Sapir)和他的学生本杰明·沃尔夫(Benjamin Whorf)就指出,语言的确影响着一定的文化的行为方式和思维习惯。也就是说,我们人类不是生活在一个纯粹的物质世界里,也不是生活在一个我们通常所理解的社会行为构成的世界里。事实上,真正的世界是整个社会群体无意中建立的语言习惯的巨大延伸。萨皮尔和沃尔夫假说有两种解释,一种强假设即语言决定论,另一种弱假设即语言相对论。前者认为是我们的语言完全决定限制了我们对这个世界的观点;后者认为语言中的结构和语言用法,可能会对我们的一些思维方式和日常行为产生一定的影响。现今大部分研究语言的人都倾向于后者。也就是说,人们如何思考、如何说话在很大程度上是由文化决定的。正如沃尔夫指出的:

"我们通常分割和组织事件的传播与流通,这是因为我们一致认同通过母语这样做,而不是因为事物的本身就是如此。"关于是否应该完全接受语言相对论仍有争论,但这种假说在语言和文化的关系上的应用却非常明显。通过符号、规则和对宇宙的感知,语言影响着文化。

当人们从一种文化转换到另一种文化时,我们所要表达的意义也呈现出不同的形式。英国语言学家理查德·路易斯(Richard Lewis)在 1996 年曾就语言相对论如何发生作用讲过这样一个故事:他对为什么祖鲁语言中有 39 个关于"绿色"的词而英语中却只有一个很感兴趣。于是他就去问一个祖鲁的首领。那个首领解释说,过去,在祖鲁的国家公路修成之前,祖鲁人经常长途跋涉穿过萨凡纳大草原,因为那时候既没有路标也没有地图,这段长长的旅程只能由那些以前经过那儿的人来描述,语言也就因为要适应这种需要而变得非常精准。所以,他们有专门的词语来描述太阳照耀下叶子的绿色,叶子被水洗过后的绿色,绿叶被水洗过后又被太阳照耀的颜色,不同距离时叶子看上去也有不同的绿色,树叶、灌木的叶子、风中颤动的叶子的不同绿色,小河的绿色、池塘的绿色、树干的绿色、鳄鱼的绿色等多达 39 个。

文化影响着我们的语言,语言告诉我们生活的不同情况,没有相同的经历的人,怎么可能理解这诸多细微的不同呢? 正如西餐中有很多关于牛排在烹制过程中不同的烹调火候的词语,Rare(三分熟)、Medium Rare(四分熟)、Medium(五分熟)、Well Done(全熟)等,而汉语中却没有这些。同样,汉族饮食文化中的煎、炒、烹、炸、蒸、煮方式的不同,吃西餐的人听上去也绝不可能充分理解。可见,文化就是这样同语言密不可分的,语言是文化最重要的载体。

著名语言学家陆俭明曾说过,语言是"人类文明世代相传"的载体,汉语教育必然会同时伴随着文化教育,但这种文化教育应该是润物细无声的,应该是耳濡目染、潜移默化的。文化教育要从这方面去下功夫,而目前有些做法只是一种浮躁之举。另外,一个民族、一个国家文化的传播,一定的宣传当然需要,但主要是靠其文化自身厚重的吸引力、感染力、影响力,才能真正实现有效的文化传播。此外,文化传播还依赖于两方面:一是我们每个中国人,特别是汉语教师自身的言谈举止——汉语教师就是中华文化的"形象大使",就是中华文化的"窗口"与"镜子";二是学好并掌握了汉语特别是汉语书面语的外国学者,由他们来向自己的国人介绍中华文化,这也是中华文化走向世界最有效的途径之一。

在理论上,国际中文教育的文化传播经历了一个从自发到自觉的过程。在20世纪50年代的对外汉语教学中,其文化传播活动由最初的自发到后来有目的、有计划地进行,经历了一个过程。在对外汉语教学中是否要进行文化传播这一问题,从事对外汉语教育的教师和学者,曾经展开过多次讨论,取得了很多可喜的成果。其中1994年底召开的"对外汉语教学的定性、定位与定量问题座谈会"以及之后的深入研究所达成的共识是对外汉语教学中一定要进行文化传播,对外汉语教学中的文化定位"既不能过窄,也不能过宽"。也就是说,文化教学必须有"度",必须受语言教学总目标的指导和制约。因此,从意识形态上,这种思想贯穿了对外汉语教学的整个过程,从课程设计到教材编写,再到课堂教学,这一观念已日渐深入人心。

在实践上,国际中文教育中的文化传播经历了一个从无序到有序的过程。解决了观念问题后,在具体的对外汉语教学实践中,广大的对外汉语教师也逐渐开始关注文化传播问题。伴随着全球化的脚步,跨文化交流在课内外得到了很好的展开,文化冲突问题也得到了更多的关注,相关研究从理论到实践都得到了深入发展。孔子学院的迅速发展,使得国际中文教育中的文化传播活动向前迈出了一步,更直接面对海外,在异国的环境里传播中国文化。国内各大院校的国际中文教育以及各种社会力量的办学机构里,国际中文教育中的文化传播逐步井然有序,国外孔子学院及各大院校汉语专业中的国际中文教育的文化传播也日益加强。

三、国际中文教师的主体:孔子学院教师和汉语教师志愿者

本书中的国际中文教师指的是赴海外工作的中国教师,教授汉语为教学对象的外语或第二语言,主要包括我国派出的国家公派汉语教师和汉语教师志愿者,不包括海外本土汉语教师。国家公派汉语教师主要派往孔子学院,其选派对象是我国各类各级学校的在职教师;汉语教师志愿者选派对象以在校应届本科生和硕士研究生为主。

汉语教师志愿者项目于2004年3月开始实施,是原国家汉办为适应当时世界汉语教学蓬勃发展的形势需要,帮助世界有需求的国家提供汉语教师,解决汉语师资人才短缺问题,利用我国作为母语国汉语教育资源人才丰富的优势,而专门设立的志愿服务项目。截至目前,国家已陆续外派万余名汉语教师志愿者。汉语教师志愿者在国际中文教育事业中发挥了重大作用,一批又一批的志愿者带着"三情三感"(即激情、热情和感情,责任感、使

命感和光荣感),克服文化差异和生活上的困难,大力推动了汉语推广和中华优秀传统文化在海外的传播,增进了国与国之间的相互了解,促进了民心相通。

鉴于孔子学院在国际中文教育中发挥着重要的、不可替代的作用,以下详细介绍一下孔子学院的情况。

（一）孔子学院概述

随着我国经济等硬实力的不断发展以及与国际交往的日益广泛,世界各国对于汉语的需求和对中国文化的学习也越来越迫切。因此,专门从事对外推广中国文化的组织、机构亦越来越多。孔子学院之所以能够成为全球瞩目的焦点,是由孔子学院特殊的文化魅力所决定的。它能够在多元化的文化教育洪流当中独占鳌头,与其跨文化传播的核心价值观、内容及其跨文化传播的目的有着必然的联系。

截至2020年7月,全球已有162个国家(地区)设立了541所孔子学院和1170个孔子课堂。其中,亚洲39国(地区)共有孔子学院135所、孔子课堂115个;非洲46国共有孔子学院61所、孔子课堂48个;欧洲43国(地区)共有孔子学院187所、孔子课堂346个;美洲27国共有孔子学院138所、孔子课堂560个;大洋洲7国共有孔子学院20所、孔子课堂101个。

（二）孔子学院名称的来源

早在400多年前,意大利的传教士将记录孔子及其弟子语录的《论语》翻译成拉丁文,并带到欧洲。1687年,比利时汉学家柏应理先生在巴黎以拉丁文出版了《中国贤哲孔子》一书。较之于利玛窦首次将“四书”引入欧洲,柏应理先生的这本书是第一部比较完整地向西方国家介绍中国儒家文化的书籍。孔子和《论语》进入了西方的殿堂,走入了西方的世界。如同美国诗人、哲学家拉尔夫·爱默生(Ralph Emerson)所言,“孔子是全世界各民族的光荣”。而今,《论语》已成为世界畅销书。孔子学说已经走向了七大洲,海外孔子学院的建立也正是孔子“四海之内皆兄弟”“和而不同”思想的真正实践。

对于中国来说,孔子是中华优秀传统文化的主要代表,而对世界来说,孔子则是中华优秀传统文化的标志性符号。因此,孔子学院用中国儒家思想的开拓者孔子来命名自己的第一个国际性汉语推广机构——“孔子学院"。它同德国用文化代表歌德来命名自己的文化交流机构,西班牙用文化巨擘塞万提斯命名自己的西班牙语推广机构等一样。

中国政府选择"孔子"作为语言推广机构的名称,是出于对国家形象构建的考虑。"孔子"是拥有最高认知度和文化影响力的中国人,其学说和思想传播久远。孔子不仅是中国文化的典型符号,也是被誉为"万世师表"的教育家,"有教无类"契合孔子学院立足中国、面向世界的开放的教育胸襟。以"孔子"为名还有助于淡化官方色彩,消除政治体制隔阂、媒介传播误导造成的对中国的负面认识,给国际受众一个更开放、正面的中国印象。

孔子学院的徽标设计表现了中国与国际接轨、融合的姿态(图1-1)。徽标在"汉"字变体外围加上了一定宽度的圆圈——内中"汉"字形如展翅的和平鸽,外圈象征地球。在标志的构图中,圆本身是个国际通用的元素,它的介入又使整个画面变得柔和、温润。图案底色也换成了绿色,有自然、和平的寓意。即使没接触过中国文化,不明白汉字含义的人,也不会对孔子学院的标志产生强烈的距离感。各地孔子学院的名字置于外圈中,还能凸显不同地区学院办学的个性化与相对独立性。

以孔子学院为平台的汉语国际推广事业是在多元文化背景下,以推广汉语和中国文化,构建新的中国国家形象为目标的跨文化传播实践活动。孔子学院作为我国对外专门从事语言推广和文化传播的组织机构之一,引起全球共鸣,并且逐渐发展成全球瞩目的、独具魅力的中国国际品牌,在多元文化洪流中独树一帜,并且成为研究当下中外国际关系问题中不可或缺的一部分。

图1-1　孔子学院徽标

（三）孔子学院的理念

孔子学院倡导孔子思想中的和谐理念。"和而不同""三人行，必有我师"即具有承认文化差异与多元文化融合共生的现代意义；"人不知而不愠，不亦君子乎？"表现出面对民族文化冲突不走极端的宽容精神，符合多元文化的精神，有利于文化的融通。

人类不同种族的文化与人类本身一样，生而平等。所谓的不平等是外界因素造成的。承认文化多样性，也就是承认文化生态意义上的平等性。

文化发源、植根于民族，在时代变迁中变化、更替，兼具民族性与时代性。中华民族在悠远的历史长河中创造了独具特色的传统文化，选择优秀传统文化内容继承发展就是保持文化的民族性。在历史进程中自觉不自觉地接受其他民族文化的影响，产生文化碰撞、开展文化交流，就是保持文化的时代性。改革开放 40 余年来，外界对中国尤其是现代中国的认识还甚少，许多看法源于既往刻板印象或某些西方媒体的刻意误导。孔子学院的目标就是实现中国文化与世界多元文化的融合，在传播中国文化的过程中，积极找寻与世界其他文化共通的东西并开展传播活动，兼顾文化的时代性和民族性，在与其他文化交流互动的过程中建立平等互利、和谐共荣的关系。

（四）孔子学院是特殊的跨文化传播者

1. 孔子学院跨文化传播的核心价值观

孔子学院是向社会各界人士开展专业化的汉语培训和教学能力培养，提供中国教育、文化、经济及社会等的信息咨询，开展当代中国研究的非学历教育、非盈利性国际汉语教育机构。可以说，孔子学院的本质是以教授汉语，向全世界推广中国文化的核心价值观，满足国际社会各界对于汉语学习这样一个公共利益性的需求。在世界各国经济相互依赖程度不断加深，经济的全球化与文化的多元化互动、协调与共同发展的重要性越来越突出，教育的多元化、语言的平等与多元化、和平共处等理念日益显现的当下，推广汉语与传播中国文化既是世界政治、经济与文化发展的需求，同时也为促进语言和文化的多样性、构建和谐的世界做出贡献。

此外，经济全球化的加速发展带动了不同的民族和国家参与到全球经济大循环当中,并且促使不同民族与国家去遵循同一规则,以推动世界和谐、稳定地发展。这在一定程度上削弱了不同民族、不同国家之间的文化差异,丢失了不同民族、不同国家的文化个性。同时,在某种意义上说,这种全球化文化(即强势文化的全球化)的发展现状丧失了各特质文化自身发展的内涵,使得多元化的文化生态环境遭到破坏。而孔子学院对外推广汉语,发展国际中文教育,传承中国文化,有利于维护人类文化的生态平衡。尤其是孔子学院所传承的基于文化多元化的前提下创造"和谐"文化生态环境的核心价值观,是促进世界文化和平稳定,维护世界文化可持续发展的必需理念。

2. 孔子学院跨文化传播的目标受众

从《孔子学院章程》中,可以了解到孔子学院在实践推广汉语、传播中国文化过程中,其持续传递的内容或是信息的接受者,即孔子学院跨文化传播系统中的目标受众是特定的。孔子学院跨文化传播活动的对象主要是海外社会成员,即非汉语为母语的海外社会群体,不为任何国家抑或是某个团体服务。而孔子学院跨文化传播的目标受众的界定,对考察孔子学院新时代跨文化传播的效果起着不可代替的作用。

3. 孔子学院跨文化传播的目的

孔子学院作为世界各国家和地区了解中国与中国文化的平台,在中国对外交往的传播活动中起着重要的作用。一方面,它既充当中外合作的重要桥梁,又向世界展现中国的最佳形态。孔子学院国际汉语事业的推广体现了中国跨文化传播活动由"引进来"向"走出去"的巨大转变,带来了中国本土文化在全世界的蓬勃发展。另一方面,孔子学院跨文化传播活动所要求的双方共享、共同参与的互动,在信息的传递过程中,不断地加强传播者与接受者之间的共性,而不是单一地按照传播者的目的来改变接受者。孔子学院在设立之初,就通过为当地汉语教学提供充足的教育资源,为各国的汉语学习者提供方便、优良的学习环境,积极地向世界推广汉语、传承中国文化,增进世界人民对于中国和中华民族优秀传统文化的全面认知,努力朝着促进世界文化的多元化、共同构建和谐的文明世界的目标迈进。

当然,孔子学院作为新生事物,它的出现顺应了时代的发展潮流,肩负着我国对外汉语推广的重任,承担着传播中国文化的使命,作为中国走向世界的一个国际品牌,人们对它寄予厚望。但同时不可否认的是,正是由于它是一个新生事物,所以其传播模式、运营机制、管理机制和评估制度等都没有现成的模板可以套用。尽管有国外一些起步较早的语言推广机构可以借鉴,但我们也不可生搬硬套。因此,加速汉语走向世界,更多、更好、更快地在海外建设孔子学院是一项任重而道远的艰巨任务。

(五)孔子学院跨文化传播的新生态

近年来,由于中国经济实力不断增强,国际影响力显著提升,世界各国希望了解、学习中国语言文化的需求也随之增加,经济全球化成为语言传播的"助推器"。与此同时,各国在吸收借鉴世界先进文化长处的同时,也在努力保持着本民族的文化特色。因此,孔子学院应抓住当今全球化和多元化的发展机遇,既要适应经济全球化的时代潮流,也要通过一种自我更新的方式保持和弘扬自身的语言文化特色,以开放包容的心态展示"和而不同"的文化追求,架起语言文化互信、互鉴、互惠之桥。

国际中文教育是我国国际传播能力建设的重要组成部分,党和国家对此高度重视。党的十八大以来,我国高度重视并不断加强国际传播能力建设,精心构建对外话语体系,增强对外话语的创造力、感召力、公信力,讲好中国故事,传播好中国声音,阐释好中国特色。

新时代以来,我国先后提出了"走出去""提升国家文化软实力""中国梦"等国家发展战略,特别是"一带一路"倡议的提出和实施,为孔子学院提供了千载难逢的发展机遇。我国以"一带一路"建设为契机,开展跨国互联互通,提高贸易和投资合作水平,本质上是通过提高有效供给来催生新的需求,实现世界经济再平衡。特别是在当前世界经济持续低迷的情况下,如果能够使顺周期下形成的巨大产能和建设能力走出去,支持沿线国际推进工业化、现代化和提高基础设施水平,有利于稳定当前世界经济形势。

"一带一路"建设是一项宏大的系统工程,涉及铁路、公路、能源、信息、产业园区等多个方面,工程规模达万亿,没有大量的专业性人才储备,很难有效推动"一带一路"建设的顺利实施。孔子学院与"一带一路"建设之间有许多发展契合点,可以为"一带一路"提供语言支持,搭建人文交流平台,大力培养"外语+专业"的复合型人才。同时,孔子学院也应抓住全面推进"一带一路"建设的发展机遇期,以国家战略实施的人才需求为导向,促进汉语在"一带一路"沿线地区的传播。

（六）孔子学院国际中文教育事业亟待发展

在全球化快速发展的今天,文化发展的多元化已不可避免,孔子学院决不能错失良机。目前,海外孔子学院的建设虽如前所述正飞速发展,但总的来说国际中文教育还是大大落后于中国经济发展及国际地位提升的速度。海外孔子学院的国际中文教育情况和国内各大院校的国际中文教育有着很大的不同,其主要原因是两者所处的环境不同。海外孔子学院是完全生存在异族文化中的汉文化圈,其中国文化的传播必须时时刻刻考虑到这一特点,传播的内容和形式与国内相比都要做很大的调整。目前,适应这一情况的国际中文教师数量缺口巨大,其中的相关教学与文化传播实践研究也都刚刚起步。而国内已经比较成熟的国际中文教育理论及实践成果也无法完全应用到孔子学院的教学中去,因此孔子学院自身的一切都处在探索实践阶段,各项理论实践研究都亟待发展。

从《孔子学院章程》中对孔子学院汉语教师的任职条件及相关岗位的任职要求中,可以看出,他们对于汉语教师的专业抑或是学术素养并没有严格的要求,如此一来,其所需的专业学术水平就得不到保障。汉语教师不仅仅是充当教师的角色,同时其本身就是整个跨文化传播体系当中最具影响力的人物媒介。在现实的跨文化传播互动当中,汉语教师与海外学员是面对面的交流与互动,这种高语境的媒介接触率和媒介到达率是其他任何跨文化传播媒介所不可比拟的。而在《孔子学院章程》的任职要求和岗位条件当中,并没有对汉语教师的媒介素养提出任何要求。由此,可分析出当前的汉语教师的整体素质仍普遍需要提升,作为孔子学院推广对外汉语教学与传播中国文化的践行者,汉语教师在孔子学院这一跨文化传播体系当中,其本身就是一个独立的跨文化传播的融合体。因此,提升孔子学院的教师发展质量不仅迫在眉睫,同时也任重道远。

第二章 国际中文教师跨文化传播能力 及存在问题

本章第一节对跨文化传播的研究进行概述,通过介绍跨文化传播的定义和内涵、理论基础以及传播规律等,让读者对跨文化传播有个全面的认识;第二节介绍国际中文教师跨文化传播能力的研究概况,提出并阐释跨文化传播能力是国际中文教师能力的重要组成部分,国际中文教师跨文化传播能力由跨文化适应能力和跨文化交际能力组成,论述国际中文教师提高跨文化传播能力应具备的素养和立场;第三节结合研究现状,从五个方面概括国际中文教师跨文化传播能力方面存在的问题。

第一节 跨文化传播概述

"传播"一词始见于《北史·突厥传》:"宜传播天下,咸使知闻。""交际"一词始见于《孟子·万章下》:"敢问交际,何心也?"在学术界,"传播"和"交际"常用来对译英语的 communication,含义大致相同,具有语言学背景的学者倾向于用"交际",具有传播学背景的学者倾向于用"传播"。但在使用时,二者仍有所侧重。传播学领域的"传播"通常是人与人之间、人与社会之间,通过有意义的符号进行信息传递、信息接受或信息反馈活动的总称,一般包括人际传播、组织传播和大众传播三类。"交际"则通常指二人及二人以上通过语言、行为等表达方式进行意见、情感、信息交流的过程,它更适用于"人际传播"的范畴。因此,我们倾向于用"交际"指人际传播,用"传播"概括全部的信息流动过程。

一、跨文化传播的研究起源及研究概况

跨文化传播的研究起源于第二次世界大战期间的美国。当时,美国政府面临如何同盟军其他国家官员合作的问题。于是,人类学家们开始对不同国家的文化进行研究。他们的研究为跨文化传播学的诞生奠定了重要基础。

1995 年,美国人类学家、跨文化研究学者爱德华·霍尔在《沉默的语言》

中第一次使用了"跨文化传播"一词,其英文表达 Intercultural Communication 或 Cross-Cultural Communication。该书以霍尔 20 世纪 30 年代至 40 年代期间与印第安人生活的经历以及和外交官们接触的经历为背景,系统地阐述了文化与传播之间的相互关系和作用。霍尔认为:"跨文化传播指的是拥有不同文化感知和符号系统的人们之间进行的传播,这种不同足以改变传播事件。"书中用了许多具体的事例论述了在不同的文化之间实现传播的困难状况以及非语言因素参与传播的复杂状况。学者们认为,该书的问世标志着跨文化传播学作为一门独立学科的诞生。"跨文化传播"这一理论的提出影响深远。

国内学术界根据研究者语境的变换,将"跨文化传播"的三种英文表达方法——Intercultural Communication,Cross-Cultural Communication,Trans-Cultural Communication 分别翻译为"跨文化传播""跨文化交际""跨文化交流"。"跨文化传播"被传播学者广泛使用,研究领域包括国际传播、跨文化语境的新闻文本解读等;"跨文化交际"这一说法主要被外语学界使用,集中在对跨国人际交往技巧的研究,重在强调以行为调整避免人际交往过程中出现误会与障碍;"跨文化交流"则较多地为政治领域的学者使用,关注不同文化形态下人与人之间、国家与国家之间的相互交流以及对国际政治局势、国际关系的影响。

在跨文化传播过程中,传播双方存在文化差异,传播者需要对差异文化进行解码,协调自己的传播内容和传播方式,以对方能接受的方式进行文化编码;受传者以同样的符号对其解码,准确理解信息内涵,从而使有限的传播效果最大化。在跨文化传播中,传受双方交流具有一定的目的性。他们需要确认对方的文化身份,根据文化差异调整自身的传播策略,达到文化认同以至传播通畅。因此,跨文化传播者要使传播得以成功进行,必须具备文化适应的专业素养。

通过跨文化传播可以推动不同文化群体间的交往,化解文化之间的隔阂,实现文化间的相互认同和融合,创造和谐、开放的传播空间。传播学语境下,我国学者对于跨文化传播的研究主要集中在三个视角。

一是以国家对外宣传为主要导向的文化输出为出发点,将信息传播和构建国家形象、提升国家国际地位关联起来。如,段连城(1993)《对外传播初探》及增订本《怎样对外介绍中国》中,对我国国家形象的历史演变和经验教训做了回顾和总结,解析了如何生动、明晰地进行对外传播的技巧。20 世纪90年代以来,北京广播学院(现中国传媒大学)出版了一系列从国家对外宣传角度探讨国际形势与媒体传播策略的专著、论文集:刘继南(2002)《国际传播与国家形象》、蔡帼芬(2002)《国际传播与媒体研究》、段鹏(2007)《国家形象建构中的传播策略》等。随着中国国际地位的不断提升,跨文化传播学视野下的国家形象塑造与国家影响力研究越来越受到关注。

二是基于世界文化多样性、多元化的特点,对文化霸权和文化帝国主义进行批判。2003年复旦大学出版社出版了上海外国语大学郭可教授的《当代对外传播》,书中首次提出了传播领域里存在"英语霸权"的问题。童之侠(2005)《国际传播语言学》一书中设专门章节说明英语语言信息在传播中霸权地位的产生、影响及"物壮则老"的必然趋势。

三是借助跨文化传播的实践,如新闻、图书、广告、电视及国际性的重大文化交流事件,探讨跨文化传播的规律和跨文化传播问题的解决。周小祥从跨文化传播角度审视、解读2010年上海世博会,着重从传播价值的角度阐述世博会的影响,并提出了增强传播效果的策略;复旦大学汤筠冰博士以中国申奥宣传片为分析对象,探讨如何在跨文化传播中建构国家形象,揭示在全球化语境下,隐藏在视觉文化传播中的后殖民主义、民族主义等意识形态对构建国家形象的影响。

二、跨文化传播的定义

美国圣迭戈大学传播学院教授拉里·萨默瓦(Larry Samovar)和理查德·波特(Richard Porter)教授认为:"跨文化传播是指来自不同文化背景的人们相互交流的一种情境。它的重要和独特之处在于文化的不同,交流者固有的背景、经历和假定的差异,都会使交流异常艰难,有时候甚至无法开展。"不难看出,他们定义跨文化传播的关键性因素是个人自身的文化以及文化对人们的交流行为产生的巨大影响。基于文化的复杂性、多维度和无所不在的特性,文化几乎构成了一种全包围的生活方式,当不同文化背景的人在一起相互交流思想和信息的时候,文化的各个方面的特点皆应声而动。

跨文化是人类传播活动的重要组成部分,它是人与人、民族与民族、国家与国家之间不可或缺的传播活动。跨文化传播促进了各国之间的交流,促进了社会的整合、发展和协调,维系了全球各个结构的平衡。文化影响着人们的世界观、人生观、价值观,决定了人们的语言和行为方式,不同国家和地区的人受不同文化的教育,当他们进行交流或者沟通时,文化的特点便会显现出来,这便是在进行跨文化传播。跨文化传播研究的是文化与传播之间的关系,以及不同文化之间理解、合作与共存的可能与机制。与之相应,跨文化传播学的研究目标为:描述特定文化之间传播的性质;揭示文化的异同,基于对文化的异同的理解,研究消除人们由于文化屏障造成的传播差异失真的途径;更好地理解自己的文化,理解文化的创造和分野的进程。

因为侧重点不同,学界对跨文化传播的定义分为三种:第一种,来自不同文化背景的人际交往与互动行为。由于传播双方的文化背景可能是不一样的,所以作为传播的主体,双方可能会因为观念、思维方式上的差异而造成不同程度的传播难度。从这一角度来说,我们可以将跨文化传播视为不同文化背景的人们通过合作和协商来建构意义的象征性过程,即个体通过采用彼此的视角来合作建构意义。第二种,个体或者是群体在不同语境中进行的信息编码、译码的传播。跨文化传播指的是传播双方的信息编码基本不同的传播。一些研究认为,如果双方信息重叠量低于70%则被定义为跨文化传播。第三种,由于参与传播的双方的符号系统存在差异,传播因之成为一种符号的交换过程。

这个定义主要强调的是不同文化的差异化影响。综合上述三种定义,我们可以这样认为:跨文化传播就是处于不同文化背景、不同文化环境之中的个体之间进行的交往与互动,还包含了个体之间的信息传播与人际交往活动,是全球社会的各种文化要素迁移、流动、共享的过程。

三、跨文化传播研究的理论

随着研究的深入,跨文化传播逐渐成为一个专门的研究领域,并成立了相关学术团体。研究涉及面更广,不再局限于早期的理论研究。结构主义、语言学、现象学等都被纳入跨文化传播研究中。文化人类学、心理学、社会学、语言学等多领域的专家的参与,使跨文化传播研究呈现出开放的、多学科对话的气质与思维特点。

有学者指出最早对跨文化传播做出理论阐述的是德国社会学家乔治·西梅尔(Georg Simmel)。他指出的"相互作用的两个或以上的个人之间在可感知的距离中的主要思想",现在被定为跨文化传播研究的基本内容。此后多年,西方学者对于跨文化传播的定义都受到了西梅尔的影响。这里的跨文化传播侧重于传播活动的参与者且他们之间应该有共通的意义空间。

霍尔提出的高低语境文化理论、潜意识文化理论和人际交往中的四种距离理论对于现阶段研究仍极具价值。高低语境的区分，为跨文化传播行为研究设置了一个参照视角。当长期生活在某种文化语境的人们进入另一种文化语境时，必然面临文化冲突导致的思维与行动上的障碍，不跨越障碍就难以理解传播中的意义，甚至造成言语行为上的失误。霍尔所说的高语境的特征是"语言本身的所指并不能代表其全部意义，需要到语境，即这个文化群体的思维、习惯、潜意识中去寻找答案以解释意义"。"而低语境文化则是语言本身能够指明其意义，该意义与文化群体的整体思维、习惯、潜意识保持一定距离，语言意义相对明确"。根据这种文化模式的分类，在中国、日本、朝鲜等亚洲国家以及拉丁美洲的许多国家，由于其传统和历史的因素，这些国家的民众大都具有相同的经历，因此，他们对于一致的信息会获得一致的外在反应。在日常生活及交流中，不必太依赖语言去获得详细的背景信息就可以了解彼此所要表达的意思。他们常常借助手势、空间的使用以及沉默等非语言方式来表达信息。因此对周围的事物和环境很敏感。比如汉语中有"默契"一词，它所表达的含义以及描写的情境很难在英语中找到对等物。再比如，中国人很少说"我爱你"，而是通过眼神、语境等其他方式含蓄地表现出来。而在美国、德国、瑞士等国家中，他们的人口具有较低的同质性，因此，交流需要的信息必须通过语言准确地表达出来，就好比给计算机的指令，必须准确、清晰，否则交流就会发生障碍。而当这两种不同语境的人交流时，高语境的人会嫌低语境的人话语太多，低语境的人会嫌高语境的人说话太含糊，给他们一种不诚实的感觉。

20世纪80年代，荷兰心理学家吉尔特·霍夫斯泰德(Geert Hofstede)提出文化维度理论，将不同国家的文化差异归结于六个维度：权利距离、不确定性规避、个人主义/集体主义、男性偏向与女性偏向、长期性与短期性、放纵与自我约束。21世纪初，亨利·詹金斯(Henry Jenkins)基于新旧媒体的冲突、媒体内容和媒体渠道的变化，提出了"融合文化"理论。

我国的跨文化传播研究伴随着社会开放、对外交流增多而出现。20世纪80年代末，开始有学者从国外引入跨文化传播学的理念。当前，该学科仍处于一个中外学术对话推动学科本土化的过程，进行着实践问题的探索和学科理论的建树。在当今世界全球化的大背景下，中国政府构建和谐社会的国内政策和中国文化走向国际的伟大抱负，促使了跨文化传播学研究的进一步发展。

前文提到，跨文化传播是指处于不同的文化背景和文化语境之间的社会成员的相互交往与互动,主要涉及不同文化理念下跨越国家范围之间的信息传播与交往活动,以及各种本土化与多元化的文化要素在全球社会中流动、共享、迁移与渗透的过程。这里的跨文化传播的定义侧重于拥有不同的文化感知或是不同的文化系统符号的社会成员之间进行的信息传递行为,或是相互之间的信息反馈以便与之适应的过程;基于符号系统的差异,导致不同文化背景下的社会成员在交往和互动的过程中产生矛盾、冲击的解决方式,及其产生的文化的融合、变迁与发展等影响。如同英国哲学家伯特兰·罗素(Bertrand Russell)所说的那样:"不同文明之间的交流是人类文明发展的里程碑。希腊学习埃及,阿拉伯国家参照罗马帝国,中世纪的欧洲则模仿阿拉伯,而文艺复兴时的欧洲又是效仿拜占庭帝国。"人类社会的变迁,正是源于跨文化传播的交往与互动,将不同地区、不同种族、不同国家的人群"链接"起来,促进整个社会文化的进步与文明的发展。

四、跨文化传播的规律

全世界范围内的交流和交往已经是大势所趋,各种类型的文化都在进行着深刻的交汇和碰撞。根据传播学的观点,跨文化传播的最终使命是要打破语言的隔阂乃至突破价值观的障碍而使社会趋于和谐,在这其中,如何更好地进行跨文化传播就成了我们需要研究的问题。

文化信息流一般由势位高向势位低流动。从表面上看,文明交往中的文化信息流动似乎是平等的、自由的,但实际上,强势文化通常是信息传播的主体。它控制着信息流的流向,文化形态不同,其位势也就不同。其中处于较强态势的文化一般总是拥有主导权,不断对外输出自己的信息和影响,在文化冲突中居于有利地位,控制着其他文化;弱势文化在强势文化的入侵和强力作用下,不得不认同和接受强势文化的价值取向与行为规范等,以适应强势文化主宰的整个社会系统。这种文化传播机制,是一种文化信息的单向、片面的流向。

目前,这种文化传播机制主要表现为以西方资本主宰的逻辑和消费主义的强权逻辑,使得原本鲜活的世界文化沉沦于文化生产的标准化、一体化运作之中。文化类型的多样性在急剧消失。与以往历史不同的是,当前的强势文化不仅依赖其背后强大的经济实力,而且依赖其各种先进发达的文化传播中介,把文化信息和对外影响迅速有效地传播给对象。在当代,文化信息传播的中介日益发达。它已经形成包括语言、文字、印刷、电子、声讯、影像与数码技术于一体的多渠道、多层次、全方位的立体传播与扩散的巨大系统。这也正是为什么目前处于全球化中的广大发展中国家感觉本国文化受到巨大冲击的重要原因之一。

文化所依附的国家实力，是文化出现并对外产生影响力的坚实物质基础，对本国文化具有不言而喻的外在证明功能。因为无论哪个文化体，其首要的任务必须是解决人们对物质资料的基本需要，能够运用先进的技术手段创造出更为丰富的物质财富，并在此基础上逐步满足人们生活水平增长的其他需要。哪种文化能更好地解决这些问题，它就会对人们产生更大的吸引力与召唤力，人们也更愿意接受它。例如在民族交往的过程中，先进文化的生产方式由于其在改造生存环境和满足需要方面的合理性和有效性，对尚处于发展落后阶段的民族来说，总是具有极大的吸引力和诱惑力。这样一来，强势物质层面的文化信息便会最先实现由高到低、由强到弱的流动与迁移。在此过程中，作为信息的接受者，在文化位势存在高低差异的情况下，作为信息输入与接受一端的受纳客体，并非是完全被动的，他同时也是信息的识别者与反馈者。也就是说，文化之间的作用与影响绝非简单的直线式的机械过程。在某些情况下，弱势文化对强势文化的态度与看法也起着不可忽视的作用。

文化顺应规律。文化顺应其实是一种文化调适策略。它是当两种异质文化发生冲突时，在经过较长时间的对峙后，假如双方仍然势均力敌，难分胜负，在这种情况下，为了避免两败俱伤，一般双方文化在某些问题上就会做出一些妥协让步以适应对方的过程。当然。其中势力较强的一方要让步少一些，而势力较弱的一方要让步多一些，否则双方的关系就有陷入僵局的危机，就不会再继续进行文化交往，这就是"文化顺应"。文化顺应主要表现为妥协、和解和容忍等，一般依据具体的情况选择采取何种方式，当然有时也需要三种方式并用才可以起作用。当遭遇到比自身更强的文化的冲击时，靠实力难以改变被压制、被边缘化的现状，这个文化一般就会以顺应的方式化解文化冲突，以争取保存自身。因为，一味强硬抵抗、拒斥强势文化，往往会加速本文化的消亡，招致更糟糕的结局。这种文化顺应一般又可分为文化变形与文化变异两种形式。文化变形，就是在保存原文化价值内核的情况之下，仅仅改变了自己的外部形态，所谓"新瓶子装旧酒""换汤不换药"。这种文化变形的结果往往给人一种不纯粹的异样感觉，也常常使身处此文化环境中的群体产生矛盾、痛苦的心态，其好处在于毕竟该文化的主体结构没有受到改变,也未产生很大的文化振荡。文化变异则有所不同。它是指文化从里到外的整体性改变,是对原文化本体的抛弃和深层次改革,但又不可能绝对彻底地转变成完全相异的另外一种文化。由于文化的相对独立性,任何文化都会或多或少把历史上的一些东西留存下来。

文化顺应是一定的文化实体面临文化冲突时的一种主动文化选择,其不同于强权之下某种文化主权的完全丧失,因此是文化活力的表现。无论是文化变形还是文化变异,都是文化顺应或文化转型的形式。有时候,借助这种变革,原本处于不利地位的弱势文化有可能反客为主,后来居上,逐渐壮大发展起来;而原来的强势文化,也有可能因为僵化、封闭、丧失优势而衰败下去。

五、多元文化主义与跨文化传播

文化全球化与经济全球化不同。文化全球化并不是指文化一体化,而是指与经济全球化趋势相关的世界不同文化日益密切的发展趋势,包括不同文化的交流越来越密切,文化共存和融合的趋势越来越明显,人类文化共享的领域越来越广泛,等等。从这个意义上说,文化全球化既是人类文化价值的共同化,也是世界文化形式的多元化。在当代跨文化传播过程中,我们要实现传播效果的最大化,就必须走一条外来文化与本地文化的融合之路。

文化多样性已成为国际社会的重要特征,与经济全球化和世界多极化并列成为世界三大潮流。2021年通过的《世界文化多样性宣言》意味着文化多样性原则有了国际法律文书的背书,已经成为当今世界大多数国家普遍接受的跨文化传播准则。

多元文化主义这个词语不仅仅要强调一种差异感,而且还要认识到这些差异的产生,是源于一种对文化的忠诚感,源于对所有文化一律平等的理念的认可。正如英国学者沃特森(C. W. Watson)所强调的,多元文化主义首先是一种文化观。多元文化主义认为没有任何一种文化比其他文化更为优秀,也不存在一种超自然的标准可以证明这样一种正当性:可以把自己的文化标准强加于其他文化。多元文化主义的核心是承认文化的多样性,承认文化之间的平等和相互影响。一种成熟文化的内涵是足够宽广的,足以容纳不同的文化经验,其不断发展的方式是越过那些熟悉的价值传统,将自己暴露在其他的价值传统面前,这样文化才能不断地得到反思、壮大和发展。

从历史的视野来看,所有文化形态都具有与生俱来的不稳定性,它们一直受到外因和内因的共同影响,并且一直经历着不断的改造和转变。社会群体除了接受文化的传统价值之外,还在不断地创造属于自己的价值,完成这种文化新价值创造的主要途径就是公开讨论、交换各种观点并且吸收新的习惯,这是一个双向的进程,来自不同文化的群体通过相互交流融合,为自己的文化发展吸收精髓。文化是一个开放的动态系统,对文化结构的威胁不仅来自于外来文化传统表面上的挑战,也来自拒绝参与讨论、不愿意反思变化并错误地理解文化的真正内涵。这种变化不容易得到承认,因为与激进的、快速的变化相比,缓慢增长的变革对那些经历过激进变革的人们来说总是不明显的,不会立刻感受到变化已经发生了,因此有人相信有些东西是永恒不变的,而当其遭遇直接的挑战时就会产生不安和抵制。我们通过基于多元文化主义平台的交流讨论,可以逐渐消解这种不安和抵制,最终在尊重文化差异的前提下达成共识。多元文化主义不是各种文化简单地共同存在、互相没有交流,而是在传播交流中,不同文化间的观念、知识、个人习惯和公共行为方式一起缓慢孕育,最终导致一种独一无二的文化融合体的诞生。

当今世界各地的经济相互依赖,紧密地联系成为一个整体,呈现出一体化的发展趋势。"经济全球化是指资本、商品、技术、劳动力等生产要素跨越国界在全球范围内自由流动和配置。"在这种发展趋势下,当代跨文化传播总体上表现为工具化与功利化。传播技术革命引发了传播的转变由前电子时代转向电子时代。在前电子时代中,印刷媒介占据传递信息的主导形式。这种方式去除了大部分的表象形式,体现的是文化内部带有浓厚理性色彩的具有一定深度的文化构成。对于一般社会成员来说,具有很大的理解难度,因此它只能到达具有一定文化甄别能力的受过教育的社会精英阶层。这样就使得双方在文化交流中具有一定的对等性。而电子媒介的信息传递采用多种形式——文字、图片、音频、视频等,将一切符号的运用推向极致,所以电子媒介传递的信息具有明显的非选择性。除了传播内容外,传播背景还融合了传播主体的文化价值,同时电子媒介的音像形式使受传者跨越了认知能力的鸿沟,所以传播媒介技术革命使占据技术优势的传播主体在跨文化传播中处于支配地位。

第二节　国际中文教师跨文化传播能力研究

国际中文教育活动在两种语言、两种知识、两种文化之间进行,这决定了国际中文的教与学,不仅仅是一种语言的教与学,而且必然涉及不同文化之间的对话、协商或冲撞,是最为直接的跨文化传播过程。换句话说,国际中文教育承担着语言传播和文化传播的双重任务。

国际中文教育事业发展的关键是汉语师资的培养和培训,对国际中文教师的研究是国际中文教育理论研究的重要组成部分,有关中文教师的培养模式、机制、体系等方面的问题是学界讨论的重点和热点。崔希亮指出:"教师、教材和教学法这三个问题仍然是国内汉语教学和汉语国际推广的基本问题,其中,教师问题是核心。"许琳指出:"表面上看,我们所遭遇的种种困难和问题是教师不足、教材短缺、教学方法不适应当地需要,但深层次的原因是中外文化差异和话语体系不同,是跨文化交际能力缺乏。"

一、国际中文教师是传播中国文化的践行者

国际中文教育是一个覆盖面很全的学科,与教育学、心理学、语言学、文化学等学科都有着密切的交集。一个成熟的国际中文教师除了具有良好的语言素养与汉语知识素养外,具备良好的跨文化交际素养也尤为重要。我们培养的国际中文教师,是具有反思意识的跨文化实践者,也就是说,合格的国际中文教师应是既掌握汉语本体性知识、中华文化知识、第二语言教学技巧,又具有跨文化的交际能力、国际视野、通晓国际规则的复合型人才。

在对外汉语教学初期,吕必松先生对教师素质就提出了一些具有代表性的看法。在文章《关于对外汉语教师业务素质的几个问题》中,他将对外汉语教师分为了以下七种层次:①能够胜任课堂教学工作的教师;②能够胜任多种教学任务的教师;③教学艺术高超的教师;④既能胜任教学工作又能进行科学研究的教师;⑤科研能力特别强的教师;⑥能够兼任教学、科研的组织领导工作的教师;⑦能够受到特别欢迎和尊敬的教师。而他认为,作为一个能够胜任课堂教学工作的教师,需要具备的基本条件是:具备比较广博的专业知识和文化知识,包括语言学知识、心理学、教育学和语言教学法的知识、文学知识及其他文化知识;具有一定的工作能力,表现为语言文字能力、课堂教学能力、交际和组织能力;具有一定的教学经验。

刘询认为,海内外的汉语教师应根据实际需要,不同程度地具备以下业务素质:具有较系统的汉语语言学的理论知识和规范的汉语口语和书面语熟练运用的能力;熟悉汉语作为第二语言教学的基本理论与原则,并具有将这些原则根据需要创造性地运用到汉语课堂教学中的能力——包括担任多种汉语课型教学的能力,使用不同教学手段的能力,对教材、教学步骤和教学大纲进行设计、编制和评估的能力以及对学生的学习效果及汉语水平进行分析、判断、评估和解释的能力;能尊重并正确地理解中华优秀传统文化,具有一定的中华优秀传统文化、中国文学和中国社会的背景知识,特别是与汉语交际直接相关的文化知识;具有一定的语言学、社会语言学、心理语言学、语言学习理论和教育学等理论知识,了解语言学习和习得的过程和规律,能结合教学进行一定的科学研究;具有学习并获得某种第二语言及其相关文化最好是学生的母语和文化或与之有一定联系的第二语言和文化的经历;热爱汉语教学工作并具有一定的组织工作能力。

陆俭明先生提出了汉语教员应具备的几种意识:"很强的学科意识""很强的学习、研究意识""自尊自重的意识"。这是对对外汉语教师专业思想认识的要求。

毕继万、张占一较早提出了"外语教学的目的是培养学生的跨文化交际能力"这一观点。在此之后,大部分学者都认为跨文化交际能力是国际汉语教师的必备能力之一。张占一(1984)将第二语言教学中的文化内容分成了两种,即知识文化与交际文化。他将直接影响来自不同文化背景的人进行语言交际的文化,称为交际文化。张占一认为,如果学生不懂得交际文化,就会直接影响到交际所要达到的效果。而这一理论的提出也开启了语言教学界关于文化因素研究的新篇章,学者们开始注重研究"交际文化"这一概念,并提出"对外汉语教学应以培养学生的交际能力作为目标"。

二、跨文化传播能力是国际中文教师能力的重要组成部分

2014年3月,习近平总书记指出,"沟通交流的重要工具就是语言,掌握一种语言就是掌握了通往一国文化的钥匙"。2021年5月,中共中央总书记习近平在主持十九届中共中央政治局第十三次集体学习时,强调要加强我国国际传播能力的建设,"着力提高国际传播影响力、中华文化感召力、中国形象亲和力"。中文国际传播对国家文化传播战略、提升中国文化软实力具有极其重要的意义。从新中国对外汉语教学学科建立至今,有关教师教学

能力的讨论一直是学界的热点问题。目前,新中国国际中文教育事业经过了70多年的发展,已经进入高质量内涵式发展的重要阶段。

"国际"既是教学地点,也有教学对象的特点,它决定了教学对象的多样性、复杂化。在缺乏真实自然的汉语语境情况下,国际中文教师的传播能力特别是跨文化传播能力就显得尤为重要。作为与国际汉语教师职业相衔接的专业学位,2007年公布的《汉语国际教育硕士专业学位研究生指导性培养方案》对非全日制学生的培养目标做了明确的定位:培养具有熟练的汉语作为第二语言教学技能和良好的跨文化交际能力,适应汉语国际推广工作,胜任多种教学任务的高层次、应用型、复合型专门人才。2009年公布的《全日制汉语国际教育硕士专业学位研究生指导性培养方案》将全日制学生的培养目标确定为:主要培养具有熟练的汉语作为第二语言教学技能和良好的跨文化传播技能、跨文化交际能力,适应汉语国际推广工作,胜任多种教学任务的高层次、应用型、复合型、国际化专门人才。在相应的课程设置中,核心课程增设了"中华文化传播",拓展课程增设了"文化冲突与文化传播"。可以看出,新颁布培养方案凸显了"跨文化传播技能"的培养和"国际化"的视野两个方面,将传播能力作为国际汉语教师的重要培养目标之一。赵金铭对此给出明确概括:"业内确立了以国际中文教育职业需要为目标的国际汉语教师的三大能力培养,即汉语作为第二语言教学能力、中华文化传播能力和跨文化交际能力。"因此,在国际汉语教师的能力构成中,传播能力特别是跨文化传播能力应当是其重要组成部分之一。

2007年,国家为了促进汉语国际教育事业的发展,提高国际汉语教师的专业素质,国家汉办和孔子学院总部研究制定并正式出版了第一部《国家汉语教师标准》(以下简称为旧《标准》)。这部旧《标准》为提高我国国际汉语教师的整体素质起到了重要的作用。而随着汉语国际推广事业的顺利发展,汉语国际教学能力的不断完善,2012年,国家汉办和孔子学院总部以旧《标准》为基础,结合汉语国际教育事业的发展形势,集合了来自100多个国家的1000多名学者与专家,经过讨论与修订,出版了2012版的《国家汉语教师标准》(以下简称为新《标准》)。为了使国际汉语教师的队伍更加规范,2014年国家汉办恢复组织《国际汉语教师证书》考试。而不管是旧《标准》、新《标准》还是《国际汉语教师证书》考试,都要求国际中文教师需要具备多元文化意识,懂得对比分析中外文化的异同,了解跨文化交际对于汉语教学的影响,并把所研究的理论知识熟练运用到教学实践中去。国际中文教师需具备的跨文化交际专业素养可分为两个部分：一方面体现在国际中文教师的跨文化交际意识，通过运用跨文化交际知识来解决自身经历的跨文化交际障碍；另一方面是指教师在汉语教学中熟练地应用跨文化交际知识，来解决在教学过程中所遇到的跨文化交际障碍。

三、国际中文教师跨文化传播能力构成

跨文化传播能力，即个体在存在文化差异的传播环境下，有效地运用认知、情感、行为、语用等资源实现最大化地满足传播目标及期望的能力。关于提高跨文化传播能力，国内外学者从心理和行为技能等层面提出了改进措施。萨默瓦提出改进跨文化交流的几点对策：了解自己，运用移情，倾听文化差异，发挥交流的灵活性，理解文化分歧，学会文化适应。孙英春认为，跨文化传播能力的基本构成主要包括五个方面：第一，对不同文化的修辞敏感性；第二，采取描述性、非评价性立场的能力；第三，适度的移情能力；第四，灵活应付不同场景的角色行为能力；第五，有助于拓展心灵的开放性与减少偏见的认同灵活性与认同协商能力。单波提出，解决理解和沟通的关键在于唤醒跨文化的自我，调适跨文化心理，激发跨文化敏感性。

本书认为，国际中文教师的跨文化传播能力主要包括两方面：一是跨文化适应能力，二是跨文化交际能力。跨文化适应能力包括自身文化知识和对赴任国文化知识的了解，对赴任国文化的态度以及对文化差异的敏感意识以及环境适应能力；跨文化交际能力包括海外教学和文化推广能力。

两种能力的关系是，跨文化适应能力是跨文化交际能力的基础，没有跨文化适应的意识、态度等，就谈不上跨文化适应能力，更谈不上跨文化交际能力。当传播主体具备跨文化交际能力后，才能完成跨文化传播。本书第三章和第四章会详细介绍这两方面的能力。

四、国际中文教师提高跨文化传播能力应具备的素养

国际中文教师提高跨文化传播能力应具备以下三方面的素养。

（一）传播学及跨文化传播学的基础知识与理论

国际汉语教师应学习传播学及跨文化传播学的基础知识与理论，如传播的类型、传播的过程、传播的技巧、语言与传播、文化与传播、技术与传播等。这些理论可以为汉语国际传播拓宽思路、提供理论支撑和实践指导。

例如,拉斯韦尔提出的"5W"传播过程模式,即谁(Who)、说什么(Says What)、通过什么渠道(What Channel)、对谁说(Whom)、取得什么效果(what effect),今天仍有重要的应用价值,启发我们从传播学的角度重视国际汉语教师对传播信息控制的主导作用、传播渠道的多样化、传播效果的评估等。

(二)国内外语言及文化国际传播的历史与现状

国际中文教师应了解语言文化传播的历史概况,特别是汉语及中国文化传播的历史,把握当今世界语言文化传播的现状及趋势,如英语的全球化、德国的"歌德学院"、法国的"法语联盟"等在语言文化传播方面的实践,充分吸收其有益成分,在彰显中国特色的同时放眼世界,打开汉语及中国文化传播的新局面。

(三)汉语及中国文化传播的模式与策略

国际中文教师应熟悉当前汉语及中国文化传播的模式与策略,学习相关理论,关注实践中遇到的新情况、新问题,在现有传播模式与策略的基础上,认真总结经验教训,积极探索针对性强、适用性广的传播模式与策略。同时,应关注相关领域的研究成果,更新传播理念、拓宽传播视野。

第三节 国际中文教师跨文化传播能力存在的问题

通过文献回顾可以看出,很多国际中文教师,不管是公派汉语教师还是志愿者,经过专业学习以及国家汉办的选拔考试、通过选拔考试后的培训,他们在跨文化传播方面,汉语知识和中国文化储备较为扎实,不少国家中文教师掌握至少一项中华才艺,对赴任国的文化有一定的了解,具备一定的跨文化交际能力,赴任之后能够较好地完成各种工作任务,达到跨文化传播的目的。但不可否认的是,国际中文教师跨文化传播能力方面也有欠缺的地方,存在一些共性问题。

一、对国际中文教育的认识不到位

比如在理念上,国际中文教师对国际中文教育的性质把握还不够准确。尽管在思想上国际中文教育工作者都明白开展国际中文教育的同时应该进行文化传播,但由于目前国际中文教师队伍良莠不齐,而且缺口较大,加上中华文化博大精深,反映到语言中更是无所不包——不同的语言包含着不同的文化内容,大到文章段落,小到只言片语,甚至不同的句式、修辞,都包含着一定的文化内容,而这一切都是在具体真实的语言环境里存在的,这事实上已导致了队伍本身质量的难以保证。言语的无穷无尽和转瞬即逝,以及各种语言的约定俗成性,都影响着国际中文教师的教学实践,国内外国际中文教育从业人员对国际中文教育学科性质的把握自然也就难以保证。这直接影响到国际中文教育文化传播的效果。

二、文化知识准备不足,文化立场摇摆不定

目前,国际中文教师有两方面问题值得注意:一方面,国际中文教师尤其是公派汉语教师对中华优秀传统文化本身的理解不够深刻。公派汉语教师基本上来自高校,专业背景不一,有的并不是汉语相关专业,即使是汉语相关专业的老师,其汉语文化知识的掌握也存在很多问题,主要表现为:文化知识不成体系,缺少系统宏观的把握;对中华优秀传统文化缺乏深刻的理解,难于将传统文化与当代中国社会现实问题结合起来,有效解释和传递中华优秀传统文化的精髓。另一方面,对外派国家缺乏了解。外派教师对外派国家的文化、社会习俗、人际交往等缺少了解,课堂教学就难以准确捕捉学生的兴趣点,缺少和学生的共同话题,不易赢得学生的认同感,这些都对教学产生了不利的影响。

由于文化本身不是固定不变的,它无时无刻不在传播,无时无刻不在吸收融合其他文化,因此对当前主导文化的态度问题就成为国际中文教师面临的一个现实问题。在国际中文教育中,面对西方文化强大的压力,国际中文教师如何摆正自身的立场,是一个复杂的问题。当前的情况是,每当面临东西方文化的碰撞时,大部分国际中文教师能坚持自己的文化立场,依附自身的文化去评价、判断一种文化现象。

三、跨文化交际意识不足

一些外派教师对不同国家的文化所持态度不同;对欧美文化更多地表现为崇尚、接纳的态度,但对其他国家和地区的文化缺少包容、理解的态度,甚至表现出对当地的风俗习惯的不尊重,在外事礼仪方面表现不得体。

有的外派教师缺乏差异意识,或者说因为对对方国家的文化不了解,所以对文化差异缺少敏感性和处理文化差异的灵活性。因此本土化适应存在

障碍问题突出,导致教学与文化活动的开展效果不理想。

可见,外派教师跨文化交际能力存在的问题主要体现在知识、技能、态度和意识等方面。这些方面存在的问题对外派教师在海外生活和工作的顺利开展造成了障碍。

四、缺乏课堂文化教学经验

(一)文化传播意识淡薄

国际中文教师普遍存在一个问题,以教语言为主,教文化为辅。国际中文教师在海外课堂教学任期短,缺乏有计划、系统进行文化内容讲解与教学,而且不应仅仅局限于教材中的文化知识点教学,或者是在组织文化活动的时候比较被动的开展。以上问题,归根结底就是国际中文教师文化教学经验的缺乏。国际中文教师外派的任务,不仅仅是单纯的汉语知识教学,还要弘扬中华优秀传统文化,让外国朋友对中华优秀传统文化有一定的感知,要保持传授汉语基础知识和传播中华优秀传统文化的平衡。在遵循任教学校规定前提下,应考虑到文化传播与语言教学的平衡问题,不应只是关注学生语言知识的增长、只以顺利完成汉语教学工作为目标,而忽视了文化传播的重要性,忽略了学生对中华优秀传统文化亲切感和吸引力的培养。

(二)文化教学手段模式化

汉语课堂不仅仅是语言课,更是中华优秀传统文化传播的重要途径。语言教学离不开文化内涵,这是国际汉语教学领域共同的认知。在国外要想上好一节汉语课,国际中文教师在前期的教学工作中,需要花费大量的时间,比如查资料、制作课件、设计课堂活动等。课堂上也常常有突发的状况,打乱课堂教学节奏,学生掌握程度不一样,文化教学内容难度偏高,超出学生的接受能力,无法激发学生学习汉语的热情和了解文化知识的兴趣,等等。究其原因,一方面,是国际中文教师作为"新手"缺乏汉语教学实践经验,不会灵活运用教学手段与教学技巧,不懂得课堂管理方法,文化传播过程手段单一、趣味性不强;另一方面,是由于国际中文教师专业素养不足,文化知识欠缺,无法掌握文化内容教学的重点及传授方式,博大精深的文化内涵需要以通俗易懂的语言才便于学生去理解与接受。此外,学校汉语课程的设置,也往往让国际中文教师手足无措。由于学校条件限制,部分学校没有设置专门的文化课程，或者课程设置缺少针对性，不够系统全面。这些问题值得国际中文教师反思。国际中文教师虽然在外派前都经过集体的赴任培训，但是由于培训期短且教学对象汉语水平是零基础或是初级水平，只有少数对汉语的掌握程度比较好，因此国际中文教师并没有很重视文化教学方法与文化传播途径的探索。实际上，课堂教学能力是国际中文教师必须具备的核心能力。文化教学能力的强弱，将会直接影响到教学任务和文化传播效果。掌握的教学能力有限，就很难根据学生的不同特点及时、灵活地调整上课节奏和方式，遇到问题也就不能从容应对。总之，在课堂文化教学上，体现出国际中文教师缺乏教学经验、教学方式缺乏创新等问题。

五、文化推广活动缺乏丰富多彩性

国际中文教师不仅是语言教师，更是中国文化的传播者和文化交流的主要力量。国家汉办在介绍国际中文教师文化传播的责任时就指出，其核心要求是完成基本教学任务的同时注重传播中华优秀传统文化。但是，国际中文教师在履行职责时常常不能很好地践行这一点。

（一）文化活动形式少，中华才艺不精

虽然集中安排的短期岗前培训中，设置有相关的中华才艺课程，但是由于培训时间短、课时少，而且培训的重心在汉语教学与教学技巧，导致文化实践活动的训练较少。每一年都派遣大量的国际中文教师，且每年的培训形式一样，每届学员都是学习同样的中华才艺课程，如太极拳、剪纸和书法等。因此，在国外开展文化活动时，学生反映每年都是一样的文化活动，难道中国文化活动就只有这些？另外，培训中华才艺的课时安排也较少，且主要通过欣赏的形式领略中华才艺的魅力，所以大多数国际中文教师只学会了一点点，更不具备表演展示能力，比如京剧、国画、古筝等。由于教师自身的因素造成了文化传播方式的局限性，就可能会错过传播文化的一些机会。

（二）文化活动范围的局限性

从另一个角度分析，文化传播不单单只是变换活动形式，活动内容可以更丰富、范围可以更广泛。有些国际中文教师的工作范围仅限定于课堂教学和学校安排的活动上，往往不能很好地利用课下时间与学生和教师同事交流，寻找文化切入点；更没有走出校园、走进社区，了解当地人们对中国文

化的了解情况。有些国际中文教师对民族文化存在差异性认识不深，在将中国文化在异民族进行传播时，总是从中国人的角度出发，认识不到"求同存异"理念给文化传播带来的影响，从而无法实现中外文化交融。还有一些国际中文教师跨文化适应能力较弱，短时间内不能快速融入当地的生活，其实，不是世界上人人都对长城、京剧和脸谱感兴趣。海外文化传播除了以民族节日和具有影响力的文化标识，如书法、太极拳和中国功夫等作为切入点之外，还可以尝试多个方面，可以是当今中国流行的文化元素，比如音乐、影视作品等；抑或者是当代中国具有代表性的事物，如高铁、快递、外卖等。中外文化交流进程中，实现双向的"文化交融"，文化传播才是有效的。根据长期的海外教学工作了解到，中国文化传播虽然内容比较丰富且具有多样性，比如中国美食展示、中国书法展示与武术表演等，但是较少涉及中华优秀传统文化的核心思想和中华优秀传统文化的现代价值观。

（三）缺乏适应跨文化环境的文化创意

文化传播可比作一件商品，是需要消费才能体现它的价值所在。文化说到底是对内容的消费，要注重内容的包装，学习对象如果认为内容的包装有趣、有意思，才会对内容投入关注。

国际中文教师担当中华优秀传统文化传播的重任，要清楚地认识到对于文化内容的打造创新的重要性，文化内容简单堆砌凑合，形式固化不具备时代新思维，文化走出去也就没有竞争力，也就更不易被外国朋友接纳。中华优秀传统文化蕴含着巨大的资源，中国的民族文化极具特色，如果我国发掘和运用的能力不足，缺乏创新思维，核心价值观的"软实力"便缺乏竞争力。

文化有内涵，再经过"包装"，还要实现文化传播方式的创新。巧妙的文化传播方式，可以促使文化传播与交流更加顺畅，能收到事半功倍的效果。

中国文化走向世界，依靠的是孔子学院中汉语教师的言传身教，国际中文教师的默默付出。他们通过课堂文化教学以及文化演出、活动展示等各种形式实现文化传播。但目前在部分国际中文教师身上，仍存在文化传播的局限性，所开展的文化活动范围小，影响力薄弱；文化传播途径和文化传播手段非常传统且重复单一，缺乏新意；运用现代化教学手段的能力不足，不能做到多层次、立体化地展现出精彩生动的中华优秀传统文化。从跨文化适应和跨文化交际角度来说，跨文化传播能力均显不足。

第三章　国际中文教师跨文化适应能力
及案例分析

本章首先分析国际中文教师跨文化适应能力的构成和研究概况,然后结合笔者作为公派汉语教师在美国特洛伊大学孔子学院教学的案例以及挑选的 8 名汉语教师志愿者的案例,进行分析。

第一节　国际中文教师跨文化适应能力概述

一、定义和内涵

跨文化适应能力指"当个体与另一种文化环境进行长时间持续性接触以后,在心理上或者行为上发生的种种变化"。影响跨文化传播的因素主要有语言背景、文化认同、民风习俗和社会价值观等。因此,加强跨文化适应能力的培养,能促使国际中文教师在异国生活教学工作中,保持良好的心理状态,克服环境的不适感,积极向上,实现文化融合。国际中文教师开展教学工作的状态越好,传播文化就越有成效。

跨文化适应能力主要包括文化知识和态度、跨文化意识以及环境适应能力。

(一)文化知识和态度

文化知识包括中国文化知识、外国文化知识以及跨文化知识,包括了解国内外的生活方式、教育观和价值观等知识,了解文化和跨文化交流与传播等概念的基本知识。

在中华优秀传统文化方面,首先,应该注意中华优秀传统文化知识的广度,掌握系统全面的汉文化知识,满足相关课程的要求;其次,对与教学特别相关的文化知识应加强理解的深度;最后,对当代中国社会的现状和问题有准确的认识,对传统文化的精髓有正确的把握,能向学生准确地传递中华优秀传统文化的精神。

在外国文化方面,应注意了解外国的生活方式、人际交往模式,更好地适应当地的生活。同时,了解所在国的价值观是正确对待文化差异的基础。对赴任国文化应抱有尊重、理解、宽容、接纳的态度。应尊重当地文化的社会价值观、社会习俗,在尊重的前提下理解当地文化,对跨文化交际中出现的问题更为宽容地对待,甚至达到接纳异文化的程度。

在跨文化知识方面,应具备主动学习跨文化交际相关知识的意识,了解不同文化背景的人们之间交际应注意的问题。

(二)跨文化意识

在跨文化交际过程中,对文化差异的敏感意识很重要。对外派汉语教师来说,无论是在生活还是教学过程中,文化差异无处不在、无时不在,许多问题的根源在于文化差异。具备较强的文化差异的敏感意识,有助于教师从根本上找到问题的本源,更好地对待教学、生活中出现的问题,并有效地加以解决。

(三)环境适应能力

国际中文教师跨文化适应能力除了文化知识和跨文化意识之外,还包括环境适应能力。国际中文教师到一个陌生的国度后,开始面临着时差、饮食起居和生活习惯各方面的适应问题,这需要国际中文教师克服不适感,尽快适应环境的变化,提高环境适应能力。

二、跨文化适应能力是国际中文教师跨文化传播能力的基础

良好的跨文化交际素养可以帮助在海外的国际中文教师尽快融入当地文化中,使教师能够大方得体地与不同文化背景的人交流,在不同的文化环境中能够更加顺利与从容地完成汉语推广工作。因此,在国际中文教育领域,不仅要关注如何培养和提升汉语学习者的跨文化交际能力,同时也要关注国际中文教师的跨文化适应能力。

国际中文教师不仅仅是中华优秀传统文化的搬运工,不能仅致力于开展文化课教学和系列的文化体验活动。国际中文教师本身就是一种文化传播的媒介,甚至可以说是一种最直接的文化展示:他们的文化身份对于那些非汉语语系的社会成员而言,本身已经是一件持续散发着中华文明气息的文化瑰宝。当前日益增长的汉语师资、不断深入的汉语教学等,极大地提升了国际中文教育跨文化传播主体的"媒介到达率"与跨文化传播客体的"媒

介接受率",实现了传播主体和传播客体的零距离接触。简而言之,汉语教师在实践跨文化传播交流的互动过程中,不断地将具体的跨文化传播信息和内容清楚地以编码的信息方式精心传达,使得跨文化传播活动中的目标受众能够更加准确、公正地解读跨文化传播的内容。

第二节　国际中文教师跨文化适应能力案例

案例1:我和美国特洛伊大学孔子学院的故事

王雁冰

我是一名来自平顶山学院的英语教师。入职十几年来,去海外教汉语的梦想一直在我心头萦绕。看到身边的同事陆续赴泰国、美国等从事汉语国际推广工作,我的汉语教师梦一次一次被点燃。2014年春,经过精心准备,我顺利通过了国家公派汉语教师的选拔考试和美国特洛伊大学孔子学院的面试。在历经国家汉办南开大学培训基地一个月"魔鬼式"的培训之后,2014年9月1日,带着国家汉办的使命,带着汉语教师"三感三情"的责任和担当,带着各种期待和憧憬,我来到了美国特洛伊大学孔子学院。

始建于1887年的特洛伊大学(Troy University)是一所公立大学,位于美国东南部阿拉巴马州中部城市特洛伊市,被《普林斯顿评论》(*Princeton Review*)评为美国"东南部最佳大学"。校园环境优美,各类设施齐全。特洛伊大学孔子学院(The Confucius Institute at Troy University,简称 CITU),成立于2007年,曾获全美优秀孔子学院殊荣。特洛伊大学孔子学院设有特洛伊主校区、蒙哥马利校区和多森校区。其中孔子学院特洛伊主校区占地面积1200平方米,有中国文化体验中心、汉语教材研究中心、汉语远程教育中心、阿拉巴马州最大的中文图书馆以及标准化的汉语水平考试中心等,办公场地、环境及硬件设施等处于一流水平。见图3-1至图3-5。

图3-1　美丽的特洛伊大学校园环境

图3-2　特洛伊大学孔子学院外观一隅

图3-3　特洛伊大学孔子学院内景一角　　图3-4　特洛伊大学孔子学院中国
　　　　　　　　　　　　　　　　　　　　　　　　文化体验中心

图 3-5　特洛伊大学孔子学院图书馆

一、初到孔子学院

到达特洛伊大学孔子学院后,我顾不上调整时差,很快投入工作中。通过外方院长徐弘的介绍,以及和时任孔子学院教师多次的交流,我逐渐熟悉了特洛伊大学孔子学院的相关情况,也很快地适应了角色转变。

2014 年是孔子学院总部成立十周年,特洛伊大学孔子学院也正在举办一系列的庆祝活动。9 月初又恰逢特洛伊大学举办橄榄球比赛。橄榄球是美国南部盛行的体育赛事,尤其是大学联赛,会吸引社会各界的关注,很多外地的球迷拖家带口从四面八方赶来,为支持的球队呐喊助威。这也正是孔子学院进行宣传和推广的大好时机。我和其他同事一起在热闹的球场外面搭建棚子,带着准备好的孔子学院开设的汉语和中国文化课程的宣传单等,向市民和学生介绍孔子学院以及开设的各类课程。这是我第一次参加孔子学院的推广活动,后来才知道像这样的推广是常态。见图 3-6。

据徐弘院长讲,在阿拉巴马州推广汉语非常难。究其原因,一是处于深南腹地的阿拉巴马,经济相对落后,人们思想保守;二是美国东南部由于墨西哥等中美洲以及南美洲国家移民较多,讲西班牙语的人口很多,各类学校开设的外语基本上是西班牙语,以致于汉语进入各类学校的课程体系难度非常大。这和我来之前预想的要上已安排好的汉语课不一样,更多需要做的是一些开拓性和推广性的工作。于是,我当时暗下决心:一定要尽快熟悉环境、改变自己、迎接挑战、克服困难、不负使命,尽我微薄之力,让汉语和中国文化之花在美丽的阿拉巴马盛开。这个信念也正是我在孔子学院工作两年的坚强动力。

图 3-6　在特洛伊校区橄榄球场参加孔子学院推广活动

二、汉语教学

（一）开拓小学汉语教学点

根据工作需要,几日后我就被派到了离主校区约一个小时车程的多森校区。该校区上一任汉语教师在我到任两个月后就离任了,于是不久后我成为多森校区唯一的一名汉语教师,直到第二年又派来了一名汉语教师。当时,多森校区只开设了针对社区居民的非学分汉语课程,中小学汉语教学点尚无突破。在征得徐弘院长的同意和鼓励后,我决定"开疆拓土",打算在中小学尝试开设汉语课。经过考察,并和多森市教育部门多次联系后,最终选定了当地最好的两所小学之一,即凯利泉小学(Kelly Springs Elementary School),作为多森的第一个汉语课程试点学校。我和凯利泉小学校长万达·迪斯缪克丝(Wanda Dismukes)女士多次沟通,她非常支持这个项目,认为汉语课的开设可以增加凯利泉小学的多元性。最后和凯利泉小学达成一致意见,每周为 K—5 年级的学生开设一节汉语体验课,每次 30 分钟。

达成共识后,我既兴奋又担心。兴奋的是,经过自己的努力和坚持,能够开拓性地在当地小学开设汉语课;担心的是,我没有小学教学经验,尤其是 K—5,跨度 6 个年级,压力很大。但我勇于尝试,压力变成了动力。通过请教其他同事、网上搜集资料等,我理清了工作思路,要落实的事情有两件:

一是课堂管理问题,二是教材及教学进度问题。关于第一个问题,由于听说过美国小学尤其是高年级课堂上各种各样的"熊孩子"故事版本,我对课堂管理有些信心不足。但凯利泉小学同意每次上汉语课时会有班级老师维持课堂秩序,这打消了我的顾虑。关于第二个问题,我翻阅了几本零起点的汉语教材,发现没有很合适的,于是决定在此基础上自己编讲义。另外,我看了下校历,离学期期末还有八周,我决定按照主题进行教学进度的安排,然后根据实际情况再做调整。

凯利泉小学也很重视这个汉语项目,还准备了一间教室作为汉语体验课的专用教室,经过贴对联、挂灯笼、挂中国结和贴张贴画等精心装饰后,教室的中国味呈现出来了。宽敞明亮的教室有六张小方桌,每个小方桌配四五把靠背椅,这样的教室布局对于 20 人左右班额的美国小学很常见。

经过认真备课,我打算第一次课的主题为"你好"。对于 K—2 年级,教学内容分为三部分:一是通过 PPT 和地图了解中国并播放介绍中国的短视频,二是学说"你好""老师""再见",三是学唱《你好 你好 你好吗》歌曲。对于 3—5 年级的学生,再增加学说"中国""美国"以及播放介绍汉字的视频。

第一节课在我期待又紧张的心情中开始了。第一个班是二年级的学生,美国老师把他们引进来安顿好之后,全班师生都在好奇地打量着我。我当天特地穿了中山装,面对一张张不同肤色的面孔,我略微紧张了一下,但很快就镇定下来。我先用英语打了招呼,马上又说:"你好。"我注意到,大部分同学明白了这是个问候语,于是部分学生在试着模仿说:"你好。"这样互动以后,我就很快进入了角色,按照事先准备好的内容开始讲解。尤其是讲到美国地图和中国地图对比的时候,我从孩子们好奇的眼神中看出,绝大部分孩子是第一次看到中国地图,所以很好奇。接下来的课堂互动也不错,讲完这几个问候语后,孩子们兴高采烈地模仿起来,分组练习也进行得很顺利。尤其是学唱《你好 你好 你好吗》的时候,气氛非常热烈,孩子们的积极性都被调动起来了,在场的老师也在跟着唱。最后在此起彼伏的"再见"声中结束了第一次课。

总体来说,初战告捷。接下来的其他几个班也都进展顺利,课堂效果一次比一次好。这让我的信心倍增,也更坚定了要把这个汉语项目开展好的决心。课后几天,在校园里、走廊里,学生遇到我的时候纷纷用语调并不标准的汉语高兴地打招呼:"你好。"虽然我并不知道他们是谁,来自哪个年级。

第二次课和后面的几次课,我的教学主题慢慢丰富起来:起中国名字;我叫×××,我是美国人;学数字;我的家庭;学颜色,我喜欢某色;学大小,这个苹果大;等等。高年级几个学得快的学生在学了四五次课后,就可以成段地用中文介绍自己和家庭,有模有样的。我也充满了自豪感和成就感。见图3-7至图3-9。

图3-7　在凯利泉小学教授汉语课(1)　　图3-8　在凯利泉小学教授汉语课(2)

凯利泉的汉语课程进展顺利。不久,多森市最大的电视台 WDHN 采访报道了我们的汉语体验课,在当地引起了不错的反响。见图3-10。后来,我又和多森校区新派来的袁老师一起努力在另一所高地小学(Highland Elementary School)开设了汉语课。可以欣喜地看到,学习汉语的学生越来越多了,了解中国文化的人越来越多了。现在回忆起来,凯利泉小学的汉语项目依然是我最难忘的记忆,我一点点地看着它从无到有,慢慢成长。

图3-9　和凯利泉小学一年级的学生合影

图 3-10　多森市电视台报道凯利泉小学汉语项目

（二）汉语兴趣班教学

多森校区汉语兴趣班教学开设较早，面向社区招生，不限年龄。开设课程有基础汉语、基础商务汉语、汉语日常会话、商务汉语和中级汉语等。学员从十几岁的青少年到八十几岁的老者，学习动机也千差万别，下面是其中部分学员学汉语的故事。

1. 找中国太太结婚

詹姆士（James）是名空军飞行员，年近 60 岁。见图 3-11。第一次见到他时，正值中秋佳节，他带着在网上买的月饼、自家种的柿子，还有一些用英语写的中国小说来到课堂。后来得知，他曾在美军驻韩基地工作过，前妻是韩国人，已故。他非常喜欢亚洲文化，学习汉语的动力是想找位中国太太结婚。詹姆士已学汉语两年了，基本的日常对话还可以，开车时，他还经常用 MP3 听汉语，在家时经常收看中国电视连续剧。鉴于此，我给他上课时一是侧重口语练习，二是多讨论中国文化。他也很喜欢问我一些中国风俗的问题，比如在中国，结婚前男方给女方多少彩礼合适。原来，当时他在一个跨国婚恋网站上和一个中国女孩正在谈恋爱。他们通过 QQ 加翻译软件聊天，詹姆士还会把他们的聊天记录发给我，问我这个女孩到底是不是这样想的，为什么有时说的和想的不一样，等等。有时候我也很难给他解释清楚，我自己也不禁感慨，东西方的文化差异实在太大了。詹姆士还去中国见过这个女孩。回到美国后，詹姆士说他们即将领结婚证了。为此他还翻修了房子,为这个女孩买了辆车,并告知亲朋好友他要娶一位中国太太了。遗憾的是那个女孩最后没有来美国和他结婚。

图3-11　詹姆士写的新年祝福送给我和袁老师

2.汉语是门美丽的语言

歌莉娅(Gloria)是位年过六旬的女士,她自称对东亚文化很感兴趣,曾经自学过韩语,后来又接触到了汉语,觉着汉语比韩语更有意思,得知多森校区开设有汉语课后,就来学习汉语。她是我见到的最用功的学员,每次课前都会把上节课所有的生词、短语和课文工工整整地抄写一遍,并给我看。见图3-12。汉字书写对于外国人来说并非易事,尤其是像歌莉娅这样的年纪,若不是兴趣使然,很难做到这一点。她跟着我学了四个学期,汉语水平进步很大。课后,我们的交流也很多,我们讨论中美的文化差异,讲各自家庭的故事。她还邀请我去她家做客,我和她姐姐、姐夫还有过一些关于中美热点话题的讨论。让我非常感动和欣慰的是,我在离任之际,收到她的一封电子邮件。她这样写道:"感谢王老师细致、耐心的教学。两年前,我对中国及中国人缺乏了解,并带有不太好、令人羞愧的看法,但通过上孔子学院的课我改变了这些看法。王老师教学优秀,又总是鼓励我,这使我有信心接着学习汉语。"那一刻,我感到非常自豪。见图3-13。

通过歌莉娅的案列,我认识到作为汉语教师,不仅仅是传播汉语和推广中国文化,更重要的是和外国人多交流和沟通,告诉他们一个真实的中国,消除他们的误解和偏见,同时自已也要展示一个新时代中国人的良好形象。

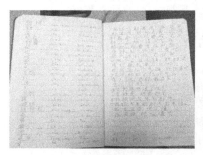

图 3-12　歌莉娅写的汉字　　　　图 3-13　和歌莉娅(左一)合影

3.我的前世是中国人

诺尔(Noel)是名 40 岁左右的古巴移民,会说西班牙语。见图 3-14。如果詹姆士和歌莉娅代表美国中产阶级的话,诺尔可以说是美国底层人民的代表。他没有正式工作,我曾见过他在 Family Dollar(一元店)当收银员。在保守的美国南部的一个小城,这个阶层的人怎么会有学习汉语的动机? 我当时还很疑惑。直到诺尔一本正经地告诉我,"我觉得我的前世是一个中国人。我要努力学习汉语,我觉得中国是一个超级大国。"让人忍俊不禁,又觉着他是认真的。生性乐观的诺尔虽然有时要面对经济的拮据,但每次见面时他总是面带微笑。他经常告诉我,中国很强大,学好汉语会了不起。但遗憾的是,他虽学了一年,汉语水平进步却并不明显,但他乐观豁达的态度让我印象深刻。

除了上面的三名学员,还有一位 81 岁的老先生学汉语的故事。他是位当地的商人,来学汉语的动机是"汉语很难,学习汉语可以让大脑运转,防止痴呆"。他虽然只上了一学期,到最后依然汉语的一到十也说不清楚。但我想,老人汉语学习的知识进步并不重要,重要的是他不屈不挠和不服老的精神让人敬佩。见图 3-15。

图 3-14　积极乐观的诺尔　　　　图 3-15　年过八旬的汉语学习者

4.其他汉语学习者

哈里森（Harrison）是一位十几岁的少年，他的梦想是加入美国海军陆战队。"汉语学习经历会增加我申请加入海军的优势。"他这样说。小伙子具有执着，不轻言放弃的优良品质。后来在我的辅导下，他还顺利通过了HSK三级考试。

一位黑人妈妈和诺尔一样，也是一名低收入者，她学汉语的动机是想通过学习汉语找到一份收入更好的工作。第一次上课她问我，能否带上自己上小学的女儿一起来学汉语？我回答"当然可以"。看到她高兴的笑容，我也感到由衷的欣慰。后来她每次上课都带着女儿来，母女俩还互相提问，共同进步。虽然到我离开时这位妈妈还未如其所愿，但她学习汉语的劲头感染和鼓励了女儿。见图3-16。

学习商务汉语的派瑞克（Patrick）是名白人男性，在多森一家橡胶制品公司工作。因其公司和中国有业务联系，公司派他来多森校区学汉语。他学习认真、努力，进步挺大，有股美国南部人民传统的朴实和好客劲儿，还曾邀请我去他家过圣诞节。见图3-17。

图3-16　母女俩同上汉语课　　　图3-17　在派瑞克家包饺子

社区汉语兴趣班的课和凯利泉小学不同，我会根据每个学生的不同特点，因材施教，创新和改革教学方法，从而收到了良好效果。在课堂教学中，我注重精讲多练，提高教学质量，探索出一套行之有效的课堂教学模式。以教材《汉语日常会话》为例，在讲授每个单元的时候，在字词学习环节，通过领读、"合唱"和"独唱"等形式让学生对字词熟悉并掌握其基本用法；在课文学习环节，我首先让学生练习对话，充分发挥其主动性，尽量鼓励学生试着解释句子的重点和难点，必要时我再做相应补充，这样学生的课堂参与度很高。在学生掌握本单元的主题和对话后,我会反复播放课文视频,既让学生进一步熟悉了课文,又练习了学生的听力;输出练习环节,通过学生把这几个对话呈现或表演出来的形式,让学生进一步巩固本单元知识点,并学以致用。这种以学生为主、注重不同练习形式的教学方式大大提高了课堂教学效果,学生反应非常好。最让我感到自豪的是,四个学期汉语兴趣班的学生评教全部是满分(10分)。

这些汉语兴趣班的课其实很辛苦。因为学生白天要工作或上学,这些课都是晚上7点到9点进行。我白天还有其他日常工作。但对于晚上的课我丝毫不敢懈怠,总是精心准备,再苦再累也没有抱怨过。另外,有时为了留住个别学员,我还想方设法地鼓励他们继续学下去。

慢慢地,我和他们中的大部分学员成了很好的朋友,这也无形之中增进了他们对中国的了解。从他们学习汉语的故事中,我也有了新的体会:汉语教师也兼有民间文化使者的身份,也可以为讲好中国故事贡献一份力量。

(三)社区汉语教学和中国文化推广

1. 图书馆汉语讲座

面对相对闭塞的外部环境,汉语教学和中国文化推广工作不能仅仅在校园里进行。多森校区上一任汉语教师彭老师经过与多森当地的图书馆联系,针对读者和当地居民需求,在图书馆开设了免费的汉语讲座,每周一次,每期八周。彭老师离任后,我就接起了这个光荣的交接棒。经过了解,讲座的对象多为中老年人,主要目的是出于对中国文化和语言的好奇,想了解一下。所以在课程设置上,我偏重于文化介绍,比如中国的总体介绍,尤其是现代中国的介绍。由于美国媒体的影响,美国南部很多人,尤其是中老年人,对中国的了解还停留在几十年前,媒体的报道往往也是负面新闻较多。所以我通过视频播放和介绍,让他们了解真实的中国。另外,还安排了有关中国节日、美食、民俗、建筑等方面的介绍,以及中国书法和剪纸体验活动,等等。语言方面以简单的日常交际用语为主。讲座效果显示,全体学员对讲座非常满意,表示收获很大,有的学员也有进一步了解中国和学习汉语的兴趣,有的还成为特洛伊大学孔子学院"中国行"的成员。见图3-18和图3-19。

图 3-18　在多森休斯顿图书馆进行汉　　图 3-19　在多森休斯顿图书馆进行汉
　　　　　　语讲座(1)　　　　　　　　　　　　　语讲座(2)

2. 多森"中国语言和文化活动月"

　　特洛伊大学孔子学院每年都会在多森市举行"中国语言和文化活动月"。该活动面向对中国市场感兴趣的商务和企业人士,讲座目的是通过介绍中国文化和学习汉语,架起沟通中美的桥梁,为多森及周边地区的中美商贸服务。活动分四次文化讲座和四次汉语课。文化讲座聚焦于在商务领域中美国人和中国人交往需要注意的事项,如"面子"、中国餐桌礼仪等,由特洛伊校区的孔子学院老师主讲。我负责四次语言课程的授课,主要围绕商务汉语日常用语进行。由于我们的精心准备和认真授课,使整个活动非常成功。根据学员的反馈,他们对讲座内容非常满意,收获很大。

　　学员凯西(Kathy)在感谢信中这样写道:"我非常喜欢这个活动,这是我很长时间以来想要了解的。东方和西方虽然有不同,但我们作为人来讲,却有很多共同的地方。比如美国南部人民,也像你们讲座中讲到的中国人那样,我们好客,重视家庭,也喜欢美食,希望客人和朋友品尝自己做的美食。希望有机会听更多这样的讲座。"学员瑞达(Rhonda)这样写道:"我非常喜欢你们的课程,信息量很大,又很有帮助。我喜欢用你们的语言写我的名字,希望以后有机会深入学习汉语。"见图 3-20 至图 3-22。

图 3-20 多森市"中国语言和文化活动月"开幕式

图 3-21 和孔子学院院长一起为学员颁 发证书

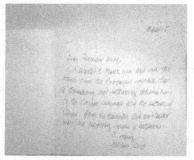

图 3-22 学员麦克写的感谢信

三、中国文化推广活动

在多森的两年内,除了上课、讲座和孔子学院办公日常外,各种中国文化推广和宣传的活动也很多。有的活动是宣传孔子学院的课程,希望更多的人学习汉语;更多的活动是中国文化推广,让更多的人了解中国和中国文化,拉近和中国的距离。一般这些活动都是孔子学院老师集体参加,大家各司其职,发挥自己的特长,共同把活动做好。我作为多森校区中文项目的负责人,不管是组织多森或周边的文化活动还是参与其他地方的推广活动,我都会尽职尽责,精心准备,把每个活动都做好。两年来,我组织中国文化推广活动 16 次,参与活动 40 余次。

（一）全美花生节

阿拉巴马是个农业州，盛产棉花、核桃和花生。每年十月，多森市都会举办全美花生节，场面隆重。孔子学院会利用这个节日，进行推广活动，提高孔子学院的知名度。例如，会把三个校区的中文课程印成小册子，为感兴趣的居民推荐，效果不错。很多汉语兴趣班的学员都是通过在类似的活动上，看到相关海报或宣传册得知特洛伊大学孔子学院开设有中文课程，慕名而来的。见图3-23。

图3-23　2014全美花生节，我在介绍孔子学院汉语课程

（二）春节庆祝活动

春节庆祝活动应该是全球每个孔子学院都很重视的文化推广活动，特洛伊大学也不例外。孔子学院提前一个多月就开始各种各样的准备工作了，联系场地、确认参加人员名单、发邀请函、文艺演出排练等。这个时候，老师往往一人化作多个角色，这也是有中华才艺的老师大显身手的时候。

特洛伊大学孔子学院的春节庆祝活动影响力较大。2015年的春节庆祝活动邀请了阿拉巴马州数名政要、议员以及数个城市的市长、教育界代表等参加；2016年的春节庆祝活动还邀请到了中国驻休斯敦副总领事一行。见图3-24和图3-25。

图 3-24　我和同事在装饰庆祝
春节活动会场

图 3-25　晚会活动中,我客串一把
舞狮子

（三）参加中小学文化节活动

　　孔子学院积极参加各种中小学的文化节活动,借机展示中国文化。在文化节上,老师们带着剪纸、书法用品以及才艺展示等让当地学生了解中国文化,体验中国文化,希望在他们心中播下一颗小小的和中国相关的种子。也许今后某一天,在某个场合,这颗种子会生根、发芽,甚至开花、结果。见图 3-26。

图 3-26　在开姆敦中学文化节上学生体
验中国书法

（四）做中西文化交流的使者

孔子学院的职能不仅仅是传播汉语和中国文化，也起着促进中西方文化交流的作用。位于阿拉巴马州的杰克森威尔（Jacksonville）市，有一家中国金龙（Golden Gragon）铜加工厂，该工厂的成立不仅促进了当地工业和经济的发展，也解决了数百名当地居民的就业问题。为了促进该公司的中美人文交流，2015年3月，特洛伊大学孔子学院在金龙公司组织了一场以"庆祝中国元宵节"为主题的文艺演出。该演出不仅为中国工人带来了家乡的过节气氛，也让美国工人近距离地接触了中国文化，拉近了中美工人的心理距离。见图3-27。

2016年，国内女画家秦百兰来特洛伊大学进行中国画展览。孔子学院更是义不容辞地做好了相关布展和准备工作，为中美人文交流贡献一份力量。我也很荣幸参与了这次活动，做了大量的联络、沟通和服务工作。见图3-28。

图3-27　孔子学院教师访问金龙公司　　图3-28　参加秦百兰中国画巡展活动

四、"中国行"活动

特洛伊大学孔子学院每年都会组织"中国行"活动。2015年10月，由参议员、特洛伊大学董事会主席戴尔（Dell）先生以及孔子学院外方院长率领由阿拉巴马州参议员、市长、政府官员、商界人士及企业家等26人组成的代表团对中国进行了访问和考察，足迹遍布北京、山东、陕西、上海、江苏、浙江等地。代表团会见了山东省人大代表，考察了济南市振丰农业生态园区的大葱种植基地，参观了咸阳杨陵农业高新技术产业示范区，会见了美国商会苏州分会的代表。通过访问，代表们对中国文化有了切身体验，并与中国政府及公司、企业等建立起了初步的联系。见图 3-29 和图 3-30。

图 3-29　2015"中国行"代表参观美国　　图 3-30　2015"中国行"代表参观孔子
　　　　　商会苏州分会　　　　　　　　　　　　　　学院总部

2016 年上半年,孔子学院又组织了特洛伊大学艺术家访华团和大学生访华团。我有幸带领特洛伊大学生访华团一行 12 人赴中国进行为期两周的文化体验。接到任务后,我从 3 月份就开始忙碌准备起来,从学生个人信息、机票、保险和酒店等信息的反复核对,到行前的两次注意事项说明;从个别学生的饮食忌口到和地接导游的反复沟通和协商。我不厌其烦,注重每个细节,确保万无一失。

2016 年 5 月 14 日,特洛伊大学生"中国行"正式启程。本次行程共安排四个城市,分别是北京、上海、苏州和无锡。在北京,学生们参观了长城、颐和园、故宫和天坛等,欣赏了京剧表演,体验了胡同之旅,品尝了北京美食;在上海,学生们在外滩留下了足迹,看到了现代、摩登的中国;在苏州,学生们领略了江南的秀美;在无锡,学生们参观了文字博物馆,体验了汉字的无穷魅力。

在中国期间,我认真负责,忙完一天的日程安排后,还有帮学生兑换货币、帮助生病的学生去药店买药等琐碎、具体的工作,对此我也乐此不疲,每天忙碌而又充实。

最后,学生们依依不舍地离开中国,他们纷纷表示:两周"中国行"的深度体验很难忘,既见证了中国的悠久历史和灿烂文化,又目睹了现代文明的中国。这一切和来之前的想象不太一样。回去后会和家人、朋友以及身边的人分享这段经历,告诉他们真实的中国是什么样子。见图 3-31 至图 3-34。

图 3-31　特洛伊大学生"中国行"访华
　　　　　团爬长城

图 3-32　特洛伊大学生"中国行"访华
　　　　　团参观天坛

图 3-33　特洛伊大学生"中国行"访华
　　　　　团参观苏州园林

图 3-34　特洛伊大学生"中国行"访
　　　　　华团参观博物馆

五、"星谈"项目

我参与过两次特洛伊大学的"星谈"项目。虽然这项工作并不属于公派汉语教师的"分内事",且项目正值暑假期间,我还是非常高兴能够参与该项目。虽然辛苦,但源于心底对于汉语国际推广事业的热爱,我不计得失,按照孔子学院的部署和安排,认认真真地做好每一项工作。

(一)"星谈"背景

2006 年,美国政府启动了"国家安全语言项目",旨在加快培养非普遍语言人才。在这些语言项目中,影响最大、评价最高的就是"星谈"(STARTALK)项目。"星谈"是该项目教学理念首字母的缩写,它强调以标准为基础(Standards-based),以学生为中心(Students-centered);使用目的语进行教学(Target Language);要把学生的年龄、语言水平和文化背景等个体因素的差异考虑在内,即适合教学对象(Appropriateness);要在教与学中学会反思(Reflection);任务时间要保证(Time on task);要学会在新的语境中运用目的语(Application to new contexts);保证学生进行语言输出(Learning outcomes);要让学生学会做中学(Knowing is doing)。美国"星谈"项目经过十几年的良好运行,以其标准性、完整性、高效性和体系性的特点,受到了美国外语教育界、学生和家长的一致认可,它已成为全美外语教师的培训理念和行动指南,被公认为世界语言教学领域的宝贵资源。

(二)特洛伊大学"星谈"汉语项目介绍

2007 年,汉语被"星谈"项目列为首要推广的语言。特洛伊大学"星谈"项目(TROY-STARTALK Program)以特洛伊大学孔子学院为依托,目前是阿拉巴马州唯一的汉语"星谈"项目,其教师培训项目和学生培训项目运行了数年。培训学员不仅来自东南部的几个州,还有的来自缅因州、加利福尼亚州、威斯康辛州等地。该项目运行以来,以其高质量的成熟运行、效果良好,不仅获得了全美"星谈"项目实地评估人员等业内人员的高度认可,还获得了培训师生学员、家长和社区的一致好评。

特洛伊大学"星谈"项目每年春季通过各种渠道,如说明会、网站、电视台等形式发布招生公告,正式开营时间为暑假,一般是 6 月下旬至 7 月上旬,时间约两周。经过个人申请、教师推荐、电话面试等环节,最终确定学员名单。学生学员以 9—12 年级为主,教师学员一般是具备一定汉语教学经验的本土华裔教师,考虑到学生学员和教师学员结对问题,一般招收 24 名学生学员(男女各半)和 12 名教师学员。项目采取封闭式管理形式,有严格的管理制度。学生学员入营后通过分级测试分为 1 班(有一定汉语基础,一般学习汉语 1—2 年)和 2 班(汉语基础较好,一般学习 3—4 年以上)。

学生学员每天的学习时间分配为:上午 1 个小时文化活动,1 个小时和指导教师进行口语练习,2 个小时的语言学习;下午 1 个小时文化活动,2 个小时语言学习,1 个小时当日学习情况总结;晚上 1 个小时文化体验活动和 1 个小时作业时间。教师学员的时间分配和学生学员类似,不同的是教师学员的课堂学习为专家讲座形式。项目结束前两天,"星谈"项目总部的评估人员会实地进行评估,通过对教师学员和学生学员进行调查问卷、访谈等形式了解本次培训的实际效果,并作为整个项目评估的重要参考依据。项目最后一天的闭幕式将进行结业证书发放以及全部学员的汇报演出。

孔子学院老师在开营之前就做好了分组、分宿舍、安顿学员等各种准备工作。因为是封闭式管理,我们也和学员住在一栋楼里。我的任务是给特洛伊大学"星谈"项目特聘的陈强教师当助理。同时,作为当时孔子学院唯一的男老师,当男生学员的临时班主任成了我义不容辞的任务。每天我会认真清点男生学员人数,晚上睡觉前还要"查寝"。此外,我还承担其他大量的、临时性的工作。见图3-35。

图3-35　2015特洛伊大学"星谈"开营仪式

(三)"星谈"项目运行的特点

1. 沉浸式教学

特洛伊大学"星谈"项目采用起源于美国本土的沉浸式教学(Immersion Program)模式。两个学生学员班的教师均用汉语授课,并且要求学生在课堂内外,无论和师生、工作人员,还是和实地考察人员(一般为当地中餐厅或中国超市员工)交流,都必须用汉语表达。这样最大限度地为学生提供全汉语的语言环境和氛围。尽管1班学生一开始全用汉语沟通还存在困难,但借助肢体语言或其他手段,学员也能很快适应。见图3-36。

2. 语言和文化相结合

语言是文化的载体。很多美国学生学习汉语的动机是喜欢博大精深的中国文化,所以特洛伊大学"星谈"项目安排了许多深受美国学生喜爱的中国文化体验活动,比如舞龙、舞狮、太极、功夫扇、中国民族舞、中国健身操等项目,学生依据自己的兴趣爱好自主选择,分组参加。另外,为了增加文化体验的多样性,每天晚上还安排了1小时的中国文化讲座和体验活动,有茶艺、书法、国画、脸谱、中国结、中国象棋、中国电影等,学生不仅可以通过讲座了解中国文化,还可以通过互动和动手制作,全方位地体验中国文化。见图3-37。

图 3-36　学生在汉语课堂上

图 3-37　学生在文化课上学画京剧脸谱

3.教师学员和学生学员配对子

特洛伊大学"星谈"项目在前期收到申请材料挑选学生学员时,不仅参考了申请者的汉语学习背景,还考虑了拟录取学员的性别比例和种族分布等,尽可能做到多样性和代表性;挑选教师学员时,主要考虑其汉语教学经验和经历。开营第一天,即把1个教师学员和2个学生学员分为一组,一共12组,教师学员担当学生学员的课外指导教师。在每天上午1小时的口语练习环节中,由教师学员和学生学员配对进行练习。另外,还要求一日三餐、晚上的文化体验和实地考察中,也以师生小组为单位。见图3-38。

教师学员和学生学员配对的益处有三方面:一是最大限度地给学生提供了练习汉语的机会;二是给教师学员充分的时间了解学生,能够发现学生语言运用中的错误并及时帮助学生纠正,提高了其教学水平;三是两周的相处可以增进师生感情。在丰富多彩的中国文化活动中寓教于乐,不仅让学生进一步了解并体验到深厚的中国文化,同时也进一步激发了学生的汉语学习兴趣。

我也带了两名学生学员。对于每天早上1小时的配对口语练习环节,我前一天就精心准备好练习内容,根据语言学习的进度,重点复习第一天所学内容,预习第二天要学的内容,并根据学员的掌握情况,灵活处理。一分耕耘一分收获,我能感觉到学员的汉语表达水平每一天都有新的进步,学员也体会到了学习上的成就感。

图3-38　教师学员和学生学员在练习汉语口语

4. 注重语言运用的真实环境

该项目在制定教学内容时准备了如"餐馆点餐""购物"等话题，并活学活用，准备了实地体验环节，比如去当地中餐馆点菜、去中国超市购物或者模拟购物等，其中模拟购物环节设计科学，可行性和操作性强，和学生学员配对的教师学员可以根据自己所带学生的日常表现，按照项目制定的量化奖励标准，给学生发放"小星星"（sticker），作为激励措施；项目即将结束之际，学生可以拿着经过自己努力得到的"小星星"，兑换相应的模拟人民币；在项目后期举行的模拟购物环节，学生拿着模拟人民币在现场购买诸如中国结、新华字典、风筝等富有中国特色的小礼品。这也是特洛伊大学"星谈"项目的实践教学之一。见图 3-39 和图 3-40。

图 3-39　学员在特洛伊大学孔子学院　　图 3-40　学员在当地超市购物练习汉语
　　　　　　超市"买东西"

举个例子：在"特洛伊大学孔子学院超市"现场，一个学生手中拿着 50 元"人民币"，问道："这个风筝多少钱？"由孔子学院工作人员扮演的售货员回答："100 元。""啊，太贵了，便宜点吧！""80 元。这个风筝很漂亮！""我非常喜欢这个风筝，可是，我是学生，50 块行不行？""好吧。""谢谢，给你钱。"整个模拟超市现场到处是这样的购物情景。此外，该项目也为教师学员提供教学实践机会。每个教师学员在项目即将结束的时候都会结合本次培训所学到的教学理念和方法，结合自己的教学经验，给学生学员上一堂课。培训教师学员的专家、学者担任其指导老师，从教案的设计、撰写，到随堂听课和课后点评，全程均有教学经验丰富、全美汉语教学领域的专家、学者一一指导，解惑答疑。

5. 注重总结、评估和反馈

特洛伊大学"星谈"项目注重总结、评估和反馈。学生每天下午 4 点到

5点在语言实验室集中在线填写学习档案（linguifolio），学生可将每天的学习情况、对任课教师和辅导教师的评估和反馈、对项目的建议和意见及时上传；教师学员除了填写学习档案之外，每天还要写反思日志（Reflection Journal）；教师学员试讲之后，专家、学者随堂听课并及时点评，对其教学效果进行反馈。

（四）项目运行效果

沉浸式教学和强调真实语言环境有助于学生提高语言运用能力和交际能力。特洛伊大学"星谈"项目赢得了业界、家长、社区的高度好评，尤其是闭幕式汇报演出，学生主持人能用英汉双语主持节目，学生可以表演舞龙、舞狮、太极拳、功夫扇、唐诗连唱等节目，效果良好。

在学生练习才艺的过程中，我做的更多的是后勤保障工作：联系场地，冒着酷暑买水、送水，准备道具，收拾道具，等等。烦琐而具体的工作没有消耗我的热情，看着学员们一天天的进步和有模有样的排练，我真心为他们感到高兴。汇报演出要进行好几次彩排，我的任务从后勤保障、拉幕布到照相、舞台布景装饰、和灯光师音响师沟通协调等，虽然辛苦，但也有成就感，尤其是看到学生语言学习有了进步、才艺展示惟妙惟肖。和学生家长一样，我也不敢相信这一切是在短短两周内完成的。看到家长骄傲的神情，有的家长还为这不可思议的汇报演出流下激动的泪水。那一刻，幕后工作的我感觉再苦再累也是值得的。见图3-41至图3-45。

图3-41　学生在结业典礼上表演功夫扇　　图3-42　学生在结业典礼上表演舞龙

图3-43 学生在结业典礼上表演扇子舞 图3-44 学生在结业典礼上展示中国民
族服饰

图3-45 特洛伊大学"星谈"项目全体人员合影

六、尾声

光阴荏苒,两年的时光一去不复返了,在美国特洛伊大学孔子学院度过
的岁月现在回忆起来,很多细节仍历历在目。

还记得刚搬到多森公寓的第一天晚上,房子空荡荡的,还没有购买家
具。这时,特洛伊大学孔子学院发来一封电子邮件,需要翻译一些材料,于
是我就把行李箱当凳子,厨房的餐台上放上电脑,蹭着物业中心的网络,开
始办公;没有床,就铺张床单席地而睡。第二天才去添置了一些家具。

刚到多森时,交通是个问题,这个小城市没有公交车,打出租车又贵又

得预约。当时彭老师有车，但又不好意思总麻烦她，于是我经常步行两英里去最近的沃尔玛超市购买生活用品。后来考了驾照，买了车，又认识了一些华人朋友和当地朋友，慢慢地，生活上的困难少了很多，也不再感觉孤独了。

多森校区汉语兴趣班的课都是晚上，上完课后，偌大的校园只剩我一个人，冷冷清清。长期晚饭没法按时吃，我又患上了十二指肠溃疡，疼的时候难以忍受。为了宣传汉语课，我经常去当地图书馆、中餐馆、超市等场所贴海报、发传单。组织或参与的几十次文化推广活动中，我身兼数职，写文案、联系场地、准备文化展示用品、开车、搬东西、做好后勤保障和服务等，也学会了很多新的技能。

现在回忆起来，也不知道自己当时是怎么坚持下来的，有时也会感到艰辛，但看到学生对我这么高的评价，孔子学院对我工作的认可，以及获得孔子学院总部两次年度考核优秀，又觉着辛苦也是值得的。见图 3-46 和图 3-47。

孔子学院的两年岁月里有欢笑，有痛苦，有收获，有遗憾。我感到支撑我努力拼搏的是一种强烈的信念：作为公派汉语教师的责任感、使命感和光荣感，以及我骨子里的爱国情怀和教育情怀吧。

抬起头来，仿佛看到了汉推事业浩瀚的星河，我是其中一颗普普通通的小星星，但又全身闪着光芒。这段海外经历是我目前人生中最美好的回忆，是我生命中宝贵的财富，是生活和岁月的馈赠，我将受益终身。

图 3-46 特洛伊大学副校长英格拉姆（Dr. Ingram）为我
颁发优秀教师奖

图 3-47 特洛伊大学副校长泰特姆（Dr. Tatum）为我颁
发特洛伊大学"特别贡献奖"

（作者简介：王雁冰，平顶山学院外国语学院教师，作为
国家公派汉语教师于 2014—2016 年赴美国特洛伊大学孔子
学院工作。）

案例 2：一场发现美的"文化"之旅

胡梦丽

2021 年 3 月，我很荣幸被派到老挝的一所高校实习，实习期为一年。主要工作是大学生汉语教学以及 HSK 汉语课程培训。

老挝人对中国的刻板印象

"以我之姓，冠你之名"。如今，这无疑是一种既浪漫又霸道的求婚方式，想必每个女生听到这样的告白都会觉得遇到了对的人，但是又有谁真正去思考过其背后的文化含义呢？在汉语教学中，文化教学是很重要且必不可少的一个环节。教学得法，便会游刃有余；教学不当，便会产生误解。

我实习的这所学校的 HSK 汉语教学等级从 HSK1 到 HSK5，我被分到了 HSK3 级班。上课之前，有专门的老师介绍班级情况，提醒我 HSK 3 级班的学生已经有了一定的汉语水平，备课的时候要考虑全面。毕竟是第一次上课，第二天，我怀着忐忑的心情走进了教室，学生们都很热情地跟我打招呼。互相认识之后，就正式开始上课了，我按照惯例先从生词开始讲起，在读到专有名词"周""周先生""周太太"时，一位男同学突然举起了手，我以为他没听清，谁知道他问出了一个让我很惊讶的问题。他说："老师，在中国，女生结了婚之后都要跟男生姓吗？"这时候，班级里的同学都被这个问题吸引了，都用好奇的目光看着我。"不是呀，女生嫁给男生之后，还是用自己的姓啊。"我微笑着回答。"那有了孩子呢？"他继续追问。"有了孩子，女生还是会用自己的姓，'姓'对中国人来说很重要，一般不会改变。"我继续回答。他点了点头，表示明白了。我很惊讶也很疑惑他怎么会问这样的问题，心想：这都已经21世纪了，外国人怎么还会有"在中国，女生结婚之后要跟男生的姓"这样的观念呢？

　　下课之后，他走了过来，说："老师，女生结婚有了孩子以后，孩子跟谁的姓呢？"我说："孩子一般会跟男生的姓，但是现在也有的孩子可以跟母亲的姓。""你这个问题问得很好，怎么想到问这个问题呢？"我笑着问他。他说他在一家公司里和中国人一起工作，每当介绍同事夫妻时都是像书上一样"周先生""周太太"，可是同事的妻子不姓周，这让他很疑惑。那时，我才恍然大悟。作为一个中国人，我理所当然地认为"周先生"的太太一定可以叫作"周太太"，却并没有仔细挖掘这背后的文化意义。为什么周先生的太太可以叫"周太太"，而王太太的丈夫不可以叫"王先生"呢？我跟他讲了在中国古代，尤其是父系社会（我用了简单的语言解释），女性的地位比较低，一般结婚了以后都要听丈夫的，所以有的会在自己的姓前面加上丈夫的姓，有的甚至直接改成丈夫的姓。但是在现代社会，这种观念基本上已经不存在了，男女平等，而且现在的女生也都很独立，有自己的想法和个性。当代中国，家里面女性独当一面的现象逐渐多了起来。这时候，轮到他用诧异的目光看着我了："已经变了？"我点了点头。

　　我又向当地的老师了解了老挝女性在家里的情况。他们说老挝的女性一般都会做饭、做家务，他们觉得女生不会做饭就不好意思说出口。而且老挝的女性一般比较传统。我问她："在老挝，女子结了婚之后会跟男子的姓吗？"她立刻回答："不会啊，因为老挝人的姓比较长，而且不好叫，我们直接叫名字。"我又问："那你觉得在中国，女子结婚了之后会跟男子姓吗？"她想了一下说："在中国应该会吧。"我一下子愣住了，觉得很好笑。没办法，我又把那天跟学生讲的原因重复了一遍。

　　等再次上汉语课的时候，我问班里的同学他们所了解到的中国妻子在丈夫面前应该是什么样的。有的同学说，他觉得在中国，妻子什么都听丈夫的。有的同学说，在中国，妻子在丈夫面前不可以大声说话，这让我忍俊不禁。还有一位同学讲了一段他在中国留学时的经历：有一次，他的老师请留学生去家里做客，刚一进门，老师的妻子就过来迎接，接过老师的包，又给老师拿来拖鞋换上，然后就去做饭了，吃饭的时候也是在忙前忙后。因此，他也觉得在中国，妻子的地位很低。

于是，我决定在班里上一次简单的文化课，让他们了解现在中国人对女性的观念已经改变了。因为部分学生的中文程度还不是特别高，所以我打算用图片法和视听法。我先在网上找了几个关于"女"的甲骨文图画，比如"妇""妻"等，打印出来贴在黑板上，并简单解释每个字的含义。告诉他们这表示的是过去一个时期的现象，女子的地位还不是很高，甚至要冠夫姓，也就是要跟丈夫的姓；然后放了一段传统影视剧《娘道》里女子和丈夫之间相处的片段。在讲完传统观念以后，又在旁边贴上现代女强人的图片，表示随着社会的发展和进步，现在的大多数女性非常独立，敢于追求自己想要的东西，不再被传统观念束缚；然后放了一段《小欢喜》里现代夫妻的三种相处模式。"虽然现代对女性的观念已经有所转变，但并不是彻底消除了，传统观念对现在仍然会有影响，所以我们还是会站在男子的位置上称呼周先生的太太为周太太。"我问他们"现在理解了吗"，他们点了点头。

看着他们若有所思的表情，我长舒了一口气，终于解决了由"周先生和周太太"引出来的文化观念问题，不然他们对中国女性的观念可能还一直停留在"男尊女卑"的旧社会。

老挝人的待客之道

东南亚国家的人很热情，老挝也不例外。一位老师开玩笑说，只要音乐一放，酒一打开，不管你来自哪里，老挝人就会拉着你跳起舞来。刚一来到老挝，老挝学生就带着我们几个中国老师探索老挝的大街小巷，去各种景点参观打卡。他们还会给老师准备一些小礼物，我们也会回馈一些从中国带来的有中国特色的纪念品，比如大熊猫挂件、中国风书签等。

第一次见面送点小礼物情有可原，可是班里的一位女生几乎每一次上课都会给我带点东西。第一次上课，她送了我一罐茶叶，我当时受宠若惊，对她表达了感谢。第二次上课的时候，她送了我几个青芒果和一包调料，告诉我老挝人是怎么吃的，还好这次我有备而来，送了她一点从网上买的零食。又一次上课的时候，她给我带了她妈妈做的老挝饭菜，我觉得有点不好意思了，用委婉的语气告诉她下次上课的时候不用给我带东西了，以后有机会一起去吃。她看了看我,觉得有点沮丧,说:"老师不喜欢吗?"我一下子不知道说什么了,连忙说:"老师很喜欢,但是老师觉得会麻烦你。"她点了点头。等到下次上课的时候,她果真不带东西了,但是我和她的关系也疏远了一点,她不再主动找我说话了,只有我问她的时候,才会回答我的问题。

学校里每隔一段时间会给学生发一张教学测评表,主要看学生对老师有什么建议,同时也作为教师调整教学的依据。当我把表格收上来的时候,发现那个女生的表格上用老挝语写了长长的一句话,老挝老师告诉我,她觉得我不喜欢她。我很震惊,就跟老挝老师讲了她总是送我东西的事情。老挝老师听了之后恍然大悟,他说:"老挝人很热情好客,表达情感也比较直接。在老挝,如果学生喜欢你,就喜欢和你分享东西,他们也很开心;如果你拒绝,就表明你不喜欢这些东西,也可能不喜欢他们。"没想到我的无意之举伤害了她。再次上课的时候,我告诉她:"你很可爱,老师真的喜欢你。在中国,如果别人一直给我们送东西,我们就会觉得特别不好意思,觉得欠他的人情,想着下次怎么还给他。"她似乎听懂了。"因为老师是个中国人呀,所以你每次送给老师东西,老师就会觉得不好意思,但是我现在了解了老挝的文化,以后我们可以互相分享。"我继续说。她笑着点了点头。第二天,我的讲桌上出现了老挝的饭团,我看向她,她正朝我笑,我做了个"谢谢"的手势。

老挝人的慢节奏

"老挝人很慢",来老挝之前,这边的负责老师已经跟我们说过了,我也在网上搜索了一些关于老挝人的生活习惯,但是没想到这么"慢"。第二天就要上课了,一直到前一天晚上,在我们的催促下,老挝老师才慢慢悠悠地把课表发了过来,我们才知道第二天什么时候该上什么课。我们每次找老挝负责老师问一些问题,一定得提前很久就发过去,一般都是第二天才得到回复,有时候就会耽误一些事情。刚来的时候很不习惯,觉得很委屈,以为他们并不是很想跟我们交流。

怕我们产生误解,校长开会的时候跟我们说,老挝人无论做什么事情都是不紧不慢的,他们的生活节奏也很慢。这些老挝老师刚工作的时候,规定的9点上班,他们基本上都是9点以后才陆陆续续来,见到校长还笑盈盈地打招呼,并不觉得不好意思,然后不到下班时间就要回家了,这让他很震惊。后来还专门开会告诉他们中国人的习惯,上班要快节奏。一位老师也分享了她的经历。她有一次代表学校参加老挝人的婚礼,因为没有车,就提前和一位老挝学生约定好带她去。谁承想婚礼晚上六点开始，八点了还不见学生来接她，她特别着急，一遍一遍催学生赶快过来，又过了一会儿，学生才开车过来，结果她们到了那里，婚礼已经接近尾声了。她很生气但是又不知道说什么。听完之后，我们也是苦笑不已。

给我感受最深的一件事是：因为疫情，学校里开展了"云上识中国"活动，为了让老挝人，不管是学生还是工作的人，都能更好地了解中国文化。轮到我录最新一期了，因为怕没有学过汉语的或者汉语不是很好的老挝人看不懂，所以我们一般都会在 PPT 上加上老挝语。因为知道老挝老师很"慢"，所以我提前一周就把 PPT 做好了发给一位老挝老师，请他翻译。第二天收到了"OK"，看到了回复，我就放心了。三天过去了，一个星期过去了，我实在忍不了了，催了他一下，他跟我说还在翻译，看着 PPT 上面零零星星的汉字，我表达了我想赶在暑假开学之前录完的想法，希望能尽快收到翻译，后来他还是过了两天才发给我。

不过，虽然他们的生活节奏很慢，但是人还是很好相处的，慢慢地我们也入乡随俗了。

这边的商店也很"佛系"。早上九点开门，下午不到五点就关门了，周六周日还休息。学校对面新开了一家咖啡馆，早就听说老挝咖啡很有特色，想去品尝一下，可是早上起来上班的时候，它还没开门；下午下班了，想去咖啡馆坐坐，喝杯咖啡放松一下，它已经关门了，一直到现在，我还不知道这家咖啡的味道。作为中国人的我，甚至不知道它靠什么赚钱。周末，超市的部分楼层是营业的，但是 10 点以后才上班。有时候我在想，等回到了中国，我还能不能适应快节奏呢？

老挝人喜欢"冰"

可能由于气候原因，老挝人基本上不喝热水。老挝天气一直很热，最冷的时候也只需要在外面加一件外套就可以了。他们在买啤酒的时候还会另外再买一箱冰块儿，喝酒的时候加在酒里面。我感到很奇怪。一位学生解释说，他们这边无论喝什么都要加冰块儿，奶茶要加冰、果汁也要加冰，除非你买的时候特意交代老板不要冰，你才能喝到常温的饮料。但是在中国，老板只会问你"要不要冰"。学生还跟我吐槽他们在中国喝啤酒，竟然找不到卖冰块儿的地方，这让我忍俊不禁。

虽然来到了老挝，可是我还是喜欢喝热水，上课的时候也会接一杯热水。学生们也觉得我很奇怪，这么热的天喝热水不热吗？连续几次之后，再去上课的时候我都不好意思拿着我的热水杯了,取而代之的是凉饮。但是尝试了几次之后还是喝不惯,最终又拿起了我的热水杯。

有一次,我去饮水机接水的时候,发现水是凉的,再一看,烧水的开关没打开,我打开之后等着烧水,过了一会儿再去接水,水还是凉的,发现开关又被关了。我一开始以为是饮水机坏了,后来才看到是保姆关的。她觉得热水用不上,开了又浪费电。我跟她解释了半天,我们几个中国老师是喝热水的。她明白了之后,很不好意思地跟我们道歉,我们笑着说没关系。

俗话说:"读万卷书,不如行万里路。"在国外任教的这段经历,我收获了很多,不仅仅是教学方面的,还包括对文化的理解。每个国家都有自己独特的文化,我们在保持文化自信的同时,也不能用狭隘的眼光看待和评价他国文化。当然,更应该抛弃自己的刻板印象,用变化的眼光看待文化的发展,用心去感受文化的魅力。如果没来老挝,我可能永远感受不到不同国家的文化会存在这么大的差异;因为来了老挝,我对积淀五千年之久的中华民族优秀传统文化有了更深刻的认识。老挝之行,对我来说更像是一场有意义的文化之旅,是我人生中最宝贵的财富。

(作者简介:胡梦丽,平顶山学院汉语国际教育专业2019届毕业生,曾赴老挝担任汉语教师志愿者。)

案例3:一切都是最好的风景

谷伟伟

生命中总是有些事情,解释不清到底为何而来,就像我在26岁才遇见泰国,竟然还觉得一切刚刚好啊。每每忆起这段难忘经历,依然有一种"我真厉害"的感叹,即使想起因为种种原因遇到的挫折,也会有一种"天呐,我竟然都克服了"的积极态度。

一切都是最好的安排

我跟所有的同学一样,2014年考研期间,心心念念想去泰国,做汉语国际教育志愿者的梦也出奇强烈。造化弄人,我竟然因为普通话证书没有发下来而错失报名机会,随之而来的还有考研失败。我一度羡慕有的同学顺利考上研,或者能出国,当然最羡慕那些既考上研还能出国的伙伴。

所以,从毕业前到随后至少半年多时间,我几乎"失联"了。后来我暗自下决心,我得考上研究生,然后必须去趟泰国。那个时候我察觉到了这个心思,它犹如日月按时起落,没熄灭过,我称它为短暂的欲望。2016年8月,我再次踏进校园，入学两个月后开始准备赴泰志愿者项目申报材料，网上报名、提交、审核通过、参加面试、等待成绩、拟录取。可以说，一切都是最好的安排。

初遇泰国

2017年5月21日，是超级浪漫的一天，我来了泰国。

从飞机降落到曼谷素万那普机场，所有同行志愿者跟随带队老师进入大厅等候开始，我全身细胞都像重新被激活，仿佛在到处呐喊："泰国，我来啦！"这是我第一次正式与泰国见面，无法用言语表达我对此次行程的热爱。

伴着一开始的兴奋与好奇，直到被分配到的学校老师接走的那一刻，我意识到，这段不寻常的人生旅程开始了。一路上校车开得飞快，不想晕车都很难，两个多小时后，校车终于停在了学校门口。第一站：在教务处跟校长见面。一口泰式发音的英语，听得似懂非懂。大概了解了学校校区设置、基本要求，还包括日常生活怎么吃饭、怎么上班等简单情况，并拿到了自己的课表。第二站：住处。第一晚住得很难过，浑身疲惫，还需要打扫房间、铺床，关键没有任何生活用品，也没有吃饭，整个人变得情绪消极，搞得我直接进入挫折期，分分钟想要回国。第三站：学校。一大早冒着被野狗追的危险，步行大概15分钟走到学校，因为穿了一双新鞋，走到学校后双脚后跟磨出了血，这是所有女生都懂的痛。喜得幸运之神眷顾，我被分在了国际部。办公室一群欧美大汉，第一次见面，我形象简直不要太差，至今都没原谅自己。第四站：教室。当时我承担着小学一至六年级以及初二、初三年级的教学任务，一共21个班级。每个班级一周只有一节课，每节课50分钟。经历了很长一段时间连教室都找不到的状态，也不知道赴泰时只会一句"萨瓦迪卡"的我，是怎么坚持下来的。

有趣的教学之旅

我当时赴泰国时所属教委为民教委，我所在的学校是在泰国春武里府的一所私立学校，在校学生近4000人，学校分为两个校区：国际部和泰语本部。在汉语设置和教学安排方面，两个校区最大的不同在于班级的汉语课时量。泰语本部每个班一周有两节中文课，国际部由于重视英文较多，每个班级一周只有一节。其次，泰语校区会有泰国本土汉语教师协助上课，帮助管理课堂或者分担教学任务，而英语校区则是由志愿者老师独自完成所有的教学工作。此外，就教室内部硬件设施和学习环境来说，国际部遥遥领先。国际部普通班级人数也全部控制在20~30人之间，全英教学小班教室多数控制在

10 人以内(主要是学费贵),相对好管理些。而且每个教室都有多媒体和空调,教学方式也可以借助 PPT 或者视频精心设计,显得灵活又多元化。只不过同来的只有我一人在国际部,需要一个人备课、批改作业、吃饭等。

我与 21 个班级的初次见面,都进行了"泰语+中文"双语自我介绍。那是我提前准备好的泰语模板,背得滚瓜烂熟,完全属于机械记忆。听到我说泰语,学生们都没什么反映,我一开口说汉语,他们瞬间两眼发光,我有了一种被崇拜的感觉。他们幼小的心灵不明白,其实我也崇拜他们——听不懂的语言都觉得高大上,传说中的"不明觉厉"就是这个道理。不管怎么说,从站上讲台的那时起,面对不同年龄段、不同年级、几乎都是零汉语水平的学生,不管怎样,"谷老师"这个身份就确定了。

其实第一次面对泰国学生,我是毫无自信的,未做好十足的心理准备,怕自己担任不好教师这个角色。但是后期学生们都表现出了极高的学习热情,逐渐缓解了我的心理压力。

正如所有担任过泰国志愿者的老师所说,泰国学生性格开朗,表现欲也很强。"上课是恶魔,下课是天使"一点都不假。本以为学生们会像中国孩子一样听话,能很容易地"对付",结果竟然发现我错了,不过后来我觉得我又对了。

用心教学　把爱传递

当时我教的学生大部分都是汉语零基础的泰国学生,而且年级比较分散。小学一、二、三年级的学生几乎没有汉语基础,四、五、六年级的学生稍微懂一些拼音,初中生有一点汉语基础,会说简单的句子。对低年级的学生来说,我急需做的就是尽量活跃课堂气氛,尽量让学生听得懂;初中生学习能力比较强,对这些学生来说,我要在原有基础上,让他们掌握更多实用的词语和对话。见图 3-48。

所有到最后看起来毫不费力的坦然,都是从一开始的手忙脚乱的场面中慢慢适应过来的。由于一开始经验不足,为了避免在汉语课堂上多次出现泰语和英语,同时又能给学生解释清楚所学内容,真是煞费苦心、挠破头皮。

在针对低年级的教学过程中,类似家庭、颜色、文具、水果、天气、星期、季节、国家等专题,学习的内容会相对多一些。我经常会用绘画和学生们互动。有人会想,我在国际部直接用电脑搜索图片,不是更方便?但殊不知,在我画的过程中,恰好也是学生注意力最集中的时候,他们会一边夸赞老师画得好,一边猜测到底是在画什么。这样有互动的过程提高了学生记忆的质量,教的过程不僵硬,学生积极性也容易被调动起来。我印象深刻的是家庭专题,当时花费了很多时间,准备了很多简笔画,自己涂颜色。教学生先认识图片,知道家庭成员都有谁;再学习中文书写,直到能把图片和汉字一一对应起来。能达到这个状态对低年级的孩子来说是不容易的,其间尝试了不同的游戏,由易到难。比如最开始的看图说中文,到最难的二人抱团"认亲",大家都觉得很有意思。我很少用现成的教具,为了方便学生认识并掌握生词,联想到学生们都喜欢做竞赛游戏,我还自己做了"多功能苍蝇拍",每个拍子正反面都有自己的手绘,还专门涂了颜色,这样的苍蝇拍有至少3种功能,不得不佩服我自己的"小心机",关键学生都很喜欢。直到后来,每次刚到教室,就被学生团团围住,问:"老师,今天做不做游戏啊?"觉得成就感十足。见图3-49。

图3-48　三年级超级调皮的小男生们

图3-49　抱团"认亲"成功

　　还有很多很多自己摸索出来的经验。随着对学生的了解,我也逐渐放开了手脚。因为想做到更好,我挺有压力的。有老师曾经告诉我,不用折磨自己甚至花费力气去教课堂上很难操作的东西。而我偏偏生性固执,什么都想体验。第一次尝试脱离课本的课堂是剪纸课,主要是为了提起一、二年级学生的上课激情。平时泰国学生沉浸在绘画的乐趣中,几乎没有学生使用剪刀剪图案,我还挺乐意让学生尝试一下剪纸。记得第一任期第二学期刚开学的时候,我准备了二年级学生的剪纸课堂,自己提前准备了很多剪纸图案,亲手画、剪、涂好看的颜色。还提前多准备了几把剪刀,很多彩纸,信心满满。孩子们确实很喜欢,虽然有些连剪刀都拿不好,但是他们依旧很认真地去做这件事,并且好奇为什么只用画一半,为什么一剪刀下去,就是一个对称的图案。虽然过程中遇到的困难较多,但最后看着自己的小作品,心花怒放。我也鼓励自己,还要再多一些尝试,不迈出这一步,永远都不知道原来自己是很厉害的。见图3-50和图3-51。

图3-50　学生剪纸作品

图3-51　衣服专题

每年的12月初,学校会举办International Day(国际日)。在校的中文老师要共同筹备展览。第一个任期的时候,我跟其他志愿者和泰国本土老师合作举办了以中国建筑为主题的活动,以用纸箱做的城墙、纸板折的房子堆积而成。同时准备了制作汤圆、编中国结等项目,并展示了中国风书签、脸谱、茶具等物件,还穿插猜词游戏。

低年级的学生适合多样化的教学,单纯借助教材会显得很无趣,既让学生心理有压力,收获也不高。临近春节前夕,我专门教授一、二、三年级的学生儿歌《新年好》、写"福"字,引导四、五、六年级的学生画出了心目中的中国春节。这种成就感对我来说意义非凡。见图3-52至图3-55。

图3-52　活动现场　热情似火

图3-53　校长学编"中国结"

图3-54　心目中的中国春节　　　　图3-55　写"福"字

　　第一年任期结束，我申请了留任。这中间我一句泰语都不会、学生几乎一句也听不懂的尴尬局面，逐渐好转。"志愿者"这个动人的称呼，支撑我度过了由难到易的第一年，什么文化差异、饮食习惯、语言障碍、时间观念不同等统统被克服。其间，我完成了硕士毕业论文写作，一切都很圆满。

　　时间再次来到5月，我跟随大部队再次踏上去泰国的航班。第二年，更多的是从容。有了第一个任期的教学实践和种种经历，"不适应"这三个字不再存在于我的字典里。加之第二年教的学生，大部分都是任教第一年教过的，所以第二年再接触，就相对没有那么棘手。有了第一年的接触和熟悉，孩子们也表现出了更强烈的分享欲和学习欲，而我也摸清了他们的特点和喜好，在教学上也更加有自己的想法。

　　由于学生基础都很弱，按部就班、机械地借助教材不是一个特别好的办法。我认为，教语言课应该讲究补充和实用，所以除了教材上的必学内容，一个当时能让学生快速进步的方法就是加强日常交流的词语、对话等内容的学习训练。因此，第二年我首先对学生在自我介绍方面提高了要求。针对四年级到初三学生的水平，我设置了不同的自我介绍，有短有长，有易有难，每个学生都抄在自己的中文教材上。当大家知道每句话的含义后，我给了他们大概两个星期的时间去记忆，后期每周要求3名学生上台进行自我介绍，具体是谁上台介绍，不会提前告诉学生，而是利用现场抓阄的方法，课堂上随机确定人选。这样做，一是希望学生重视，让每个学生课下都会时刻准备;二是弥补一周只有一节中文课的短板。此外,加强了一些简单问答的学习。比如"这是什么?"一句就延伸到后期"这是什么颜色?""这是什么水果?""这是什么衣服?"等长句;包括"你喜欢什么"延伸到"你喜欢吃什么?""你喜欢什么季节?""你喜欢什么颜色?""你喜欢哪个国家?"等等。一般都是在原有短句之上借助新的主题,进行扩展。游戏设置方面也有了更多新鲜花样,萝卜蹲、击鼓传花、你比我猜等,大大提高了课堂趣味性。

我始终认为,汉语教学,不应该只是语言教学,而应该是一个更广泛的概念。在第一年的汉语教学基础上,第二年,我在小学二年级至六年级和初一、初三共7个年级(大概15个班)的学生当中开展了"吹墨"活动。当然所有的活动开展前,我都会自己先提前做好充足的准备,保证自己在课堂上不会出错。当时墨不够,就用黑色和红色的钢笔水代替,用吸管吹。当然还借助视频,给学生展示了正确的方法。那一周下来,我的手黑中带着红,光洗手都快脱皮了,不过最终的课堂效果让我很满意也很意外,学生反馈也很不错。见图3-56。

值得一提的是,第二任期的"国际日",所有的筹备,从定主题—设计—展览,全部由汉语教师志愿者独自完成。就连展板的木板,都是用泰国老师剩下的废旧木板改装而成的,当时连续周末加班、工作日不定时加班大概有一个月的时间。这次展览在全校引起轰动。本次展览我们定的主题为"梦回大清",灵感来源于当时的一个古装剧。其中展览中出现的故宫和御道是斥巨资打印的彩色幕布,想营造一种大气磅礴的感觉。御道的幕布粘贴在地上,体验走进宫殿的感觉。为此,还废物利用,用泡沫在学生的帮助下,打造了"龙椅",雕刻了"阿哥"和"公主",涂颜料……为了避免跟第一年设置的项目重复,本次我们设置了踢毽子、跳大绳、毛笔字、猜词语等内容,当天我们的展区"火爆极了"。见图3-57。

图3-56 吹墨图

图3-57 写毛笔字

因为这次展览,校长给予中国老师很高的评价,办公室外教也夸我们很能干。因为反响很好,我们的展板在两个月后的幼儿园大班毕业季上,面向全园毕业季学生和家长重新展览,我们还准备了相应的游戏和讲解宣传。

当然,除了正常上课、举办活动之外,考试是避免不了的。这是我那两年最害怕的事情——我怕的不是考试,我怕的是出试卷、改试卷、登记,这真是一件折磨人的事情。因为国际部只有我一人,考试试卷跟泰语部不一样,所以我要出 8 个年级的试卷,批改 8 个年级的试卷,登记 21 本成绩册,而且纯人工手改,当时就感叹国内机器改试卷是多么先进。在这里特别要提醒,平时一定要尽可能做好学生日常成绩的记录,比如课堂表现、作业完成情况的记录,这将会在最后登记册子的时候,解决很大一部分困难。

一次次的努力,也换来了学生们一点点的进步。再难的过程,再崩溃的经历,看着学生从 0 到 0.1,听到学生每天"老师""老师"地喊,或者用仅会的中文跟我打招呼,又或者每次在校园或者教室门口,被学生围着拥抱,真是次次被感动到。我想这不只是学生们的进步,还有我的成长。我亲历了泰国母亲节、水灯节、彩色运动会等特别的活动,也一点点了解了泰国,并喜欢上了这里。

我坚信,人生的每一步,都有它的意义。

好的坏的都是风景

生命是趟列车,总有人到站上车,也有人下车。我想我从头到尾在轻轻松松的讲述中,说的其实都是黯然销魂的离愁和数不尽的想念。三月桃花粉面羞,而我更像是在这春季又重回泰国一般。斑驳的树影,鸡蛋花的芳香,天使们嬉笑打闹的身影,还有冰淇淋的味道。那个充满了我气息的房间、那条每天被狗追着上下班的小路、那辆粉红色自行车、那么多可爱的孩子,总有一瞬间,让我沦陷,睁不开眼。

吵闹的街道把我从梦中带回现实,原来为期两年的在泰志愿者生涯,到现在已结束整整两年。这两年,我收获的不仅是一段难忘的经历,还有一群志同道合的朋友。回国后的两年,我经历了找工作的艰难,备考、奔波、落选等,成了回国后的常态。后来我也有同学继续走上了公派教师这条路,他们去了更发达的国家、更远的远方,我也知道,这些离我越来越远了……很多志愿者在回国后,都经历了跟我一样的状态。或许是在泰国时光安逸又美好,以致于国内的压力让我们一时间难以接受。每每聊起一起在泰经历的种种,都会热泪盈眶。我想我不仅是怀念那段时光,也是怀念曾经自己的那种勇往直前的状态,甚至觉得就连流过的眼泪、生过的气都是美好的,它让我成为一个内心更强大、意志更独立的女生。即使有些志愿者当时是一个人在学校战斗,说起来也觉得那段经历孤独而灿烂。

而现在,我有了一份稳定但与自己专业毫无关联的工作,每天按部就班,缺少了很多的色彩和惊喜。一直和当时的志愿者约着什么时候再回去看看,也因为大家工作不一样、假期不一样而始终没办法实现。而我也只能通过电子邮件看看学生近况:学校进行升级改造了、学生毕业了、孩子们长大了等。偶尔有学生看我在线,会发消息说:"老师,我想念你"。没有什么不快乐是一句"我想你"不能解决的。甚至到了中国春节,学生们和外教也会送上一大段泰语和英文祝福,那个时候,我会更加觉得,那段在泰教学之旅非常值得,因为我未被他们遗忘啊!

对我来说,这段经历是我人生中最灿烂的篇章。如果非要我说该不该选择这条路,每个人都有自己的看法,或者在经历过后会有更深刻的认识。我只想说:好的坏的都是风景。有些东西,总要自己亲自看看,才能感受世界的丰富和辽阔;有些过程总要亲自经历,才能发现,原来人生还可以有很多种可能和选择。

让现在变得美好,就等于给未来创造回忆。珍惜当下,不负韶华,世界那么大,你要做最好的自己。

(作者简介:谷伟伟,平顶山学院 2015 届汉语国际教育专业毕业生,泰国春武里府 Srisuvit School 汉语教师志愿者。)

案例 4:海洋之星——我的梦

王清英

如果有人问我,迄今为止最难忘的一段经历是什么,那我一定会说是在泰国志愿服务的这两年。很多人得知我去过泰国当汉语教师志愿者之后,都会问我:"你为什么去泰国?"我想除了因为我所学专业是汉语国际教育,还因为在我心中时刻有一个声音响起:我心向往远方,一颗不安于现状的心志愿为弘扬我们中华民族的文化贡献自己的力量,跨越千山万水,心中仍然充满力量,不管前路怎样,依然满怀热情。

有信念,有梦想,有奋斗,有奉献的人生,才是有意义的人生。《说文》中对"奉"的解释是"承也",就是恭敬地用手捧着;"献"的本义是为献祭神主的犬牲,后引申为恭敬而庄重地送上。今天,奉献就是承受重任,捧出丰硕成果,献给我们的民族。奉献是伟大的,奉献是欢乐的,奉献是可以无处不在的,奉献是要干好本职工作的,奉献是在本职工作之上所产生的善心、爱心和同情心。奉献是能奉献一切,是最崇高、最伟大、最善良的举动。那么,课堂就是我们奉献的主战场,做好课堂教学是我们奉献的核心,做好国际中文教学就是我们每一位奔赴不同国家、不同地区的汉语教师志愿者共同的初心。

初识"海洋之星"

犹记得 2018 年 5 月 21 日那天,是我到泰国的第一天,因为与中国有一个小时的时差,还很开心那一天比国内的朋友多了一个小时的时间。我们这批泰国志愿者们满怀着期待和憧憬来到这片土地,虽是背井离乡,有一些忐忑,但更多的则是好奇和期待。好奇的是泰国独特的风土人情,泰国不一样的语言、不一样的服饰、不一样的饮食、不一样的交通、不一样的笑脸,还有很多很多的不一样,正等着我们去感受、去体验、去探索、去尝试。期待的是我将被分配到的那个地方、那个学校、那里的人、那里的生活,以及那里的未知,一切都是那么新鲜美好,让人迫不及待地想要去探索。

初到泰国,汉办相关负责人组织大家开了一个会,介绍了泰国的汉语教学情况,让我们学习一些基本的泰语,了解一些在泰生活的注意事项,学习一些急救知识,以防意外事情发生,毕竟一个人国外生活,人身健康安全是比较重要的。随后对志愿者老师进行学校分配,拿到分配学校的名牌时,我发了一个微信朋友圈,一个在汉办志愿者培训时的泰语老师告诉我说:"我就是这个地方的人,学校很不错!"得知这一消息时,我忐忑的心情立马就放松了下来,就等着学校负责人来接。接待的老师是一位中国人,老师说学校的名字是"海洋之星",是一个天主教私立学校,在春武里府,濒临泰国湾,学校和大海仅仅相隔一条马路,地理位置也比较方便。多么美的名字,如梦如幻,诗意满满,和我的梦一样。我立刻被她的浪漫名字吸引住。海洋之星——我来啦!

充实富有成就感的两年教学时光

第一年的志愿者生活很充实,四年级的学生们都很可爱,我与泰国老师相处得也很愉快。学生们很喜欢我,每天早上上班,通过他们班级走廊时(早上学生坐在走廊等着晨会)一排的学生伸着手要和我击掌握手,就像明星似的。这真的是每天都发生的事。自己能受到他们的喜爱,对我的志愿者教学工作都是一种肯定和鼓励。还记得那年的情人节,我的衬衣、裙子上被贴满了贴纸,进班级讲课前先被围着贴一波,每个班级走下来,被贴得满满当当的。被那么多孩子爱着,即使自己单身也没什么可自怜自艾的了,爱你们!

在泰国的第一年,我教了一班可爱的学生,在他们可爱纯真的脸上我看到了他们对中文的喜欢和想学中文的欲望。每次上课时,学生们都很积极活跃,每当我要提问并给与他们相应奖励时,他们都积极踊跃地回答问题,手举得高高的,有的学生还站到凳子上,生怕我看不到。看着他们一张张天真的笑脸,我决定再留任一年,想多陪他们一阵。可惜的是第二年我被分配到幼儿园教学了,很少有机会再看到这群小可爱了。不过有时去食堂吃饭时也能遇到一两个,他们很开心地朝我奔来,喊着"王老师好",这声"王老师好!"也是我的骄傲,因为好几个一起工作的老师都很纳闷为什么我的学生会说"王老师好",而他们的学生却怎么教都记不住,只会说"老师好""老师+名字"。

第二年,我继续留任,被分配到了幼儿园进行中文教学工作。虽然教学对象换了,但好像自己更受欢迎了。学生是一群三四岁的小朋友们,每次上课下课都会有学生围着、拽着,不想让我走出教室,即使出了教室还会目送我走出好远才回班里。这些小可爱们真的是太萌了。他们在中文课堂上会很积极地跟着老师念,记忆好并且注意力集中的学生,老师一个词教两三遍就能记住,并在老师随意出示词卡时,能准确地读出来。但也有一些调皮捣乱的学生,在班里跑来跑去、滚来滚去、随意地说话、跑去喝水,有的还会打架哭闹,这些情况都是我第一年在小学四年级教学中没遇到过的情况。慢慢地,我自我调整教学方式,努力地和他们沟通(我的泰语就是在这一年进步飞快的),实行一些奖励制度,让他们跟着老师的节奏学习,表现好的给予贴纸、表情包橡皮、可爱的动物尺子、猫咪书签等许多奖品,取得了很好的效果,就连上课朗读时声音都高了许多。所以,在此给大家一个小小建议:如果你教的是幼儿园或小学生的话,可以试试这个办法。不用担心会花费很多金钱,其实在赴任前,在国内可以买到许多好玩、有趣、有创意的小玩意,物美价廉,很适合在幼儿园中文教学中使用,激起学生的学习动力。

第一年的授课中配套的是相应的泰国本土教材《快乐学汉语》,一般一星期每班两大节课,每节课五十分钟。第二年,由于幼儿园小朋友集中注意力的时间较短,一节课仅二十分钟;而且没有配套教材,只有一个教学大纲,里面罗列了幼儿园小朋友应该学习的内容。在日常教学中,教具都是我亲自制作的,如教学卡片、游戏道具、补习练习册、卡片制作等,用于辅助中文教学工作和举办中文活动使用。同时,我还担任中文补习班和兴趣班的教师,抓住一切可以利用的教学机会,通过视频、课本、卡片、中文活动向学生们传授中文知识,传播中华优秀传统文化,让学生们了解中国,了解中国文化。比如,观看有关中国的记录小短片、中国动画片,举办剪纸体验课、画脸谱、写春联、做红包、做春节中秋贺卡、教唱儿歌、踢毽子、打乒乓球等活动,趣味性强,比较有吸引力,孩子的学习积极性也很高。我很喜欢以多种形式的汉语教学活动,向他们传达一种积极向上、健康乐观的人生态度,文化上求同存异,互相尊重的世界观、人生观、价值观。可能他们现在还感悟不到,但我相信这些活动体验会伴随他们的一生,影响着他们。

此外,我还负责一个高年级补习班。针对这个班级,我采用的是主题式教学法,想通过这一方式让学生对中国有一个系统全面的认识和了解。在正式开展教学活动之前,我进行了前期的问卷调查,初步掌握学生的一些基本情况,如年级、年龄、学汉语的时长、学汉语的动机、想学习哪些方面的内容,以什么形式做作业,又想提高哪些方面的能力,等等。收集整理后进行归类,并分析总结适合学生的教学内容,进而确定学习的主题。主题确定后,进行教学内容、教学环节、教学活动的设计以及课堂的主题总结。在补习班的汉语教学中,我对课堂环境进行了相应的布置设计,努力为学生营造一个目的语的环境,再加上是学生想学的内容,符合学生的学习心理和学习动机,学生们在听课时都很认真努力。我的教学准备工作做得也比较全面到位,如讲中国传统文化剪纸时,我就进行了多方位的材料搜集,文字、图片、视频动画,还使出了杀手锏——现场剪纸,以及我事先准备的各种植物、动物、人物、景物、建筑物等的剪纸作品,进行现场展示,毫无悬念地赢得了学生们的赞叹和欢呼。所以,作为志愿者教师,真的是"技多不压身",会的越多,以后的教学工作就会进行得越顺利。见图3-58和图3-59。

图3-58 补习班的学生上剪纸课

图3-59 兴趣班的学生画京剧脸谱

我所在学校的孔子课堂对中文教师的中文教学水平要求较高。每个学期都会有中文公开课教学，一方面是检测中文教师的教学水平和教学效果，另一方面是增加教学经验，提高教学水平。教师选择一个班级进行示范课教学，教案是中英版本的，由中文部负责人和英文部负责人，以及一位在泰任教时间比较长的中国籍教师三人组成评审团，听课进行评审，以此来督促中文教师进行教学反思和教学经验的增长，提高教学质量，保证教学品质，让学生们喜欢中文课。整体上，我们的教学理念是，让学习者积极地参与到课堂中去，与学习团队成员交流沟通、合作交际，一起完成老师布置的任务，从而使学习者能在课堂上学到知识并运用到自己的实际生活中去。而不是像传统教学那样，老师教什么内容，学生就学哪些知识。对老师来说，要不断更新观念，改进教学方法，和学生一起学习，取得进步。

丰富的文化活动

　　我在海洋之星学校任教这两年也参加了不少的活动，比如一年一度的"海洋之星杯"中文大赛。为了赢得比赛，我在学生中选拔参赛人员进行培训，包括歌词、动作、自我介绍等内容，"功夫不负有心人"，最终我的学生取得了第一名的好成绩。我还负责培训一名学生的硬笔书法比赛项目，最后获得了第二名的成绩。我为他们感到自豪！任期第二年，我负责的是幼儿园儿歌的比赛项目，学生很聪明、很努力，最终我们取得了幼儿组大赛的第一名！

　　海洋之星学校每年还会举行春节联欢活动，每个年级准备一个节目，我组织过小学四年级的表演节目。当时，我选取《茉莉花》为背景音乐，并对舞蹈进行了改编。由于学生们年龄小，且不是专业舞蹈人员，加上当时的我泰语水平有限，所以我就把舞蹈改编成简单易学的版本，以便于学生的学习记忆和表现。我先学习动作，随后动作演练，让学生跟着跳，一个动作一个动作地教，一遍一遍地教，直到他们学会为止。幼儿园是舞蹈串烧，是把三首歌曲串联到一起进行的一个组合表演，教学步骤同上。由于学生年龄较小，付出的时间和耐心也更多，最终为大家奉献出的是一场美好的文化体验和感官享受，取得了师生和领导的一致好评。见图3-60和图3-61。

图3-60　小学四年级春节舞蹈《茉莉花》

图3-61　幼儿园春节舞蹈《舞蹈串烧》

　　由于海洋之星学校是泰国东方大学的孔子课堂,所以每年都会举办中华文化营。文化营的活动丰富多彩,我组织带领学生去孔子课堂亲身体验了下五子棋、写书法、吃糖葫芦、穿汉服等活动,让他们切身体会和感受到中华文化的博大精深、多姿多彩,从而让他们喜欢上汉语,主动走进汉语,更多地去了解中华优秀传统文化。第二年的文化营,我还担任了两项活动的讲师,教学生们剪纸,然后选择出最好的作品进行展示;给学生们讲汉服,并进行现场穿汉服体验。汉服项目是汉服秀,我和学生们选择模特,进行排练走台步,设计动作,安排出场顺序,最后为大家进行汇报表演。我也帮忙组织了太极扇项目,和学生一起学习打太极扇。

　　我还积极地参加过海洋之星学校一年一度的盛大的彩色主题运动会。那天,学生穿着代表各自队伍颜色的衬衫,许多家长也会穿着自己孩子的应援色来到学校,为孩子们加油呐喊。我相信只要看过泰国明星马里奥主演的电影《初恋这件小事儿》的人,都知道泰国人对这彩色运动会的重视,海洋之星学校也不例外,从上学期就开始相关准备工作。学生和老师一起排练节目,啦啦队、乐队、幼儿表演队以及最重要的颜色领队。他们每天都在紧张地排练,希望能在运动会当天有一个好的表现。我也积极地提供力所能及的帮助,如给运动员发冰水,领着幼儿班的学生上台领取自己努力得来的奖牌,拍照留念,等等。赛场上运动选手的那种拼搏奋斗、为团队争光的意识真的很强,有的学生跌倒了,会爬起来继续跑;有的学生开跑起步慢了,追不到别人时还在继续坚持;啦啦队一直在场边卖力地呐喊助威。其实,对我们汉语教师志愿者来说,也需要这种精神,遇到困难,不怕困难,想办法解决,相信办法总比困难多!

跨文化适应:积极融入、主动改变

由于是第一次到泰国,也会遇到一些问题,除了吃住上的不习惯,文化交际交流上也会遇到。初期令我最困扰的是跪坐,泰国人比较谦卑,在长辈、领导、老师面前不能站立或坐着,需要跪坐在左前或右前进行谈话交流。这是我在国内完全没有遇过的事情,初期真的很不适应,内心里认为自己长这么大连父母都没跪过,为什么一到这里动不动就要跪下来,心里很不舒服。但慢慢地,自己根据学过的专业知识,根据在跨文化交际课堂上学习的内容,对自己进行调节疏导,逐渐也接受了泰国的这一文化习惯。毕竟咱们要入乡随俗,要遵从泰国的文化习惯,进屋脱鞋、行合十礼,去寺庙不穿短裙短裤等等,这样在后期才能顺利地进行中文教学活动、举办中国文化活动。在彼此尊重和理解的基础上进行文化的交流和碰撞,让学生体验到不同于泰国的中国文化和习惯,开拓视野,增长见识,激发学生想去中国看一看、玩一玩的念头,领略不一样的中国文化氛围。

每一个对外汉语教师的成长之路都不是一帆风顺的。在教学和生活中也会遇到各种各样的困难和挑战:有棘手的,如语言不通,日常交流不顺畅;有简单的,如吃的不适应,泰国天气热,等等。但是,只要能清楚地认识到自己所面对的挑战并保持冷静的头脑,做好相应的准备,坚信"世上无难事,只怕有心人",就一定能克服困难,不断进步,逐渐变成一名成功的对外汉语教师。语言不通就积极地和本土教师交流学习说泰语,没事多去商场、超市和市场,在与人交流中提升自己的泰语水平。我的泰语口语能这么快速提升,主要就是自己能够积极主动融入到当地中去,也就是咱们常说的"入乡随俗"。

不仅语言要"入乡随俗",生活中更是要"入乡随俗"。初到泰国时,饮食上不习惯,我基本没怎么吃饱饭,导致第一个月瘦了八斤。虽然对于爱美的女生来说,体重减轻是令人欣喜的事,但导致的结果却不那么让人开心。抵抗力减弱,再加上没吃早饭,有一次在学校周一晨会上我就中暑晕倒了。以致于后来不敢不吃饭,即使没见过的饭也会慢慢去尝试、去接受,到最后我竟然爱上了泰国食物,比如最喜欢的冬阴功、菠萝饭、柠檬鱼,各种稀奇古怪见都没见过的小吃和水果,等等,以致于体重不仅恢复到了初到泰国的水平,一年任期结束还又增加了八斤。所以,只要努力,问题都不会成为问题的。

尾记

两年中,我一直在尽自己最大的努力让他们爱上中文,学习中文,让他们以后的职业生涯能有更多更好的选择,帮助他们紧跟"一带一路"政策,了解中国,了解中国文化,向他们展示中国,让中国优秀传统文化走出国门、走向世界。同时我在工作上勤勤恳恳,兢兢业业,努力做一名合格的教师,做一名合格的志愿者,圆满完成自己的教学任务,给国家汉办、给自己交上一份满意的答卷。心怀远方,勿忘吾乡。正如汉语教师志愿者之歌中开头唱的那样:"你我为了同一个梦想,携手并肩远走他乡,我们短暂相聚久别离,也曾在孤独时刻流泪。"每每听到这首歌,都有新的感触,对于志愿者的内涵会有更深刻的理解。我为能成为一名汉语教师志愿者而感到自豪,因为有我们的前赴后继,才能让汉语在世界各地发扬光大。

再次表达一下感激之情,真的很幸运能遇到语合中心项目,能被选派到泰国任教,让我结交了许多志同道合的朋友,遇到了活泼可爱的学生们,体验到了不同于中国的衣食住行,领略到了泰国独特的自然人文风光。

今天,我在这里写下这两年的泰国志愿者经历和经验,一一回顾往昔,感慨还是挺多的。两年的志愿者生涯已经结束,更多的是不舍之情,我因各种原因不得不回国。回国以后找的工作,可能与汉教有关,也可能无关。如果有机会的话,我还会继续在汉教这条路上走。但这两年的经历真的会影响我一生,对我今后的影响也是挺大的,希望自己能越来越好,希望泰国的孩子们越来越棒,开心快乐地成长,等他们年龄大一些,在选择自己人生方向的时候或许能因为少年时学过的中文,从而能把与中文相关的专业或职业作为自己努力的目标。

说了这么多,最后还是不得不写下结语,人生最是难别离,希望自己能坚守初心,人来人往,勿失勿忘!我的梦——海洋之星,再会!

(作者简介:王清英,平顶山学院 2016 届对外汉语本科专业毕业生,泰国春武里府海洋之星学校汉语教师志愿者。)

案例 5:那时花开——做最美的志愿者

刘蔷薇

那时,花还未谢,我们一行人浩浩荡荡地来到了这个充满幸福感的国度——尼泊尔,进行为期一年的汉语教师志愿者服务。

那时,花还未眠,我们带着对陌生的好奇一步步地熟悉了身边发生和即将发生的一切。

那时,花还香郁,我们带着对汉语推广的热忱,用执着温暖着遇见的每一个人。

作为一名对外汉语人,我始终不会忘记自己已拥有的专业知识和心底渴望攀登的更高水平;作为一名汉语志愿者,我更不会忘记自己身上所担负的责任和义务。虽然力量有限,但"不积跬步,无以至千里。不积小流,无以成江河"。我只知道,我是来教汉语的,是来让更多的外国友人了解中国、认识中国的,既然目标已确定,那就一往无前、大胆地去做吧!

我的小精灵们

来到这里,我拥有了一群小精灵。他们是一群五到七年级的活泼可爱、让你又爱又恨的学生们。和他们在一起的这一年,不光是我教他们一些汉语知识和中国文化常识,他们也教会了我很多。我教 11 个班级,每个班级一周平均两节课,每节课 40 分钟。所以算下来和每个学生相处的时间也不是很多。但是通过慢慢地了解与磨合,我们之间已经非常有默契了。上课时他们一叫"老师"我便知道他们要干什么,同样,我偶尔一个眼神他们也会很快知道我是什么意思。如此这般,才有了 204 位 YCT 考生 90% 的通过率,才有了才艺比赛和演讲比赛都入围决赛,也才有了我一个人出九个汉语节目照样有声有色的佳绩。

他们不是不调皮,不是不爱捣乱,只是我相信这些都不是他们的本意。记得刚开始的时候,我被某个班气的跑去找主管,主管来后找到几个调皮的学生就一顿批评,看着他们默默伤心流泪的样子,我的心也跟着难受。当时就在想,是我错了,以后不能再这样了,他们都是我的精灵啊,陪我一起开怀的小精灵啊,我怎么忍心。再后来,我的小精灵们一看到我因为他们不专心学习而故意板下来的脸后就双手捏着自己的耳朵,弱弱地连说"对不起"。每每这个时候我都会坚持不住,笑出声来,他们一看到我笑了就也跟着笑。看吧,我们都是那么的可爱。之后,我告诉他们,以后道歉时不要捏着耳朵说"对不起",这样老师就原谅你们了,他们连连答应。

在课堂上教完他们汉语知识点后,就会通过做游戏来加强练习。因为教的差不多都是小学生,爱玩是小孩子的天性,能在玩的同时达到学习汉语的目的,才是志愿者老师期望见到的。所以我在备课的时候会精心设置一些小游戏,会考虑哪些游戏是他们喜欢的,哪些是已经玩过的。孩子们对中国文化也很感兴趣,经常会要求看一些关于中国文化的视频,或是让我讲故事给他们听。因此更多的时候,为了给他们讲得更生动有趣、更加吸引人,我必须提前做一些功课,这样一来,我自己的文化知识也更丰富了。这样两全其美的事情,我们不妨多做。

在孩子们当中,不乏一些对汉语特别感兴趣,而且十分聪明伶俐的学生。相信这样的学生也是每一位老师最喜爱的。同样的,让孩子们都喜欢上老师也很重要,爱屋及乌嘛,喜欢老师,就会喜欢老师的课,也就会喜欢汉语了。

总之,这些小精灵就是我完成志愿任务的关键所在,我们互相帮助,共同成长,在对的时间遇到了彼此,定会倍加珍惜。

荏苒时光

时间一晃就匆匆而过。我们一起走过了万物复苏的春,一起走过了烈日炎炎的夏,又一起走过了飘飘洒洒的秋,现在连这冬日也即将过去了。尼泊尔的四季不如国内那样分明,再冷也冷不到哪里去。在这近一年的时光里,发生了很多事情,也见证了很多事情。有过喜,有过怒,有过忧,有过悲,但所有的一切即将尘埃落定,心里又是那么的寂寥与不舍。一想到要离开这个我喜爱的地方,一想到要离开我的精灵们,心里就一阵酸涩,泪水便也随之而下。在这片土地上,我也曾为了梦想、为了事业努力奋斗过,也曾坚持不懈过,这里也留满了我的足迹。

人常说,分离是为了更好的相逢。我希望如此,希望再见到我的小精灵时,他们还能记得我,还能记得我教给他们的那些知识和技能。

回忆过去,不是为了缅怀与后悔,而是为了更好的前行。在这里所发生的一切,也将成为日后努力的动力和基础,我想继续走下去,我想为汉语推广事业贡献自己的一份光和热,我想我还年轻。

做最美的志愿者,不仅美在外在,更美在内心。用爱待人,用心做事,路在脚下。

[作者简介:刘蔷薇,平顶山学院2014届对外汉语专业毕业生,尼泊尔爱福瑞斯特英文学校(Everest English School)汉语教师志愿者。]

案例6:心底有梦,脚下有路,眼里有光

周 绘

2018年6月出发前,我一直在憧憬着这一年的生活,想过最坏的情景,也希冀着美好。如今,一年就这么过来了,还好一切如意,万事顺遂。一

年的时间说长不长,说短也不短,借此机会写点东西记下来。

我工作的学校——泰国达府美素智民学校,是一所华文学校,学校很重视中文,中文教师的工作环境和生活环境都很好。

相对便利的生活条件

生活无外乎衣食住行,周一到周五的工作日有严格的着装要求:周二、周三、周四分别是学校统一订做的红色、黄色和蓝色的制服,周一是自己的白色上衣,周五是泰装;下身都是黑色的过膝裙子配黑色的包脚的皮鞋。休息日比较自由,偶尔有正式的会议或者活动也会安排统一服装。如此严格的穿衣要求,大部分老师在大部分时间都会遵守,但有时候也会因为一些特殊原因,例如雨季衣服没干、当天有体育课或者舞蹈课、身体不舒服等,有些老师也会换上其他款式的宽松的衣服,但颜色要与当天要求的颜色一致,也无伤大雅。见图3-62。

谈到吃,我必须给智民学校的伙食打一百分。周一到周五在学校餐厅吃,早饭和晚饭是专门为住校的中文老师准备的,午饭是和全校师生一起吃。早饭一般是一锅白粥,一锅咸粥,一盘时令蔬菜再加一锅鸡蛋——中国早餐的标配;有时候是一份炒鸡蛋面和一锅汤,干湿搭配营养美味。午饭和晚饭是正餐,两菜一汤,菜品多种多样,家常菜口感很棒,荤菜是鸡肉和猪肉,有时还有玉米棒、椰奶玉米、椰奶红豆等甜品,每一餐都吃得饱饱的,想不胖都难。

住宿条件也很好,住的单元楼,楼下是学生的教室,每个老师一个标间,包括一个卧室、一个小阳台和一个卫生间,空调、热水器、冰箱、衣柜配备齐全,舒适又温馨。

学校还给我们每位老师配了一辆自行车,方便我们去附近的超市、菜市场、夜市和周末的出行。远一点的出行,可以选择大巴车,可以坐飞机,也可以几个人一起包一辆面包车,都很实惠。

我的中文教学日常

除去衣食住行,最重要的内容就是中文教学,教学工作包括上课、辅导比赛、考试、组织中文活动等。每天过得充实又不是很累,但有那么一段磨合期会过得很憔悴。

(一)"天使"和"魔鬼"班的不同教学体验

我负责教学的有两个班级,一个是三年级6班,一个是四年级4班。只相差一个年龄段,三年级这个班的学生是"天使",四年级这个班的学生是

"魔鬼"。但并不是说孩子年龄越大越调皮,越不好管,我们一起前去的同事所教授的班级,有三年级调皮的,也有高年级乖巧的。

先来聊聊三年级。三年级的孩子,我称他们是"天使"是通过一年的任教生活来评价的。但是在刚接手的一段时间里我教他们班也是手忙脚乱,晕头转向的。后来随着对教材的熟悉,对学生的了解,我给我的课堂梳理了一个固定的流程:课前 10 分钟回忆上一篇课文的知识、课上前 10 分钟学生读上两课的生词课文、中间 20 分钟讲新课、后 10 分钟写作业,当天作业当天课上写完,不带回家。通过"回忆知识—读生字词—学新课—写作业"的模式,我上课不再稀里糊涂,晕头转向。

最重要的一点是,要通过一定的机制激励学生配合老师完成这个学习过程,我的办法是课堂积分制。课堂积分最高的一组下课能拿到老师的笑脸贴,攒够相应的笑脸贴数目可以跟老师换相应的奖品,奖品分等级设置。这种方法推行到后期,临近下课铃响我要统计分数的那几分钟,成了孩子们最紧张的时刻。成绩出来后,冠军组的孩子们欢呼雀跃,开心地要蹦起来,其他组的会懊恼只差几分就能拿冠军。

奖励笑脸贴的方法在班级里运用得好的话,可以贯穿到教学中的方方面面,用来约束学生在你课堂上所有的调皮、违纪、不听话的行为,甚至可以延展到课外生活。这种方法回国后我在国内的小学生身上尝试时也屡试不爽,看似简单,但其实也有很多细节需要老师注意。比如说,老师需要大概记下哪些组拿过了冠军好几次,哪些组会落后,给足积极的学生和小组奖励的同时,也不能忘了均衡落后小组和差一点的学生。再比如说,有学生投诉他们组的哪个差生总是扣分,不想他参与他们组积分的时候,你就得在积分时找机会刻意表扬那个差生哪方面做得好,以此为由给他们加分,让学生看到他的价值的同时又不能过分偏袒。见图 3-63。

再来谈谈我带的四年级。在我们来之前,都是本土老师轮番给他们上课,这个班在这之前已经换了四五个汉语老师,加上期中前的活动、假日很多,所以学生们都很躁动,汉语学习不成体系。我们刚来时,一心想着怎么把汉语知识教好,一直在备课上苦下功夫,对学生也很和蔼,但时间长了发现学生并不怎么领情,你夜晚辛辛苦苦准备的一节课内容,第二天连一半的知识点也讲不了。学生上课时一直说话,东打打西闹闹,有坐在凳子上的,有到处走的,还有满地打滚的……

图 3-62　开学时着粉色制服上公开课

图 3-63　给学生颁发中国的奖状

后来慢慢发现,这边的汉语教学课堂管理比汉语知识的传授更为重要,我开始对学生严厉起来,开始在本土老师的帮助下树立自己的汉语课堂规则。这一个月是漫长的,也是我付出精力最多的,但还好有心人天不负,我也慢慢摸索出了一些适合这个班的学生、适合我的管理方法和教学方法。课堂纪律慢慢好起来了,上课知道配合我了,作业的完成情况也好多了,虽然还是需要老师的再三督促和时不时的小惩罚。见图 3-64 和图 3-65。

图 3-64　学生做手工灯笼

图 3-65　我给孩子们讲中秋节的典故和习俗

在此插一句,我在三年级使用的笑脸贴奖励机制在这个班完全用不了,他们思想成熟、行为不羁,小奖品奖励不能够吸引他们。

激励不行我就采取了"强制"措施,在泰国老师的帮助下,放学后,我把那些不爱写作业、课堂上爱捣蛋的学生留在办公室补作业,用不熟练的泰语和蹩脚的英语,以及让中文好的学生当翻译等一系列的方法与学生家长沟通,家校配合来完成对学生的督导。如此几次之后,学生纪律好了很多,课堂开展更加有序,我和学生之间就这样慢慢度过了长达三个多月的磨合期,建立了一种稳固的师生关系。

(二)辅导学生中文比赛

来说说辅导学生参加中文比赛的情况。这边的比赛很多,小一点的有学校的中文讲故事比赛、中文歌唱比赛、演讲比赛等,大一点的学校之间的,府与府之间的……从校级到国家级,一学年下来,大大小小,可能要辅导四五场比赛,短的花费几个星期的时间,长的需要练习几个月。初赛进了准备复赛,复赛过了还有国家级的决赛,我们最熟悉的汉语桥比赛,差不多会贯穿你整一年的任教生活。好在被智民学校挑出来参加比赛的学生,汉语水平都不错,学生往往都能取得好成绩。这些比赛也让我的生活变得充实起来。

让我回想起来依然很怀念的是辅导高中学生参加话剧比赛的经历。智民学校作为一所华校,每年都会有一批高三毕业生选择去中国留学,而在中文比赛中取得一个不错的成绩,是给自己加分的一个重要途径,所以想申请去中国留学的高中生们都很珍惜这次国家级比赛。这次比赛是无实物表演,比赛时不允许带任何辅助道具,所以重点考验的是学生的"演技"、语音面貌以及彼此间的配合默契度。

接到辅导任务时,我们正在休假——泰国的凉假,相当于中国的暑假。从清迈旅游回来的当晚,我们两位辅导老师——我和另外一位志愿者,就投入剧本创作之中,很快就完成了初稿。参加话剧比赛的有一个女生、四个男生,第一次见面时,我们听了一下他们各自的发音,很快就给每个人定好了角色。前期工作进行得很顺利,我原以为会一直这么轻松,可是越辅导学生暴露出来的问题越多。首先是发音,五个学生,每个人都有自己的发音缺陷,有的是发不出"j、q、x",有的是分不清"liu"和"niu",还有的学生发音时语调上扬,带着浓浓的"泰味"。其次是感情,我们的剧本选择的题材是中国四大经典名著之一——《西游记》,想着重表现孙悟空被压五指山后的苦闷、一蹶不振,以及在受到崇拜者的鼓舞、追随后,勇往直前、所向披靡的一种转变。所有的感动、真诚在学生的表演中都变成了各种各样的搞笑和可爱,让人忍俊不禁。摆在我们面前的有数不清的障碍,我和另外一位老师带领学生们努力——跨过,实在跨越不了的话,就想一些方法帮他们绕过去,比如用同义词替换一些难发音的台词,或者调整他们的角色,等等。

从初赛到决赛,辅导的过程历经几个月,但付出终有回报,我们的话剧节目荣获决赛一等奖! 第一名的成绩让我们很开心,但也在意料之中。回忆起决赛前一夜,学生们说,"明天必须拿第一,为了两位老师的辛苦付出,必须拿第一!"那一刻,学生们的斗志和对老师良苦用心的体悟,让我们为之而感动。见图3-66和图3-67。

图 3-66 辅导高中组参加话剧比赛

图 3-67 带学生出去比赛

我所感受到的泰文化

如前所述,智民学校是一所华校,学校教中文的老师有二三十位,由汉办志愿者、侨办老师和本土老师组成,日常接触较多的都是中文老师,所以文化差异感并不是特别明显。虽然有十几位本土老师,但他们都在中国留过学,对中国文化的认可度比较高,生活中也没表现出很明显的文化差异,但也并不是完全没有,接下来聊一聊我遇到的文化差异。

中泰文化差异除去我们都了解的女性不能碰和尚、喝汤不能端起碗、不能碰小孩子头之类的,我也遇到了一些比较冷门的、小众的习俗,有的习俗甚至连泰国人自己都说不出来原因。接下来总结几个平常遇到的,以期对后来者有所帮助。

(一)精致的火锅文化

泰国的甜品很有名,味道很好,卖相也是一流。一盒小甜点被做成一颗颗小小的樱桃、葡萄、苹果、草莓等,红的绿的紫的装在一起,看起来十分精致。不光是甜点,泰国人吃火锅也是十分讲究的。

首先,吃火锅的顺序一般是先荤后素。先煮一锅猪肉、鸡肉、牛肉吃,吃完后再煮青菜、白菜、空心菜和米线、粉丝之类的素菜,素菜吃完有时候会煮虾、鱼、鱿鱼等海鲜吃。等主食吃完，再吃饭后甜品，一般都是冰淇淋，各种口味的冰淇淋。而在中国，讲究荤素搭配，一般都是把每种菜品都放一点尝尝，吃完再煮剩下的一半，但泰国人觉得荤是荤，素是素，煮在一起会串味。

其次，煮素菜的时候，泰国老师简直无法理解我们居然会把一整片白菜扔到火锅里煮，而他们是用手撕成一小片一小片的再下锅，空心菜也是把叶子一片一片撕下来煮，不得不说，泰国的饮食确实精致。

最后，是吃甜品的顺序。在中国，你在吃饭的中途感觉太辣了或者嘴馋了吃一口冰淇淋、吃点小蛋糕都无可厚非。但在泰国不管什么甜品都是放在最后吃的，一边吃甜品一边吃主食，用他们的话说是"感觉很奇怪"。

（二）吃完菜不能叠空盘

在泰国，如果你点了一大桌的菜，几盘吃完了之后，不能为了桌面整洁或者腾地方放其他菜而把空盘摞起来。泰国的做法是上新菜时把脏盘给服务员拿走。

这个习俗就是我说的泰国人自己也解释不出来个所以然的文化差异，老师讲不出来，问学生也不知道为什么要这样，只知道大家都不这么做，可能这就是生活习惯吧。

（三）要求较多的坐姿

在中国，也有很多关于坐姿的要求，不同场合可能对坐姿有不同的要求，但大多数情况下比较自由。而在泰国，很多情况下需要直接坐在地上，坐地上时，可以把两腿收拢在一边侧坐，这种坐姿方便穿短裙的女生，但是很累；也可以把两腿交叉在前面用打坐的姿势坐，这样坐的前提是穿长裙或者裤子。这两种坐法和中国一样。不同的是，在泰国不能双腿曲到胸前，双手环抱着膝盖而坐，不知道这种坐姿是不是被禁止的，但至少是不礼貌的。

坐凳子上时习俗和中国差不多，根据你穿的衣服注意自己的坐姿就可以。即有一点，不管穿什么衣服，不管在什么场合、都有哪些人，女生正对着别人坐的时候应该要双腿合拢端端正正地坐，不能张开双腿，更别说把腿搭在板凳脚上一百八十度张腿了，就算平常这样坐也会觉得不太好。泰国人也觉得，一方面女生就应该坐得很文静、很淑女，另一方面是不能把自己的隐私部位暴露出来的，哪怕穿着裤子。

（四）算分规则

在中国，不管规模大小，不论形式怎样，很多比赛在算分时都会去掉一个最高分和一个最低分,最后给出平均分。这样做可以避免极端数据造成的不良影响。但是在泰国,无论什么比赛,不管什么规格,都不会去掉一个最高分和一个最低分,他们会认为去掉了两个分数不算是真正意义上的"平均分"。

所以我很好奇,这样万一遇到了故意给自己选手高分,压低其他组分数的情况怎么办?原来他们如果遇到这种情况是会"避嫌"的,自己人不给自己人打分,再算平均分。

成为汉语教师志愿者的意义

在国外偶尔想家的时候,我也会想,我从事海外教育工作志愿者有什么意义?我真的热爱这份事业吗?为什么我要将自己最美好的年华贡献在异国他乡?

但平静下来一路回想:这一年我终于实践了自己多年来学习的课本知识,掌握了切实有效的教学方法和管理方法;这一年我与同事和学生结下了深厚的情谊,这是永恒的财富;这一年我的语言能力和交际能力得到了明显的提升,我不再是那个初出国门的羞涩的大学生。更重要的是,这一年我更加深入地了解了一种新的文化——泰国文化。我的眼界更加开阔,我的心境也发生了很大的变化,不再惧怕困难,不管怎样都会开心地过好每一天。我想这应该是这段经历带给我的最大回报,这是真正意义上的成长,这是我们一直希求学到的东西,它在我懵懵懂懂的实践中悄然而至,然后陪伴我让自己变得更好。我庆幸我经历过。

如果你也是汉语国际教育专业的学习者,如果你也有一颗想要传播汉语文化的心,如果你也有顾虑、有彷徨,我想说"勇敢地走出来吧"!在你最美好的年华,在你责任最轻的时光,勇敢地检验自己所学,用心地体会不同文化,敞开怀抱拥抱不同的人,努力为汉语国际教育事业贡献自己的一份力量!如果可以,如果你热爱自己所学,更希望你能在这项事业中越走越远。

(作者简介:周绘,平顶山学院2019届汉语国际教育专业毕业生,泰国达府美素智民学校汉语教师志愿者。)

案例7:奇幻的泰国之行

李蓝天

最美人间烟火气

2018年6月,怀揣着美好憧憬与好奇心的我以一名"汉语教师志愿者"

的身份踏入了一个我们耳熟能详的国度——泰国。

时光荏苒,稍纵即逝。转眼间与泰国那群可爱的人分别已经将近两年了,可在泰国发生的一件件事情仍历历在目。初到时的手足无措、熟悉后的随遇而安、离别时的恋恋不舍……但印象最深刻的是切身体会到当地的民俗民情。

众所周知,泰国是一个佛教国家,国内超过百分之九十的国民都信奉佛教。泰国的人民都很善良淳朴,这不禁让我想起了他们常说的:"ทำดีได้ดีทำชั่วได้ชั่ว(好人有好报,坏人有坏报)。"一个温情的国度里住着一群温暖热情的人。我所在的地方是泰国乌隆府的旺三幕,在这里曾留下过我的笑声、我的迷茫、我的一腔热血……

初到泰国时,特别是刚下飞机刹那间的感觉,用国内暴风雨来临前的那种闷热压抑来形容简直再合适不过了。下飞机时已经是晚上了,可就在出了机场往大巴方向走的路上都大把大把地出汗,那泰国白天的大太阳的威力就可想而知了。

我就先从基本的生活起居说起吧,生活方面我主要从住宿生活、学校日常生活以及小假期出游方面谈一下吧。

首先,我很幸运,有一个小伙伴跟我分到了同一个学校,并且我们两人"荣获"小别墅一栋,所以,我们有了一个不错的住所。当时得知这一消息时真的是激动不已,美中不足的是住所在路边噪声很大,记得刚来的时候我都是戴着耳机入眠的。但总体来说我们的住宿方面是相当可以的。我跟小伙伴两人在生活、工作上都互帮互助,关系甚是融洽!我们有自己的厨房,所以平时我们都自己做饭,主要是因为我吃不惯泰国菜。但是泰式火锅我是真的很喜欢,每次举行活动时基本都是一次火锅盛宴。

如果我能吃习惯泰餐一定会更好的,因为我们住所的旁边就是一个很不错的泰国餐馆,我们去过一次,老板很热情,饭菜也很受当地人的喜欢。我们买生活用品也很方便,购物的选择主要是学校后面每周三的市场、离家很近的早市以及最近刚有的每周五公园的小夜市,生活真的是很好!

说了饮食,接着想谈的是我们的着装问题。首先,我在赴泰之前上网培训时,对于这些问题就有所了解了,只要符合泰方学校的要求就可以了。但是,到了泰国才知道在这里不同的节日、活动要穿不同颜色的衣服。比如刚来的第一个月是国王的生日,就穿了一个月的黄色衣服。平时一周每天都要穿不同颜色的衣服。

此外,我们学校举办不同的活动也需要自己花钱买不同的衣服,泰国本土老师也是一样的,所以就入乡随俗了。其实我们学校对服装除了周三的运动装以及相应的节日活动有特定的要求外,其他都没有很严格的要求,学校内泰国老师的衣着打扮就是鲜活的例子。但是,为了中国的形象我还是要严格要求自己的。

泰国很讲究礼节,所以在学校每天两次的"萨瓦迪卡",我每天都定时定点,从未忘过。学校的老师大多都很友善,特别是我们的邻居和房东还有Lachada(拉查打)老师,真的对我们就像对自己的孩子,让我们感受到满满的爱。如果出去游玩的话,我们会给她们带一些小礼物,平时不管是见到老师还是可爱的学生我都不会吝啬我的微笑,经常跟她们互动。我的生活其乐无穷,每天被爱和温暖环绕,每天都是元气满满的。

说完生活,我想谈谈最重要的工作经历。汉语在我们学校并没有引起太大的重视,比如学校的学生连汉语教材都没有,所以汉语教师要自己准备教学内容。因为学校学生的汉语水平普遍处于基础阶段,所以相应的我就编写相对简单的教材。

学校一共有三个汉语教师,一个本土老师两个汉语志愿者教师。在课时分配上,本土老师占很大的优势。她一周13节课,我们一周要22节课。从2018年6月25日开始,我教了两个学期。根据学校教学的安排,我在第一、第二学期分别承担了每周22节、20节的汉语课程。除了这些课程外,学校还安排每周周四给初中三年级一班的学生补习约一小时。第一学期我教初中4个班,高中11个班;第二学期是初中三年级6个班,高中二年级5个班以及高中三年级7个班。除了高三6班、7班每周两节课外,其他班级每周一节课。针对不同班级的不同特点,我分别进行了相应的教学设计与教学活动。见图3-68。

在第一个学期的时候,我在努力克服初到泰国的各种不习惯和对泰国学校教学课程安排不适应的情况下,展开了教学。经过一个学期的教学,零起点的学生已经能够比较熟练地拼读汉语拼音,能够进行简单的对话,能完成表达自己的需要、描述事物等基本的汉语交际活动。同时在经过半学期的教学训练后,学生也开始对汉语、对中国有了更多的兴趣与学习的动力。

在有一定基础的班级,我进行了更高难度与更具实用价值的教学。在复习了过去学过的汉语以后,根据不同班级水准差距较大的现实情况,因材施教,对不同班级采用不同的教学方法与教学内容,取得了较好的效果。泰国学生很看重学分,我就借它来督促学生学习,在经过一整年的学习后,学生具备了实用的汉语交际能力,效果显著。

图3-68　与学校同事合影

下面来介绍一下考试吧。在泰国总共有两个学期,一个学期两次大考(期中、期末)、五次小考,小考就自己平时上课时安排就好了。考完试需要输入成绩,这个工作本土汉语老师都会告诉我具体的操作步骤。

最后来说一下与汉语教学相关的活动,主要有去乌隆皇太后中学汉语教学中心、西塔中学等的汉语比赛。学生在西塔比赛表现得很出色,可惜的是本土老师把比赛主题弄错了,所以没能拿第一。

在泰国的教学过程中,我积极辅导学生参加 HSK 考试,积累了不少教学经验。为了取得更好的教学效果,我亲手制作了上百张词卡等教学辅助工具;同时为了辅助教学,我也在网络上查询了一些电子教材教辅,在回国之前,我将这些教学材料全部留在学校,留给下一任志愿者,以便他们能够更好更方便地适应教学。我骨子里热爱我们的事业,热爱我们的中华优秀传统文化。作为中国与泰国的文化交流的桥梁和民间使者,汉语志愿者并不仅仅是中国语言的教育者,更是中华优秀传统文化的传播者。

除了这些比赛活动,泰国的节假日活动也很多,我也都积极参与其中,体验异国文化。其实文化的交流与接受是一个相互的过程,一个人不可能硬性要求异国之人去接受、认同本国文化,只有你自己去体验、去交流、去学习异国文化,在这个过程中别人才有了解、理解、接受你的文化的可能。

总之,在泰国的那段时间,无论是工作上还是生活上,我都非常的满意。工作上看到自己教的学生一点点进步,与本土老师和睦相处,生活上自己越来越独立,这些都是我珍贵的宝藏。此次泰国之行,让我在踏出大学的象牙塔之后,迅速地成熟起来,相信它对我的影响会伴随我的一生。

但凡辛苦,都是礼物。在泰国匆匆逝去的时光里,有辛苦,但更多的都是宝贵的礼物。感恩相遇,感谢经历。最后我想对这段难忘的经历说:"很幸运,我来过!"感谢国家汉办给了我这样一次宝贵的机会!

(作者简介:李蓝天,平顶山学院国际汉语教育专业 2018 届毕业生,泰国旺三幕中学汉语教师志愿者。)

案例 8:难说再见! 期待再见!

周丽萍

遇见篇

2015 年 9 月 29 日,注定是我这一生都无法忘记的一天。这一天我和其他七个小伙伴一起开始了一段异国他乡之旅,开始了为期一年的汉语教师志愿者生涯以及一段奇妙的跨文化之行。来自祖国天南地北的我们,因为一个共同的梦想而相聚在了蒙古这片土地上,希望能够为蒙古的汉语教学事业贡献自己的一份力量。见图 3-69。

图 3-69 和志愿者一起抵达蒙古

"天苍苍,野茫茫,风吹草低见牛羊。"这恐怕是大多数人对草原的印象,我也一样。说起蒙古,会想起无边无际的大草原,漫山遍野的牛羊以及纵情驰骋的草原人民。然而,当走下飞机的那一刻,脑子里所有的美好印象全都消失殆尽。九月底的蒙古,已经是深冬般的萧条,阳光凄冷又刺眼。如果不来蒙古,我也许永远体会不到短短两个半小时就可以由夏天进入冬天,在国内我们还穿着清凉的夏装,转眼工夫竟要裹上厚厚的羽绒服。如果不来蒙古,我也许永远想象不到竟然真的有"五月飞雪"这种奇观;也许永远都不知道什么叫"碧空如洗",相信来过蒙古的人都会被它的蓝天白云所震撼,天空美得让人窒息。

感动篇

来到蒙古的第二天,我便随着校长儿子一起来到了我所要生活的城市——额尔登特,在经过六个多小时的翻山越岭之后,终于见到了早已等候多时的校长及其家人。从上车的那一刻起我就一直很紧张,心里面无数次在想象见面时的场景,应该说些什么。下车的一瞬间,校长说了一句"你好"并给了我一个大大的拥抱,我的眼泪瞬间就情不自禁地流了下来,仿佛感受到了妈妈般的温暖一样。安排好住宿以后,校长带我去吃饭,也叫上了会说汉语的儿子。他们会很热情地问我想吃中餐、西餐还是蒙古餐,吃饭的时候看我吃得少,校长很担心地询问是不是饭菜不合胃口,还关心地询问我家里的情况。吃过饭之后我们返回了我的"家",打开门的一刹那,我看到校长在为我打扫房间,眼眶又一次不自觉地湿润了。怕我第二天没办法吃饭,校长还特意为我买了面包和咖啡。后来我了解到校长一家在当地是非常富有的人家,可是他们却非常平易近人,对我更是照顾得无微不至。

次日,我便在校长的带领下与我期待已久的老师们还有学生们见面了。校长向我一一介绍学校老师,我用不太标准的蒙语跟他们打招呼,他们每个人都过来跟我拥抱,有的甚至还会亲吻我的脸颊。说实话,我当时感觉他们打招呼的方式很别扭,当他们亲吻我的脸颊时我感觉非常不适应,中国人比较含蓄,拥抱性的见面方式可以说是很"开放热情"了。这也是人生中第一次经历这样的见面方式。

主管教学的是一位非常和蔼可亲的妈妈辈女校长。她每天总是第一个到学校,最后一个离开学校,每天早上都会在学校门口,向老师同学们说"早上好",让人不禁为她的亲切和执着感动。作为一校之长,她凡事都亲历亲为,坚持做着最平凡的小事,展示着最令人感动的尊敬。每次见到我,她都会给我一个热情的拥抱并跟我说"我爱你"。当一个人面对陌生环境时,感情难免会变得脆弱,即使是一件很小的事有时都会让自己感动得泪流满面。

文化差异篇

蒙古跟中国虽然同处亚洲文化圈,但是生活方式仍存在很大的差异。

时间观念。中国人时间观念比较强,一般都会准时准点到达或是提前到达,蒙古人在这一点上跟中国人完全不同,比约定时间晚一两个小时都是很正常的事。记得我第一天要去学校时,校长告诉我早上七点在我家楼下等,按照中国人的思维习惯,我六点五十就下楼等了。蒙古当时已经是冬天,早上非常冷,结果校长七点五十左右才过来接我,足足晚了近一个小时。

饮酒。蒙古人喜欢喝酒,而且特别擅长喝酒,可能跟严寒的天气有关,需要借助酒精来取暖。走在蒙古大街上,无论白天黑夜,随处可见酒鬼的身影。蒙古人不仅自己喜欢喝酒,还喜欢劝酒,这也许是他们表达感情的一种方式。记得刚来的时候还被他们灌醉过。蒙古人敬酒的方式是所有人用一个杯子轮流喝,我们学校就经常出现这种情况,所有人用一个酒杯喝酒。

工作与休息。我所在的城市是蒙古国第二大城市,这里的生活方式相对比较慢。商店一般上午十点钟以后开门,诸如银行、学校之类的周六周日都处于休息状态,就连医院周末都是不开门的。刚来的时候,我们并不了解这些情况,经常起得很早去买菜,生怕如果晚了就买不到了,通常最后都是以回去睡回笼觉而告终。而且,如果周六周日出现了生病需要看医生的情况,那就非常麻烦。

教学篇

我所在的学校是一所私立学校,第一年开设汉语课,共有九个年级,每个年级只有一个班,班级学生也很少,最少的班级只有三个学生,最多的班级人数也不超过15人。学生完全零基础,但他们很好学,将近一年的时间里我带着他们感受中国文化、中国美食,还有一位学生获得了中国汉办"汉语桥"蒙古赛区优秀奖荣誉。见图3-70。

当我第一次走进教室的时候,看到他们一双双好奇的眼睛,感觉他们对中国的一切都感到好奇。他们会抢着要跟我拍照,会满脸疑惑地打量着我的一举一动,我第一次真真切切地感受到了作为一名汉语老师的喜悦与责任,我明白我的所作所为都会是他们看待中国的一面镜子。上完第一节课之后,学生很远看到我都会主动跟我说"你好",还会发短信说"wo ai ni",上完课后亲吻我,让我非常感动。还记得有一次上完课之后,11年级的一位女生在我脸颊上亲了一下,我当时兴奋了好几天,后来我的蒙语老师告诉我,这是学生表达对我的喜爱的一种方式,听到这句话之后,眼眶又莫名地湿润了。

蒙古学生与中国学生无论在学习动力还是学习态度方面都有很大的不同。这可能与蒙古人口较少,学生升学就业压力相对较小有关。就我们学校来说,学生每天只上半天课,没有所谓的早晚自习,也不会去上各种辅导班,学业很轻松。见图3-71。

图3-70　指导学生获奖

图3-71　学生的作业

学生缺课现象比较严重,每节课都会有学生因为各种各样的理由不来上课,而学校对这种情况并不是很重视。后来了解到蒙古的学校大都如此。开始的时候我对这种情况感到很生气,记得有一次11年级的课,课备得很充分,要讲的内容也比较重要,可是去上课才发现,只来了三分之一的学生,课堂活动根本没办法开展。蒙古学生上课比较活泼,课堂一般都比较活跃,上课走动甚至打闹情况都会出现,所以维持课堂纪律要花费的时间与精力都很多。

再见篇

有人说,爱上一座城,大抵是因为那里有自己喜欢的人或一去不复返的青春。八个月,说长不长说短也不短,期间无论有多少的挫折与无奈,多少的酸甜苦辣,到了要说再见的时候,记忆仿佛被过滤了一样,想起的全都是美好。不得不承认,八个月的时间,我爱上了这座城,爱上了这里的天空,爱上了我的学生。希望每天都听到他们对我说"你好",希望看到他们的汉语水平一点点进步,希望他们有一天会到中国去。在写这篇文章的时候,距离离开的时间还剩下三周,我不知道真正要离别的时候自己会是什么样的心态,也不敢想象离别时到底会是什么样的场景,我只希望好好珍惜剩下的这二十天时间。

"多情自古伤离别",还记得每次上完课或者放学时都会跟学生说一句"再见",可到最后却害怕说再见,因为害怕再也不能相见。如果真到了要说再见的时刻,不管以后能不能再见,都希望我们能笑着对彼此说一句"再见"。都说再见是为了更好的相见,不管是不是安慰,真心期待着有一天能与你们"再见"。

(作者简介:周丽萍,平顶山学院文学院 2015 届对外汉语教学专业毕业生,蒙古额尔登桑中学汉语教师志愿者。)

案例9:汉教经历回望

张嘉宾

时间如流水般匆匆走过,回望做汉语教师的种种经历,已是 3 年之前了。

赴任前

2016 年 4 月本科还未毕业,因为想更好地历练自己,探索更多未知,我报名参加了国家汉办的汉语教师志愿者项目,因为并不是科班出身,考虑到蒙古国汉语教师志愿者需求量还比较大,我选择了去蒙古。通过考试后,我参加了在吉林大学举行的为期一个半月的教师志愿者岗前培训。培训的内容多样而全面,包括语言教学、文化教学、蒙古语、中华才艺、志愿者精神、自我保护、蒙古国国情、赴任准备等各个方面。同时,国家汉办为志愿者提供的住宿、饮食条件都很不错,为我们解决了后顾之忧。培训生活是充实且有效的,语言文化教学能力培训,学员们轮番进行了试讲,老师、同学们也会相应进行评讲。试讲过后,感觉自己离汉语教师这一身份近了许多。

培训结束,已经是 8 月 10 日了。8 月中旬到 9 月初的半个多月,我忙着办理、筹备赴任的各项手续、物资,同时心里也时不时担心着未来的教学生活。跨文化交际能不能进展顺利呢? 学生不好好听课怎么办? 语言不通,交流障碍太多怎么办呢? 培训时国家汉办发的一本《光荣岁月》,我时常拿来翻看,里面是前几任蒙古国的汉语志愿者老师写的志愿经历,包括蒙古人、蒙古学生的特点是怎样的,他们在教学、跨文化交际中遇到了哪些问题,采用了何种方式方法解决了这些问题,等等。这些对我启发很大,消解了我赴任前的许多焦虑。

初到蒙古

我任教的学校是位于蒙古国首都乌兰巴托市一区的陶利特中学。学校安排了本土汉语教师在乌兰巴托机场迎接我们。这位老师在东北师范大学读的汉语国际教育硕士,口语较好,所以我们之间交流还算顺畅,没有任何初入异国的陌生感。这位老师将我们送到住处,带我们购买了生活用品,熟悉了学校环境和我们住处周围的环境。住处附近的超市水果、蔬菜品类还算丰富,国内吃的家常菜食材都可以买到。日常用品、食品,国内有的这里很多也都有。学校为确保我们的安全,安排我们两位汉语教师和一位历史老师一起住。这确实使我们安心了不少。赴任之前,心里有所准备,蒙古毕竟是发展中国家,住宿条件可能不会太好,真正到了这里,感觉比预期的还要好一些。安全、干净,用水用电充足,也知足了。

本土的这位汉语教师也是刚读完硕士毕业回国任教,心里对中文教育很有想法。我们到蒙古的第二天,老师和我们说明了学校和学生的大概情况。我所任教的陶利特中学是一所私立学校,来这里上学的学生家庭条件整体相对较好。学校尽管校园不大,但环境还算优美;设施完善,每个教室都装有电视,可供连接电脑进行多媒体教学。学校上课与国内基本没有差别,但长期观察会发现他们更加注重学生的动手能力。学生从六年级开始学习汉语,汉语课一周四节,是必修课,期末会进行正式的考试。因为课时较少,所以只开设汉语综合课,听说读写的任务都在综合课里进行。学生使用的教材是《跟我学汉语》,学生手里只有教材,没有练习册。本土老师申请了专门的汉语教室,国家汉办赠送的各种语言文化书籍、词典还算充足。每个年级有 A、B 两个班,A 班水平整体高于 B 班,每个班的学生在 15—20 人。但每个年级的学生汉语水平参差不齐。本土老师认为我们需要出一份学生水平测试卷,大概了解学生处在什么水平,以便可以进行针对性的教学。我们学校要求老师在学期之前,拟定一份教学计划和教学大纲。我们分析了学生上学期期末的考试卷,根据往年的教学大纲,每个年级新拟定了教学大纲和教学计划。两天里快速地将这些工作做完,之后就是去到学校给学生进行水平测试了。见图 3-72。

图 3-72 学生在课堂上学习汉语

课前测

第 1 节课是以考试的方式进行的。我进到教室里,跟学生进行了简短的自我介绍之后就开始进行考试。监考的同时,我悄悄地观察了学生们。赴任之前,我对蒙古学生的特点就有所了解:蒙古学生不太好管,他们活泼好动,活力十足,不喜欢枯燥说教,灌输式的教学,更喜欢趣味化的教学,但对于老师还是比较尊重的。第一节课就考试,学生是有点怯,一个个表现得挺乖巧。我明白,之后要进行有效的课堂管理,就必须在第一节课树立好课堂规则,树立好威信。看着孩子们的脸,我心里不禁设想之后会是怎样的斗智斗勇……考试结束,我们拿着卷子到办公室改。或许因为过了一个暑假,以前汉语课学的东西孩子们忘得差不多了。一个班的学生水平差距也很明显。学生们成句表达、汉字书写能力都很欠缺;语音上,舌尖前音后音、舌面音和舌尖音、前鼻音后鼻音分不清楚。为了让之后的教学更有针对性,我们根据学生的考试表现修改了部分的教学计划和教学大纲。作为一名汉语教师志愿者,被国家派出,肩负传播中华优秀传统文化、推广汉语的使命。此时的我,心里暗暗下了决心,希望能够通过我的努力,使学生们的汉语成绩能有所提高。

第一课

第一节课是师生互相了解的开始,也是学生对教师教学风格了解的重要开端,其重要性不言而喻,所以我和我的伙伴都很用心地准备第一节课。因为两人都是新手,所以我们决定用集体备课的方式,讨论进行,集思广益。

事实证明,这样的方式也确实较好。我们确定这一节课的目的主要是:①师生认识,给学生留一个好印象;②让学生对以后的课充满兴趣,提高他们的学习积极性;③树立好老师威信,课堂规则,学生形成规则意识;④介绍几个常用的课堂用语。根据这样的目标指引,我们设计了各个教学环节。保险起见,我还特意写了逐字稿。第一节课,我们带着兴奋和期待走进了教室。孩子们一个个也挺兴奋、热情。我因为有过上讲台上课的实习经历,所以站在讲台上的那一刻并不畏惧。事实证明,老师越自信,学生也越配合。第一节课,我首先介绍了我自己,然后让学生排火车做自我介绍。学生们还算大胆,基本都从容地进行了自我介绍。五个年级段,六年级是零基础,学生们都没有中文名字;其他年级段的都可以说出自己的中文名字。之后,我根据学生的蒙古语名字的语音给孩子们起了一个个汉语名字,汉语用字也尽量用意义较好、较易书写的字。

相互介绍完毕,我向同学们述说了我初到蒙古的心情(本土老师在旁边帮忙翻译),说明了蒙古给我留下的好印象。这一点也拉近了我和学生之间的距离。汉语教师在异文化国家进行教学的时候,要对这个国家的文化、人民保持尊重的态度,跨文化交际才能更加顺利。接着我介绍了一下中国比较亮眼的点,包括著名景点、建筑、城市、名人等,在孩子们眼中,我看到了他们对中国的向往。这里我有一个心得:老师在介绍中国时的心态一定要平和,不卑不亢,不要有炫耀的姿态,也不要过分揭短。这样学生会更加容易接受。其实现在的互联网如此发达,蒙古学生用 Google(谷歌)等各种工具也能了解中国,但信息难免有偏差造成一些误读,我介绍的目的也是希望学生们能够了解到真正的中国,给他们留下一些好的印象,以便于之后教学的顺利开展。

1 节课 40 分钟,师生认识 8 分钟,介绍中国 12 分钟。之后就是进行课堂规则的介绍。因为早已了解蒙古学生较为活跃,如果老师的课堂管理能力不得当,课堂容易失控,被学生带跑,所以我是十分重视课堂规则的制定。制定的课堂规则中包括学生不能做什么,例如上课不能乱跑,如果乱跑会有怎样的惩罚(扣分);也包括提倡做什么,如果做什么会有怎样的奖励(加分)。奖罚分明,学生才不会压力太大。学生们累计的积分可以换取我从中国带来的一些小礼品。同时每一个班上我也挑了一位较为积极的同学,担任计分委员。(这个方法一定程度上是有效的,但之后也涌现出其他的问题,例如学生过分在意分数;计分委员忙于计分,影响听课效率;等等。)在本土老师的帮助下,同学们基本明确了各项规则。我也跟学生强调,规则制定了就一定会严格执行。这一点至关重要,很多时候,老师会觉得学生第一次犯错,下次做好就可以,那其他学生也会尝试这第一次。老师定好的规则不去执行,学生就会认为这些规则是无效的,不会去认真遵守,那老师之前的一番功夫也就白费了。规则讲完,我带学生学习回顾了几项常用的课堂用语,例如"一起读""跟我读"等。六年级零基础的学生完全是记忆声音;其他年级段的学生听到这些课堂用语也很陌生,需要重新讲解,可见前任老师在课堂用语这一块并没有要求学生,之后我要多教给学生一些课堂用语了。课堂用语每节课都会重复,使用频率较高,所以我认为应该教给学生,让学生适应汉语教学模式。几个课堂用语讲练完,差两分钟就要下课了。我带学生稍微回顾了下课堂规则和课堂用语便下课了。

教学中存在的问题及改进措施

回望 2 年的汉语教学历程,在教学上我遇到了大大小小的问题,也因此获得了许多教训和不成熟的经验。语言课的目的在于让学生能够使用这种语言进行交际,这个目的是明确的,可是在我真正开始教学的时候,因为教学进度和自身教学经验不足等原因,教学过程开始慢慢脱离这一目的。学期过半,我发现学生开口仍然是简单的基本用语,学到过的句式,例如"把字句"学生依然不会使用,或者尽量回避使用。同时学生的发音上也存在很大的问题,声调以及个别声母说得很不准确。

我对这一问题进行了反思。之前为了追赶教学进度,减少了课堂上学生练习的时间,而课下也没有给学生留表达操练的作业。因为学生书写认读汉字的能力较差,我给学生留了一定的汉字抄写作业,每节课之前还设置了汉字听写(而事实证明这样的方法效率也是不高的),学生汉字书写比较之前是有进步,但识字量、听到某个字便能书写的数量还是很有限的。同时,课堂上的汉语输入也不够,对学生的接受能力不够自信,总担心全汉教学学生听不懂,于是就过多地使用了媒介语。本身学生就处在非目的语环境中,较少有机会和中国人交流。我在课堂上不当地使用媒介语,更减少了学生用汉语进行交际的机会。六年级班上有一些积极开朗的同学,很喜欢学汉语,所以下课总会跑到汉语教室找我们中国老师交流,而我也忽视了此时提升学生口语交际能力的机会,不当地使用了较多的英语或蒙古语。

发现了问题之后,我尽力地调整了原来不当的教学和交流方式,课上课下适量地加大汉语输入,适当地减少汉字抄写的作业量,有些汉字要求学生会认读即可,作业中适当增加了听说的比重。例如,我让学生都加了我的联系方式,留的一项作业就是读课文中某一段,然后语音发给我(学生一般都有手机)。或者让学生用我们学过的生词编对话,两两交流,第二天抽查。做了以上的改进措施后,学生的口语水平确实是有所改善。

在蒙古的第二年,在本土老师的建议之下,我们对《发展汉语》这套教材进行了简单的考察,让学生使用了《发展汉语》这套教材。而深入地让学生学习后,我们才发现,这套教材对学生来说较难,它练习题虽丰富,但难度较大;课文篇幅较长,生词量大,一个学期学不了几课。读研时,学校设置了对外汉语教材分析课,有关于这套教材的评介,国内高校的留学生使用这套教材的较多,他们在目的语环境之下学习汉语,是可以适应教材难度和容量的。但在这里,根本不适合我们的学生用。使用不合适的教材,我们学生的学习效果也不好。可见,教材适合学生的水平和特点是多么的重要,因为我们是教学生汉语,而不是教学生教材。随后,我们对教材内容做了一些取舍,难度较大的内容跳过不讲,同时也增加了一些适合学生水平、能够训练学生听说能力的内容,学生的学习效果有所改善。

跨文化适应和交际

赴任之前,我翻看了跨文化交际的相关书籍,学到了一系列顺利进行跨文化交际的方法建议,也仔细地了解了蒙古人的一些文化禁忌。这些都为我之后的生活教学提供了帮助。如何顺利地进行跨文化交际,书中给出的建议很有用,而两年的跨文化交际生活,让我在实践中也获得了更多新的认识。

我所在的学校和中国的学校上课时间点不太一致。学生一般是上午8点上课,40分钟一节课,课间休息5分钟,一般连着上6节课,一天的正式课程就结束了,之后就是个别的课下辅导。下午4点,基本上学校就没什么人了。我和另一位中国老师下课后,改改作业,在教室备备课,总是在汉语教室待到晚上才回去。校长和其他老师经过我们办公室的时候有时会过来简单地问候我们一下。只是我们两人的蒙语有限,听不太懂老师们说什么。任教两年,我和另一位老师都是如此。也因此,学校的校长老师们都认为我们是很认真负责的好老师,对我们印象很好。平时在学校也好,与老师们参加学校举行的活动一起出游也好,总是很和谐的,没有出现过任何问题。学校每学期检查教师工作的时候也很顺利,校长和教导主任会夸我们汉语老师很认真。我想大家虽然语言不通,但行为是看得见的,学校看到你为学校、为学生真诚付出，他们也是会心存感激和尊重的。

与学生的相处也是如此，大家语言不通，但学生能感受到你真诚的尊重与关怀，彼此之间因为语言而产生的隔膜就会逐渐化解，你的教学与跨文化交际也会更加顺畅。正如中国的一句俗话所讲的那样"人心都是肉长的"。有一次，11年级的学生在汉语教室上课，因为汉语教室较小只有两排课桌，而我要赶在上课前把作业发给学生，顾不得太多就站在教室的前面一个一个地发作业，座位离得稍远的就直接把作业扔给学生了。一般我发作业的时候都会就每个人的作业做一个简单的反馈，例如"作业做得很好"。这一次，我也是一边"扔"给学生作业，一边反馈"非常好"。把作业"扔"给学生这个行为其实在蒙古人看来像是在粗鲁无礼地给乞讨者施舍东西，一般是避讳的，而我提前并不了解这一点。但学生们并没有误解生气，一个很积极的学生跟我说，这个行为在蒙古好像是给乞丐丢东西，但老师嘴里还在夸奖学生的作业，学生们很奇怪但也觉得很有趣。学生们是友善的，他们没有误解，我想一部分原因也跟我之前对待学生的方式有关。我喜欢和学生相处，对待学生们尽量友善，没有差别（至少在我看来），学生有问题我尽量帮忙解决。我私心认为，学生跟着老师上一段时间课，就会清楚老师的，即使老师有偶尔冒犯的行为，学生也不会轻易地产生误解。我认为，语言不通、文化相异，这是必然存在的。只要汉语教师在与异文化的学生、同事相处时，捧着一颗真诚、善良的心，有清楚的底线，就会避免很多问题。

未来的选择

两年的志愿者经历是宝贵的。其间经历的种种，开心或者难过，都融在了我的骨血里，造就了现在的我。时不时地也会想到：初到蒙古时，我和伙伴去市场上买东西，因为语言不通，用手向卖家比划的有趣场面；自己尝试做出第一顿饭，烧出来的菜还不错的欣喜得意；辅导学生参加孔子学院举办的比赛，学生在台上精彩地表演，我在台下又激动又欣慰，最后学生拿到一等奖，我兴奋到喊出来；上课时，学生太吵，怎么说都没用，布置的作业，只有三分之一的学生完成让我气到崩溃，却还是撑下来；教学生学中文歌，学生从不会到能整首歌唱出来；上课时，自己的教学被本土老师指出一堆问题的难过失落；上课前、教师节、生日时，收到学生送来的小小礼物和贺卡时的暖心；圣诞节和老师们一起参加聚会，被热情的老师们劝酒的无奈与苦笑……

如今，我研究生临近毕业，再回顾在蒙古的这两年，依然不后悔当初的选择。虽然研究生读的是汉语国际教育专业，但因为种种原因，我没有选择继续从事对外汉语教师这一职业。我选择了做国内中小学语文老师。相较于对外汉语教师,它的需求量大、稳定性强,且可以借鉴学习的资源也较多。但无论做什么老师,热情、耐心、爱心都是必需的,我将会带着这些,努力成为一名优秀的语文老师。

(作者简介:张嘉宾,平顶山学院 2016 届汉语言文学专业毕业生,2016—2018 年赴蒙古乌兰巴托市陶利特中学任汉语教师志愿者。)

第三节　国际中文教师跨文化适应能力案例分析

通过前文 9 个案例的分享,下面对这些案例所表现出的国际中文教师跨文化适应能力进行分析。

一、文化知识方面

(一)准确把握中华优秀传统文化

1. 注重中华优秀传统文化知识的广度

案例 1 中的教师也就是本书笔者一直热爱博大精深的中华优秀传统文化,通过备考国家公派汉语教师以及派出之前的集训,又进一步增强了笔者对中华文化了解的广度和深度。来到美国特洛伊大学孔子学院之后,笔者能结合教学内容,深入浅出地介绍中华优秀传统文化,同时注重趣味性,尽量使学生了解中华优秀传统文化的精髓。比如在传统中国节日——春节、元宵节、中秋节和端午节等节日到来之际,笔者精心准备教学内容,图文并茂地给学生讲解,同时注重介绍文化现象背后的中国人的价值取向。举个例子,在讲中国春节的时候,讲到尤其是北方人喜欢贴窗花,即使是在并不富裕的农村地区,家家户户都会剪喜字、贴窗花。学生能明白这是装饰房屋、体现过节气氛,但笔者会进一步解释:贴窗花还表达了中国人对生活的热爱,对美好生活的向往和追求。看到学生点头认同,笔者也非常欣慰。笔者认为,传播中华优秀传统文化,要注意把文化背后所蕴含的中国人的精神和观念介绍清楚。打铁还需自身硬,这就需要国际中文教师在中华优秀传统文化的精髓方面要有正确的把握。

案例 2 中赴老挝志愿者胡梦丽面对老挝学生由"周先生和周太太"而引

出来的文化观念问题,她积极准备相关文化课,从中国汉字"妇""妻"的甲骨文讲起,让学生了解了中国女性的历史地位,再结合现代社会女性地位的变化,让学生消除了对这个文化现象的误会,达到了文化传播的目的。

2. 正确宣讲当代中国

讲好中国故事,并不是只讲"好"的中国故事,而是要向外国人客观、公正地介绍全面、立体、真实的中国,不卑不亢,做一个真正的文化使者。记得有一次,笔者应学生歌莉娅(Gloria)的邀请去她家做客,笔者感到非常高兴,因为在西方文化中,家是非常私密的地方,主人能邀请客人到家里做客,是非常高的礼节。笔者准备了中国结等小礼物,着装得体,并准时赴约。

饭后在和歌莉娅一家人聊天的时候,她姐姐面露难色,试探性地问笔者一个问题:"你们是社会主义国家,你们怕你们的政府吗?"虽然有些意外,笔者稍微整理了一下思路,就从容地答道:"我们并不害怕我们的政府,相反,绝大多数中国人非常支持政府。哈佛大学有一项连续13年的调查,结果显示90%的中国人信任他们的政府,这是网上公开的数据。另外,中国是世界上非常安全的国家之一,在绝大部分城市和乡村,普通老百姓晚上出去散步不用担心治安问题。"她姐夫在一旁看不下去了,对她姐姐说:"我们应该问一下我们是否害怕我们的政府。"事实上,由于美国媒体的失真报道以及美国南部相对保守的观念,当地很多中老年人对中国了解很少,尤其是现代中国。而国际中文教师可以担当"民间大使",多向他们宣传客观、真实的中国。

(二)充分了解外国文化

1. 尊重外国文化和人际交往模式

笔者虽学习英语多年,但语言背后的文化只是通过书本和影视作品了解。"纸上得来终觉浅,绝知此事要躬行",笔者真正踏上美国这片国土的时候,感觉对其文化的了解才刚刚开始。所以从一开始,笔者就抱着学习的态度,把生活当教材,认真观察,勤于思考,留意身边的每一件事,及时总结归纳习到的异域文化,并尊重当地的风俗习惯和风土人情。比如,笔者和同事到特洛伊后第一次去餐馆就餐,由于不知道西方餐馆(不是快餐店)不可以直接落座,需要服务生引领,笔者几个人还像在国内一样,直接找个座位就坐下了。服务生是一个中国留学生,可能也看出来了笔者几个人是初来乍到,就委婉地提醒"在美国餐馆就餐,需要在接待台等服务生安排座位"。笔者几个人也觉着不好意思。这虽然是个小事,但要入乡随俗,就需要尊重、了解所在地的饮食文化和风俗习惯。另外,笔者刚到特洛伊的时候也被上一年赴任的同事告知,在美国学校工作,需要每天换衣服,周一到周四不穿牛仔裤,笔者也很注重这些细节。

案例2中赴老挝志愿者胡梦丽,面对班里一个女生几乎每次上课都会给她送小礼物,感到很不好意思。于是她按照中国人的方式婉拒了这个女生,让她不要再带礼物了,结果后来得知这个女生认为胡老师不喜欢她了,胡梦丽问了老挝同事才知道老挝人的交往习惯和思维与中国人不太一样。弄清了缘由之后,胡梦丽及时和这名女生解释并澄清了误会。这个小故事也体现出尊重外国文化和人际交往模式的重要性,这也有助于志愿者提高其跨文化传播的能力。

案例9中赴蒙古志愿者张嘉宾,有一次发作业时因为离学生座位较远,就把作业"扔"给了学生。这在中国无可厚非,但在蒙古文化中,"扔"作业非常粗鲁无礼,好像是给乞丐丢东西。该志愿者并没有意识到这一点,后来在和学生沟通后意识到了,并及时解释,学生也没有误解生气。

2. 了解所在国和所在学校的教育体制

笔者在赴任之前的集中培训中了解到,到任后一定要了解目的国和所在学校的各种规章制度。比如美国教育体系中,教师和学生不可以有身体接触;男教师在办公室,若有女生进来,不可以关门,等等。笔者来到特洛伊大学孔子学院第二天,观摩孔子学院院长上的课外中文课。学生来自K—5年级,课堂上,一个大约一二年级的男孩突然打断院长,问道:"为什么俄罗斯恨我们?"笔者感到很惊讶,因为这种情况在中国小学课堂上几乎碰不到。院长并不惊讶,温柔地回答道:"这个问题回去问你的爸爸妈妈好不好?我们先回到中文课堂好吗?"巧妙地化解了这个尴尬,那个男孩也不再问了。下课后,院长告诉笔者等几个新到任的老师,在课堂上避免谈论政治等敏感话题,需要灵活处理。

案例3中赴泰志愿者谷伟伟刚到任后,及时了解所在学校的各种情况,泰语本部和国际部的区别以及相关管理规定等。面对21个班级的授课任务,她根据年级的不同采取不同的教学策略,达到了不错的教学效果。在她留任的第二年里,教学方法也更加灵活和游刃有余。

还有个案例是，一个赴泰汉语教师志愿者为其指导的泰国学生支付医药费并给了学生一些钱。但后来本土同事告诉该志愿者这样做不妥当，原因一是可能会伤害学生自尊心；二是会让学生形成习惯，认为这是应该的；三是贫苦的学生太多了，老师是资助不完的，偶尔赠送一些物品还可以，有时候学生还会不珍惜和不感恩；四是这不是外国老师的职责。该志愿者意识到了这个方式在泰国的教育理念中是欠妥的。

二、跨文化交际意识方面

(一)具备跨文化交际的知识

国际中文教师在了解中国文化和赴任国文化的基础上，还应该具备一定的跨文化交际的知识和能力。举个例子，笔者在多森的时候，认识了一个来自河南洛阳的华裔老太太，她的大儿子早期来美读书，然后在当地医院工作。她告诉笔者，来美国这么多年，她最不能接受的文化差异是美国人的家庭观念。她说她的小孙子上幼儿园的时候，有一次老师让画一幅画，主题是"我的家庭"。她的孙子画了奶奶、爸爸、妈妈和姐姐，结果第二天老师告诉她孙子，这是错误的，奶奶不是你的家人，你可以把家里的狗画进去。这个老太太无奈地说："我带了这么多年的孙子，结果连狗都不如。"这件事给笔者的思考是，中美家庭方面的文化差异很大。美国人结婚后是不和自己父母住在一起的。而中国人自古就有"四世同堂"的传统观念，认为这体现了"孝"文化。另外，美国人把狗和猫等宠物当成家庭成员，而在中国文化中，狗是家畜，更多发挥着看门护院的作用，谈不到"家人"的程度。所以，笔者也能理解，为什么这位老太太的大儿子收入颇丰，住着带游泳池的豪宅，但他的母亲却住在老年公寓。这个事在中国人看来，是不孝；但在美国人看来，是很正常的事情。

(二)具备跨文化交际的意识

案例4中赴泰志愿者王清英对跨文化的态度是"积极融入、主动改变"。初期令她最困扰的是跪坐，在长辈、领导、老师面前不能站立或坐着，需要跪坐在左前或右前，进行谈话交流，这在国内是没有的事情。但她能够自己进行调节疏导，慢慢地接受了泰国的这一文化习俗，做到"入乡随俗"。案例6中赴泰国志愿者周绘是个非常细心的人，除了着装按照当地要求认真准备外,她还注意到并总结了其他泰文化:女性不能碰和尚、喝汤不能端起碗、不能碰小孩子头,以及泰式火锅的吃饭礼仪,吃完菜不能叠空盘,要求较多的坐姿以及算分规则,该志愿者对文化差异的敏感性较强。另外,不少赴泰志愿者觉得跟泰国人好好相处的最好方法就是"积极融入",勇敢,大胆,自信。案例8中赴蒙古志愿者周丽萍在时间观念、饮酒以及工作和休息几个方面介绍了她眼中两国的文化差异。蒙古人的时间观念不强,喜欢饮酒。

三、环境适应能力

泰国是热带国家,而赴泰志愿者一般是5月份派出,这正是泰国高温闷热的季节。另外,泰国饮食"无辣不欢",当地人吃水果时也要蘸辣椒面等,这让很多初到泰国的志愿者老师不太习惯,需要尽快调整、适应,以便精力充沛地投入工作中。案例4志愿者王清英刚赴任时,因为饮食不适应一个月瘦了8斤,经过一段时间,竟然"爱上了泰国美食",适应了环境。

案例5中赴尼泊尔志愿者刘蔷薇,刚赴任时面对尼泊尔的"慢速度"、尼泊尔式英语、各种咖喱味的食物、每条都类似的街道,充满好奇和探究的眼神,这些都需要她独自一人去面对。但她很快适应了当地环境,并感受到了当地人的温暖和热情,这也使她心态平和,充满幸福感。这种环境适应能力有助于国际中文教师提高工作效率和质量。

可以看出,案例中不少志愿者能够主动加强跨文化传播理论知识的学习,争取更快适应和熟悉新的文化环境,降低环境改变可能给教学工作带来的负面影响,从而有利于更好整合周边资源,更有利于文化传播工作的开展。同时,志愿者能够正确对待文化差异,能以更加主动的心态进行文化的沟通与交流,深入了解当地的民族风俗习惯、宗教信仰、禁忌等。总之,对其他民族文化越尊重,对待该国文化的态度就越积极,进而就能更好地利用当地的资源,传播中国文化,传递中华民族文化精神价值观。

第四章 国际中文教师跨文化交际能力及案例分析

本章首先分析国际中文教师跨文化交际能力的概况、跨文化交际能力和文化冲突、跨文化交际能力存在的问题，然后结合孔子学院教师和汉语教师志愿者的案例进行分析。

第一节 国际中文教师跨文化交际能力概述

一、定义和内涵

跨文化交际能力指的是能够处理好文化差异、文化陌生感、本文化群体内部的态度，以及随之而来的心理压力等跨文化交际中关键性问题的能力。相关研究侧重于人际交往层面人与人之间言语行为的接触，强调通过运用交际技巧和方法以适应交际对象、异质文化。如果说汉语教学能力是核心、是硬实力的话，那么跨文化交际能力就是"巧"实力。实际上，国际中文教师在国外进行汉语教学与文化的传播过程就是一个跨文化交际的过程。硬实力需要巧实力配合，即汉语教学能力的高效发挥离不开跨文化交际能力发挥出的催化和润滑作用。因此，如何进一步培养国际中文教师跨文化交际能力，进而提高跨文化传播能力，是当下作为中华文化传播载体的国际中文教师急需解决的问题。

跨文化交际能力包括汉语教学能力和文化推广能力。在教学方面，一是表现为外派教师具备扎实的汉语教学的基本技能，包括语音、词汇、语法等语言要素教学和文化教学的技能；二是海外汉语教学的特殊技能，即在特定异文化环境中对原有的教学手段和方法等进行调适，为异文化群体所接受，更适应当时当地学生的具体情况，以取得理想的教学效果；三是具备良好的文化推广能力，包括课内外文化活动策划能力，在异文化环境中的宣传能力、组织能力，等等。

二、跨文化交际能力是国际中文教师跨文化传播能力的重要体现

在海外传播中国文化,必然会经受文化环境的改变,特别是文化冲突产生的不适应,感到不被接纳,尤其是对于首次出国工作的国际中文教师来说,这种情况将会直接影响其汉语教学工作。因此,需要培养国际中文教师跨文化交际能力,以顺利完成跨文化传播的任务。

国际中文教师在异质文化中传播汉语及中国文化,需要在双重文化的碰撞中达到彼此的协调、融合,从而实现有效传播,让世界了解中国,更好地塑造中国形象。除了在课堂上以汉语为主要载体的文化导入外,他们在课外的各项文化交流活动、与所在国家各个部门甚至普通民众的接触与交往中,其作为传播者的身份无时不在。海外的跨文化传播兼有人际传播、组织传播和大众传播的特点,国际汉语教师不仅要实现有效的人际传播,还应当借鉴组织传播及大众传播的模式和方法,积极开拓多种传播渠道,达到传播效果的最大化。

第二节　国际中文教师跨文化交际能力与文化冲突

国际中文教育是一项有关跨文化交际的活动,文化冲突在国际中文教育中的出现,不仅仅体现了交际双方文化的差异与摩擦,它更是为彼此提供了一个可贵的契机,促使双方发现文化差异的存在及承认摩擦的不可避免性,进而不断了解对方的文化及社会背景,逐渐提升自我的跨文化交际敏感度和跨文化交际技能,以达到双方相处共融的最佳状态。

一、文化冲突对国际中文教育的正面影响

国际中文教育离不开融洽的师生或生生关系、有效的课堂教学以及高素养的汉语教师和包容性强的学生。

首先,文化冲突的出现很容易影响和疏远师生或生生间的关系,但也正是文化冲突才可能让双方之间的关系变得更加紧密融洽。教师和学生在遇到不同文化的碰撞后,教师心生疑惑,学生表现出不满,继而可能促使各自进行学习反思,寻求矛盾的根本原因。在找寻原因的过程中也是双方各自深入了解对方文化背景的过程,待说明误解、冲突化开后,师生间会因为进一步的了解关系变得更为和谐。而不同文化背景的汉语学生多多少少也会

出现摩擦,文化冲突也同样促使他们进行反思。

其次,文化冲突还有利于汉语课堂教学效果的提升。课堂上的冲突可能让教师不得不反思如何寻找更为有效的教学方法和更恰当的教学内容。世界各地都有汉语学习者,各地的学习者都承载着本民族的价值观和思维方式。最快的教学方法并不是最好的,最合适该国家学习者的才是最有效的,这将能促进教师根据实际情况制定教学计划,从而提升教学效果。在内容的选择上则应尽量避免该民族的禁忌及敏感话题等,确保内容的合理性及实用性。

最后,在文化摩擦的不断冲击下,汉语教师将努力提高自己的素养,而汉语学习者将能够更快地意识到自我跨文化交际能力的不足,并及时地进行适当调整,能够逐渐树立起多元文化共同发展的意识,形成包容的态度。文化冲突促使汉语教师建立起更加敏锐的跨文化意识,能够更为有效地与不同背景的汉语学习者沟通,从容应对跨文化交际中的误解和冲突,保证汉语教学的顺利开展。它还使得汉语教师建立起包容、尊重的文化态度,提高文化适应能力,从而赢得他人的尊重和信任,使海外汉语学习者对中国教师拥有好的印象和看法。多元文化意识的形成能让汉语学习者学会正确地看待及评估中国文化,抛开偏见和民族中心主义,这对于汉语的学习、中华优秀传统文化的传播无疑是积极的。文化冲突还可以给学习者带来挑战,这种兴奋感,可能促使学习者对汉语学习产生更加浓厚的兴趣。

和谐的师生关系、有效的课堂教学以及高素质、包容性强的师生不仅有利于汉语的学习和吸收,也得以使中国优秀的文化远播海外。这些为国际中文教育事业的推广建立了稳定有力的基础,也是汉语教育事业推广至全世界的不懈动力。

二、文化冲突对国际中文教育的负面影响

在跨文化交际中,双方如果能将文化冲突很好地利用和转化,将能产生积极的效果,对国际中文教育也能产生正面影响。但很多情况下,人们并不能很好地处理这种不同文化背景下的冲突,所以势必给双方带来消极反应,也影响着国际中文教育。

首先,文化冲突会影响师生间的关系,原本和谐、融洽的师生关系或多或少会因为文化冲突而产生隔阂和间隙。在文化冲突中,教师可能对学生产生不满或厌恶的情绪,认为学生很没礼貌,一点都不尊重师长,从而放任

不管。而学生可能对教师也没有好印象,认为这是一个不友善的教师,从而对老师不尊重甚至轻视,最后甚至产生言语攻击。这将导致师生关系的紧张,影响学生汉语的学习及教师正常的教学。

其次,它还会影响到汉语课堂教学的效果。在课堂教学中,教师的言行是学生了解中国最直接的窗口。当教学中因文化差异而产生不解与冲突时,教师往往将敏感问题一笔带过,并对以后类似的问题产生畏惧心理,甚至对意见相反的学生产生厌烦感。而教师不能给予正确的解释和处理的态度又会引起学生的不满,双方产生争执,从而影响课堂的顺利进行;学生也会降低学习汉语的积极性和主动性,失去以往的热情和兴趣,在课堂上变得沉默、被动甚至逃课,这将直接影响到课堂的教学效果。

最后,文化冲突会阻碍中国文化的传播。汉语教学的过程其实也是中国文化传播的过程,语言是文化的载体,学生对汉语产生厌烦情绪,教师就不能有效地在课堂上通过言行影响学生,达到传播中国文化的目的。文化冲突会让学生对中国文化产生误解,不能做出准确的评估,甚至以偏概全地认为中国文化是不值得学习的,进而对中国的一切都产生抵触情绪,这将不利于中华优秀传统文化在全世界的传播。国外汉语学习者对中国文化的扭曲理解也会大大影响中国在国际社会中的形象和地位。

师生关系的不和谐、教学效果的降低及中国文化传播的阻碍都不利于国际中文教育事业的推广。它们之间的相互联系,一损皆损,一荣皆荣,而这一切都是文化冲突所致。

所以究其根本,国际中文教育能否顺利推广的一个重要因素在于是否正确地处理和对待文化冲突,文化冲突的有效解决,对于国际中文教育无疑是一个强而有效的推动力。

三、跨文化交际中文化冲突的应对策略

跨文化交际中的文化冲突是不可避免的,人们想要完全规避是不现实的,但这并不意味着就对其束手无策,交际者可以通过采取合理有效的措施大大降低文化冲突发生的频率,还可以因此提前避免一些不必要的文化冲突发生。

(一)师生双方培养全方位的跨文化交际能力

跨文化交际能力是一种能使不同文化背景的人有效交际应具备的综合

能力。所以为了有效地预防不必要的文化冲突或更好地解决已有的文化冲突,国际中文教育中的教师和学生应该重视培养自身全方位的跨文化交际能力。交际能力水平的提升主要依赖于跨文化意识、跨文化交际态度、跨文化交际知识及跨文化交际技能这四个方面的提升。

1. 培养敏锐的跨文化意识

在跨文化交际中,交际者经常错认为对方和自己一样,最后发觉现实与自己的预期相距甚远而变得困惑、失望,甚至引发冲突,最终导致交际的失败。为了克服跨文化交际中的障碍,减少文化冲突,师生应该注意培养敏锐的跨文化意识。语言学家罗伯特·汉威(Robert Hanvey)把跨文化意识分成了四个层面。第一个层面是只看到了文化的表面特征,如日本人经常对人深鞠躬表示敬意。这就需要汉语教师或学生在平时多观察,因为生活中处处有文化,善于捕捉和思考日常交际中的文化含义,才能养成敏锐的文化意识。第二个层面是发觉对方文化与自己文化存在明显差别的一些有意义的文化特征。师生要注意挖掘跨文化交际失败和冲突现象及事件背后的文化原因。第三个层面是在理论和理性上都能够包容与自己文化有着很大差异的异文化特征。师生双方能意识到所有人都是文化的产物,文化行为及观念都受到本族文化的约束,不应该以自己的价值观作为评判他人行为的标准。第四个层面是指可以身临其境地为对方着想,真正了解对方的行为,这也是最难达到的境地。这也是我们常说的换位思考和移情能力。很多学者都表示移情对于跨文化交际非常重要,认为它是成功有效的跨文化交际的基础及主要特征。

那么师生如何在跨文化交际中发展移情能力呢? 有以下四点建议:①关注和留心。在和不同文化的人进行交际时,注意倾听和了解别人的想法和做法。②接受并欣赏文化差异。承认文化差异的存在,学会暂时搁置自己的价值观和判断标准,培养对文化差异的敏感度和理解、欣赏的态度。③了解自己的文化。许多人希望发展移情的能力,又担心失去对自己文化的认知。所以要发展移情能力,首先要充分了解自己的文化,才能使重建文化身份成为可能。④以移情的方式去交际。移情是相互的行为,要善于表达自己的内心感受,以其他文化可以理解和接受的方式进行跨文化交际。

2. 拥有积极的跨文化交际态度

在跨文化交际中,当遇到不同的文化时,汉语教师和汉语学习者都应该拥有尊重和包容的态度。首先师生都应该承认不同文化之间和不同个体之间都存在差异性,因为差异促使了文化多元化发展。交际者对于不同文化的学生或汉语教师的行为不做过度的概括,避免对其进行简单的价值判断,对于与自己不同的文化行为和观念,也应该采取宽容和尊重的态度。其次,师生要对自己进行监督,要有正确的自我认识,避免刻板印象、偏见、种族中心主义等消极心理。要以理性的态度来看待文化的不同,试着通过对方的角度来看待文化价值观的差别,不以自己的文化价值观当作评价其他文化背景的人的行为对错的独有标准。最后,到一个新文化环境时,无论是海外教师还是在华留学生都应该乐于参加文化交际,不要产生退缩、害怕的心理。交际时保持开放、积极的态度,多接触人群,多观察事物,不要仅仅通过一件事物或一次经历就对不同文化特征进行简单概括。

世界文化多元化的发展离不开文化的差异性,每种文化都有其存在的合理性,文化没有高低优劣之分,都值得尊重和包容。在跨文化交际中,国际中文教育环境中的教师和学生都应拥有积极、开放、尊重、包容的交际态度。只有这样,才能真正实现跨文化交际中的双向交流,有效地降低文化冲突的产生。积极的跨文化交际态度是跨文化交际能力至关重要的一部分。

3. 掌握相应的跨文化交际知识

首先,汉语教师和学习者应尽力学习和了解语言和非语言交际在跨文化交际中的差异。语言作为文化的载体,和文化有着紧密的联系,交际者需在充分了解这两者间关系的基础上,做到善于思考和发觉蕴藏在语言中的文化要素,培养敏锐的文化意识。语言的含义与文化有密切关系,不同文化中词汇的象征意义、联想意义、风格意义还有感情色彩都不相同,反映了该民族的文化内涵,交际者应该特别关注。语言交际风格的差异是造成跨文化冲突的重要原因,高语境和低语境文化下的语言交际风格截然不同,前者委婉,后者直接,交际者要理解高、低语境文化与语言交际风格的关系,从而避免造成跨文化语言交际障碍。语言的含义及使用规则也具有跨文化的差异性,交际者对语言交际的跨文化差异要有敏锐的洞察力。除了语言行为,非语言行为在跨文化交际中也扮演着重要的角色,非语言行为对语言行为起了补充强调的作用,甚至在某些时候可以完全取代语言行为,不同文化中的非语言信号也是千差万别的,所以掌握非语言能力对师生提升跨文化交际能力也是至关重要的。

其次,师生还要多掌握对方的历史背景和社会文化等方面的知识。不同民族所经历的历史和所处的社会背景都不相同,这就造成了不同的价值观和思维方式,继而又影响着生活习惯、社会风俗、待人接物的礼节等。为了更好地进行跨文化交际,师生都需要挖掘渠道,储备这方面的知识,拓宽知识面,这样教师和学生才不至于在进入一个新环境时显得不知所措,双方才能更好地理解对方不同的言语行为,不至于困惑难解。中国受儒家文化影响,讲究谦和,而西方多受基督教影响,追求自由。如教师在海外遇到称赞时不要忙着拒绝,因为这在一些国家的人眼里显得虚伪。如果跨文化交际中的师生没有储备相关文化知识,势必会引起误解或冲突。所以只有储备了相应的跨文化知识,才能在跨文化交际中做到应对自如。

4.提高有效的跨文化交际技能

师生跨文化交际技能的提高受到以下三个因素的影响:①与不同文化背景的人有效而得体交往的能力。即在跨文化交际中,汉语教师与学生间,不同文化的学生之间能否顺利地完成交际,能使对方理解谈话内容,达到交流目的,且语言得体,没有歧义和偏差。②解决跨文化交际中误解和冲突的能力。这一点对汉语教师显得尤为重要,在交际中产生了文化误解或冲突时,汉语教师不要一笔带过,更不能将错就错,应该沉着冷静应对,找出冲突原因,对其进行有效的补救措施或采取合适的解决方法,以达到缓和或消除冲突的效果,切勿采取回避策略。③与不同语言文化的人建立良好关系的能力。这包括师生关系、生生关系、海外教师与同事的关系等。交际者尽量用言语和非言语行为向对方表示感兴趣,描绘他人行为时,要采取非评价、非判断式的态度。对人真诚,态度友好,从而与对方建立良好的关系,这是达成有效交际的基础。当跨文化交际技能提高时,跨文化交际能力也会随之提高。交际技能是一个综合体,包括以上三个因素,要想应用得体,避免国际中文教育环境中的跨文化交际产生误解和冲突,达到良好的交际效果,师生必须要灵活地掌握这些要素,同时做到随机应变。

(二)师生共同构建多元化的思维方式

人类的历史是不断前进的,一个文化群体的思维方式也是不断变化的,文化的交流是思维方式变化的原因之一。就拿语言表达的习惯来讲,过去中国见面问好都用"吃了吗?",但近年来受到西方文化的影响,新式的问候语"你好""您好""早上好"的使用变得更为频繁,呈现出渐强的趋势。在面对别人的称赞时,中国人以前习惯说"哪里哪里",但如今受西方影响,也能坦然接受,微笑说一声"谢谢"。这就是中国人在对外交往中对异文化精华的吸收,从而形成一种新文化的过程,为的是提高汉语学习者的交际技能以及说话的得体性,也能够及时与国际化接轨,让世界更好地理解中国文化。若汉语学习者停留在保守过时的中国文化观念里,使用着过时的表达用语或行为,定会使跨文化交际受阻,变得尴尬。所以教师和汉语学习者都要持有与时俱进的观念,不保守,才能更好地理解对方文化的交际规则。文化影响着思维方式,不同文化中的人对同一个事物有着不同的看法。转变思维方式首先要承认文化的差异性,做到不理所当然地认为别人也是用这种方式进行思维的。著名社会学家费孝通对于不同文化的关系处理总结出了十六字箴言:"各美其美,美人之美,美美与共,天下大同。"意在尊重文化的多样化,前提在于先尊重本民族的文化,将其培养好、发展好;其次要尊重他民族文化,包容差异性,理解个性,友好共处,这样才能共促世界文化多元化的繁荣。这就要求师生双方做到文化的认同与通融,形成多元化的思维方式,打开国际化的视野,拥有了解多元化文化的敏感性,从而减少交际中的摩擦和冲突。师生还要避免陷入定势思维当中,比如认为美国人都是开放的、德国人都是严谨的、中国人都是保守的,应该转变这种懒惰和简单化的思维习惯,由自动性思维方式变成控制性思维方式,在跨文化交际时,使对他人或他文化的概括过程更为复杂、审慎,这样才不容易产生文化的冲突。

(三)师生携手增强积极的跨文化适应能力

在跨文化交际中,交际者积极的跨文化适应能力对于顺利有效地交际、减少冲突非常重要。尤其是对外汉语教师初到一个全新的环境,面对不同的语言与文化时不可能快速适应,所以我们也可以把跨文化交际看成是跨文化适应的过程。文化适应是一个复杂、动态的发展过程,学者斯韦勒·利兹格德(Sverre Lysgaard)把跨文化适应过程分为了四个阶段:蜜月期、挫折期、恢复期和适应期。在挫折期,当交际者发现很多规则与自己原有的文化并不相同,实际生活与自己预期差别较大时,心情会变得失望和焦虑,从而产生"文化休克"。所以全面了解文化差异,缩短跨文化适应的过程也是减少文化冲突,提高跨文化交际能力的途径。

了解和掌握目的语文化知识是促进文化适应的因素之一,如特定的政治、经济、历史等客观知识,语言交际、非语言交际、行为规范等主观知识的掌握都对跨文化适应有很大的帮助,尤其是后者。师生掌握流利的目的语对跨文化适应有直接的影响,礼貌得体的表达更能与目的语文化人群建立友好的人际关系。交际者的性格特点和期望值也会影响到文化适应,具有积极内在动机的人会比只有外在动机的人更乐观地面对困难,而拥有比较切合实际的期望值的人会对文化适应过程中可能出现的问题做出更充分的心理准备,从而有助于文化的适应。所以当国际中文教育中的师生处于一个新环境时,要适当地改变自己以及做出合适的期望评估,才能更好地进行跨文化适应。此外,还应该与家人多联系、努力与目的语人群打好关系、多结交新的朋友,这样会带来情感上的支持,缓解跨文化适应方面的焦虑。

　　(四)师生彼此之间建立平等共享的"第三种文化"

　　在跨文化交际中,要想达到文化的全面融合是不可能的,所以师生双方可以尝试找出部分能融合的文化,试着建立"第三种文化"。"第三种文化"是由跨文化交际双方共同建立的文化环境,它并不需要交际双方因一种更高层次的新文化融合而放弃原先的自我,而是指双方在交际的环境下寻找到共通点,从而树立信任,努力适应共创共享的新文化。"第三种文化"的建立有以下三个原则。

　　(1)交际双方互相都有正面的态度,抱有信心。师生双方拥有积极正面的态度才能对他人文化进行正确地判断和评估,彼此信任才能保证交际的有效度。这是"第三种文化"建立的重要因素。

　　(2)承认并理解不同文化之间的价值观、行为规范的差异。这是建立"第三种文化"的基础,师生只有意识到不同文化的差异性,并承认这种差异性,才能更好地求同存异,找到不同文化的融合点。

　　(3)努力使自己的行为融入新的文化环境中。面对新环境,外派汉语教师只有积极地去适应和融入,才能真正了解他文化,寻找到彼此文化的共通点。

　　"第三种文化"的建立有利于在多元文化的基础上师生进行平等的谈话,是交际双方有效而便利的对话工具,这将很大程度地缓解或减少跨文化交际中出现的冲突。

（五）教师灵活运用跨文化教学能力

在跨文化交际中，为减少冲突的发生，汉语教师不仅要有良好的跨文化交际能力，还应该有灵活的跨文化教学能力，这是汉语教师应具备的专业素养。汉语教师的跨文化教学能力会影响课堂的教学质量，同时也影响着汉语学习者对中国教师的看法。由于汉语学习者来自世界各国，所以他们有着与汉语教师不同的文化背景，学生与学生之间也可能存在文化差异。作为汉语教师，首先，应该根据现实的情况制定教学内容或教学计划，如在安排课堂活动或布置课堂任务时，应该考虑到汉语学习者的文化背景，避免出现与学生文化相冲突的内容，引起学生的不满和课堂冲突；其次，还应该根据学生的语言水平和文化背景选择适当的教学方法及手段，做到国际中文教育中的因材施教，从而提升汉语课堂的教学效果，避免出现学生对教师的不信任及不认同的情况；再次，在跨文化交际中，汉语教师不仅自己需要克服文化差异引起的摩擦和冲突问题，还应该帮助学生克服由于文化差异及交际失误引发的各种困难，这样双方才能更好更快地适应并接受彼此文化的差异；最后，汉语教师还应该灵活地应对课堂教学中的突发事件，如学生敏感问题的提出，应做到沉着冷静地面对并有效处理。对于课堂中学生的差异观点要采取包容态度，避免过于强调中国文化，给人以"文化沙文主义"的倾向。同时教师还应帮助学生建立跨文化敏感意识及宽容的交际态度。教师跨文化教学能力的灵活运用，对减少师生间跨文化交际的冲突和矛盾有着重要的作用。

第三节　国际中文教师跨文化交际能力案例

案例 10：致我最长的夏日时光

陈姗姗

成为一名汉语教师志愿者是我做过的最正确的选择之一。作为志愿者的这段经历，有惊喜、有失落也有沮丧，但更多的是挑战和成长，10 个月的教学之旅磨炼了自己意志，使自己变得更加有韧性。10 个月的泰国生活让我遇到了那么多善良而纯粹的人，他们对生活的真诚，对学生的热爱深深地感染了我，让我更加坚定"捧一份真心，换一份真情"的教学理念。10 个月的志愿者经历是我生命中浓墨重彩的一笔。

身在泰国,作为一名汉语教师志愿者,肩负传播中国文化、把汉语之花播种在泰国的重担。在这里,我开始了生命中的第一份工作;在这里,我知道了身为外国人是一种怎样的体验;在这里,我明白了成为一名中文老师的责任和担当。

改变在不经意间

2015 年 9 月 24 号,刷 QQ 空间的时候突然刷到妈妈发表的说说,"我家姑娘在泰国!",并附了一张我给她发的我带学生活动时的照片。我并不惊讶于她字里行间流露出的骄傲感,而是惊叹妈妈居然会发表说说了! 还记得,5 月份我来泰国之前,妈妈拉着我让我教她玩 QQ,整整花了半天的时间终于教会她怎么登陆 QQ,又花了半天的时间,终于顺利跟她朋友栏的女儿通上了视频。我大呼胜利,妈妈却没有那么开心:"我看你们都是打字的,这字怎么打啊?"我说:"没关系,你跟我视频就好了,这个简单。"我本来以为,妈妈在我离开的 10 个月能每两周保持视频一次就足够了,这天才突然意识到,妈妈在过去的 4 个月里,已经成功尝试了"QQ 发语音,QQ 发文字,QQ发视频"。今天,居然能在空间发表说说了。这些新技能的获得,我不知道她到底经过怎样的摸索,是不是每天佩戴着老花镜,跟爸爸一起,瞅着手机上的小键盘不断尝试。如果说,思念可以量化,妈妈新技能的不断进步就是爱的量杯。其实,惊呼妈妈进步的同时,也回头审视自己在泰国 4 个月的变化。也许是因为泰国丰富的肉食和甜品,我竟然比来时胖了三四斤。由于还不能用泰语与当地人无阻碍沟通,去理发店理发也因为语言不通而受阻,只能任凭头发肆意疯长,已快长发及腰,当然随之而来的也有掉头发的烦恼。

当然,这些显性的变化都不足以让自己意外,真正的变化是从内心深处慢慢生长出来的对付恐惧的力量。有一天,回家打开家门,发现一只大蜘蛛,没有初见时的尖叫,二话没说,先拿了喷昆虫的喷剂一阵狂喷,待它速度慢下来,接着脱掉一只拖鞋,瞄准,敲击,动作流畅连贯,可怜了大蜘蛛就这样"见上帝"了。待小伙伴来收拾蜘蛛尸体的时候,小伙伴惊呼:"你现在都能如此淡定地杀死蜘蛛了! 真是大写的佩服。"原来不经意的,内心已经变得如此强大,由从前的恐惧到如今的淡定处置。这让我更加体会到那句话"真正的勇敢是即使怕,仍然去做",直面恐惧的勇气原来是可以锻炼出来的。

在泰国的 10 个月,更加能体会"女汉子"的意义,因为自诩"汉子"未尝不是一种自嘲的聪慧。"女汉子"的日常就是在家打得死蟑螂,出门自带导航兼翻译模式,一人提着大箱子绝不含糊,忍耐力越来越强,扛热、扛压、不开心时哄自己开心，"淘气鬼"们惹自己生气时，能忍能冷静处理。当然"女汉子"自己照顾自己也绝不含糊，从最初的只会到市场上买熟食，到学会独立包饺子、蒸馒头，再到做一些拿得出手的中国菜。从最初的只为喂饱自己，到后来学会用花式菜品招待泰国朋友。这些一点一滴的进步，慢慢累积，成就了今天这样一个我，坚强而独立，努力地把生活过得更好。

中文老师的日常

有一句话可以精准地概括泰国学生的特征：上课是魔鬼，下课是天使。所以中文老师的日常就是：上课时跟"小魔鬼"斗智斗勇，下课后陪"小天使"相亲相爱。

还记得第一次上课时，心里有些忐忑，也有些激动。走进教室，一眼看到30多双大大的眼睛好奇地盯着我这个外国老师看，当我说出第一句中文"你们好"，孩子们竟然害羞地笑了，等我用中文介绍完自己，学生已经笑得前俯后仰。当时真的有点囧，因为跟想象的不一样啊，说好的微笑的国度，但是招待我这个新来的外国老师，这笑声显然有点过度啊。我佯装淡定，微笑着开始上课，上课前了解到学生没有接触过汉语，所以第一堂课当然是"问候"。学生开怀大笑的情绪还在持续，然而我并不知道怎么说泰语让学生安静，于是，我开始跟学生单独互动，直接走到学生面前，伸出我的右手，亲切地说"你好"，这下学生笑得更开心了。然而我并没有放弃，我主动握着学生的手又说了一遍"你好"，接着第二个学生、第三个学生，等到第四个学生的时候，他开始模仿我说"你好"，顺利握了30多个孩子的手，学生的笑声止住，每个人由玩笑的态度到开始好奇怎么说出这个新的语言。看着学生逐渐进入状态，我立马在黑板上写下"你好"的拼音和汉字，领读、跟读、解释词义，然后又开始新一轮的互动。短短的20多分钟，每个学生都能脱口而出"你好"。他们两两合作，或是挥动小手说"你好"，或是握手说"你好"，既学会了说，又了解了中国人打招呼不同于泰国的合十礼。在一节课55分钟的时间里，我除了教会学生问候，还让学生了解了一些课堂规则。下课后才发现，一节课上下来，自己早已汗流浃背，然而心底却升起一股自豪感和满足感，因为在异国他乡，听着同一种声音从陌生的面孔发出，那种满足感真是妙不可言。见图4-1。

课外，这群孩子每次见到我，都激动地挥手说"你好，老师"，那时竟有一种小明星被夹道簇拥的成就感，所以心里对这群孩子的初步印象非常好，毫无疑问地定义他们为"可爱的小天使"。然而，时光啊，让我逐渐认识到，这群可爱的孩子越来越"不可爱",尤其是在上课的时候。男孩子好动,喜欢走来走去。高年级的孩子,上课提问他问题,回答不出来他就说"老师,我爱你",让人哭笑不得。有时学生带着吉他来上课,当你转身在黑板上写字时,他能给你即兴弹奏一曲!女孩子们喜欢拿着小镜子照来照去。每次整顿纪律都是最头疼的环节,我要用蹩脚的泰语劝

图4-1 在泰国课堂上

说,学生明明听得懂还要装糊涂,气得人想跺脚。但是一到下课,他们就高喊:"老师,漂亮,老师,我爱你。"所以,面对越来越皮的学生,当然会有心力交瘁的时候,每一次出现新的问题就得想方设法去解决,课堂活动不断翻新、建立新的奖惩制度、树立模范生榜样、采取积分换购奖品等。当然对于课堂上某些极其调皮的学生,我也会尝试寻找泰国班主任老师的帮助。泰国老师会找学生谈话,在泰国,即使是调皮的学生见到班主任时也表现得很乖巧,乖乖地听老师训话,然后会跟我道歉,在后来的中文课上,表现也会好很多。见图4-2和图4-3。

中文老师的日常,除了与学生的相处,其他大部分的时间就是呆在办公室。在这里,跟泰国同事的相处是一件非常美好的事情,因为泰国老师非常善良,他们很喜欢分享。在我们办公室经常会有泰国老师邀请我们一起吃饭,他们会在办公室做青木瓜沙拉,还经常会有老师带不同的食物来办公室一起吃。每次他们带一些新的菜品来,就会立刻叫我们过去一起吃。有时候泰国老师还会教我们做泰国特色的菜和一些甜品。慢慢地,我们从刚开始的客气地尝尝,到后来饿了就在办公室自动搜索吃的,完全把办公室当作家一样的,这样的同事关系也真是妙不可言。

犹记得还有两个月就要离任时,那种还未离开竟开始怀念的感觉油然而生,我们努力地想多吃几次青木瓜沙拉,多喝几口冬阴功汤,就为了能在未来的时光里能回味起这个味道,回想起这平凡却又不平凡的10个月时光。

图4-2　和学生一起吃饭

图4-3　和学生的日常点滴

时光很慢,每一天都是夏天,然而这个夏天却因为那些可爱的孩子、那些热情的同事、那些善良的人们而变得清凉。时光很快,快到一转眼,就开始准备告别。志愿者,这个说出口就感到自豪的字眼,将伴随我的一生,我也将永远铭记这不平凡的时光。

(作者简介:陈姗姗,女,平顶山学院 2015 届对外汉语本科专业毕业生,曾担任泰国 Kanthararom 学校汉语教师志愿者。)

案例 11:在柬埔寨成长

丁晓婷

作为汉语教师志愿者的那段日子距今已有五年。犹记得任期结束前心中既有将要回国的兴奋,有学期末的忙碌,也有对孩子们的不舍。当一名汉语教师志愿者,源自我上大二时,听专业课老师说了国家汉办有汉语教师志愿者的项目,可以出国教授汉语、传播文化。当时的反应就是好奇,带着一点点憧憬。等到了大三,看到上一届的学姐学长们奔赴各个国家去任教,才渐渐对汉语教师志愿者这个项目有了更明晰的认识。说起来,对外汉语这个专业是高考结束后我填报的第一志愿,当时我想教外国人学习汉语,"全世界都在讲中国话"是一件多么伟大的事情。

初登讲台,角色转换

犹记得刚下飞机,踏上柬埔寨土地的那一瞬间,从喉咙、鼻腔窜上来一股热流。"好热!"是我的第一反应,不愧是热带国家嘛。接着去酒店登记入住,忙碌到凌晨三点才躺下。一直到了第二天早上,学长给我们发放了柬埔寨电话卡才得以向家里报个平安。然后就是开志愿者大会、参加欢迎晚宴,行程一直匆匆忙忙,以致于还未充分了解和适应这个国家的时候,我就已经站在三尺讲台上了。

我任教的是一所华文学校,我本以为华校是当地华人商会针对其子弟开设的,学校中的学生自然而然都是华人才对,没想到,随着中柬两国的交流深入与经济往来频繁,汉语作为一门举足轻重的语言在柬埔寨倍受重视,不仅有很多华人华侨把孩子送来学习汉语以及中国文化知识,而且有很多柬埔寨家庭也会把孩子送来学习汉语,这也是令我们感到骄傲的一点。看来强大的祖国才是我们的坚实后盾,也是我们文化传播的"底气"。

我的教学对象都是中学生,他们的汉语水平基本处于中级,年龄都是十几岁,学生们能用中文进行日常沟通,这也大大缓解了我不会柬埔寨语的压力。就媒介语来说,我认为作为汉语教师志愿者,可能会去往世界各地,但并不是每个国家的学习者英语都比较好,因此,英语并不能一概而论地作为中介语去使用,如果不会说教学对象的母语,同时学生又是零基础的话,开展课堂教学就需要志愿者教师多下功夫。

第一节课在没有及时发放教材的情况下,我决定与学生们互相自我介绍、介绍中国,"摸底"学生们的汉语水平的同时也能够了解到他们现阶段对中国的认识。在跟学生们互相沟通的时候,我觉得他们都很腼腆,不愿意去表达。但是经过一段时间的接触,他们终于"暴露"了——有时候会"无法无天",就是一群淘气的孩子;有时候又会很贴心。一开始我是抱着和在国内教学差不多的心态去接手教学任务的,毕竟之前都是课堂训练,并没有真正接触过二语学习对象。但是一个星期之后我发现,在大学校园里面学习的二语教学、二语习得等理论知识确实需要用实践去检验。"纸上得来终觉浅,绝知此事要躬行。"在国外的汉语教学是完全不同于国内的,尽管他们的汉语水平比较高,但华文学习始终属于第二语言的学习。因此,在向办公室里的老师讨教后,我很快转变心态,接受了这样的教学模式,进行了教案以及备课上的调整。究其原因,教学伊始,还是把自己放在了"大学生"这样一个位置上,毕竟没有太多的教学经验,而且学校还给我安排了学校的代数、地理等课程。说实话,一开始的确是把握不好学生的学习状态与节奏,一是因为学生的学情跟学习态度与国内我们所熟悉的状态、模式相差太大,二是我作为教师没能从学生的角度去考虑进行专项教学。于是我及时调整了教学方式方法,更贴合学生的实际学习情况、学习方法去进行教学组织与安排,最后学生的成绩也没让我失望。见图4-4和图4-5。

此外,通过角色的转变,也让登上讲台的我体会到了教师的不易,台上短短一节课意味着台下更多时间的准备与付出,作为教师,我无私奉献;作为学生,我感恩于怀。慢慢适应了学校的教学节奏与学生的学习情况之后,学校在第二个学期给我安排了华文、代数、几何和历史等课程,无论是哪门课程,只要在华文学校都是用汉语进行授课,这也是华文学校开设的初衷与教学培养的目标,为的就是语言的学习与文化的传承。

图4-4　我和学生在一起　　　　图4-5　在课堂上

直面挑战,不断突破

日常的教学活动既轻松又紧张,轻松的是,学校为我们安排好了教材与授课课时还有教学计划,可以让我们有一个教学进度的总规划。紧张的是,不同于国内的授课制度,柬埔寨的学校都是半日制的,一周虽然有六天课,但很多教学任务仍然进行得很紧张。在了解了学校的教学模式与规章制度后,我每个学段都制定好教学计划,与授课班级的班主任做好接洽工作,积极交流不断改进。

通过一段时间的教学,我了解到每个班级的班风与学习氛围是不同的,对于不同的班级要实施不同的教学态度与管理措施,做到批评与鼓励、严与爱相结合。但有一点是十分重要的:制定了什么课堂规则,就一定要实施,说到做到。既严格要求学生,同时也是对自己的约束,否则学生就会认为老师说话不算话,就会更加懈怠,同时也会失去教师的公信力、可信度与权威性,学生难以管束,课堂教学活动无法正常开展。因此,要正视班级差异化,每个班级进度不同,每个学生的进度也不尽相同,需要每一位任课老师掌握好这个班级的总体水平,掌握好教学进度与教学难度,不能以水平好的学生为标准,否则大部分学生囫囵吞枣,导致事倍功半;也不能以水平较差的学生为标准,过度的讲解并不一定会带来积极效果。

当然,在教学过程中我也发现了一些问题:首先,柬埔寨金边大部分华校所用的教材都是20年前中国的人教版教材,撇开教材内容相对陈旧不说,难度也偏大。对于学生们来说,华文学习是二语学习,很多课文里的中国文化知识他们没有储备,理解起来十分困难,这就要求教师们用浅显的、学习者能理解的话去解释、翻译,当然也就加大了教学的难度。其次,是学生的学习态度。柬埔寨和东南亚大多数国家一样,人们注重享受,崇尚"慢慢来"的生活学习态度,不喜欢竞争和压力。这就导致很多学生经常不写作业,对惩罚措施不屑一顾,即便是惩罚,过后依然故我。在这里,我还发现柬埔寨人一到节假日就出门旅行,节假日的金边街头冷冷清清,一贯热闹喧嚣的市场也变得门可罗雀。节假日对我们这些教师最大的影响就是:到了假期前几天,很多学生已经不见人影了,问起来,都是"去××地旅游了",这就导致同年级内各班教学进度出现差异,会打乱教师的学期教学计划。后来我接受了这样的一个现实,每逢学生度假回来,我就会让他们根据他们的度假见闻训练口语或进行写作训练,这也在一定程度上提高了学生的中文水平。

异国他乡,文化之旅

文化是流动的。就在春节假期,我们几个志愿者也踏上了柬埔寨文化之旅,去了著名的旅游城市:暹粒和西港,感受了柬埔寨的历史文化与东南亚热带风情。也许是在金边这个严肃又紧张的城市待久了,觉得暹粒也好,西港也好,仿佛和金边不属于同一国家似的,气氛既轻松又舒适,还拥有较之金边最不同的一个特质——安全。作为旅游城市,当地的小商贩、旅店老板都会流利的英语或者汉语,甚至五六国语言。或许是生存要求,在这个环境下他们的语言习得要更加自然,更加注重交流、实用。见图4-6。

我还参与了两场柬埔寨教师同事的婚礼,发现婚礼习俗与国内也有不同。一是嘉宾着装问题。在国内,一般不会对参加婚礼的来宾进行服装要求,干净整洁即可;但在柬埔寨参加婚礼,当地同事告诉我,必须化妆、穿礼服,人人光鲜亮丽。于是我换上了带去的民族服饰——汉服,到了婚礼现场发现人人浓妆艳抹、长裙拖曳,烘托着婚礼的衣香鬓影、欢声笑语。二是就餐人员安排问题。婚礼宴会安排十人一桌,只要十人到齐就表示可以上菜,客人自行开始用餐,用餐结束就可以自行离去;但在国内,宴席每桌并没有严格的人数要求,而且为表示尊敬,大家会在主人的致辞中一同用餐,共同庆祝,一同把宴会推向高潮。见图4-7。

图4-6　在吴哥窟穿汉服的我　　　图4-7　穿汉服参加柬埔寨同事婚礼

旅游也好,参加当地婚礼也好,让我意识到无论是哪个国家,在与人交流的时候,尽管文化各有差异,但很多为人处事的准则是相通的,就是要尊重差异、尊重他人,外出要警惕长存,不卑不亢。

汉教之路,任重道远

我们这一批志愿者在柬埔寨生活了十个月,从刚开始的不习惯到后来的碰壁也好,经历也好,学习获得也好,真正获得了许多生活生存技能,从这方面来讲,也是一种很大的成长。此外,在吃、住、用方面,我所在的华校给我们汉办志愿者教师和侨办的老师提供了很多的帮助,校长待我们如同儿女一样,给我们在柬埔寨安顿了一个温馨的家。记得在报纸上看到过记者对我们周校长的采访,发现她身世坎坷:从小就没有母亲,早早出来工作,在柬埔寨战乱时还丢失了一个孩子。我想大抵是岁月的磨砺成就了她现在的温和与从容,这样平凡而又伟大的女性是值得我去学习的,很感激他们的帮助。回国之后也会经常回忆起这里的点点滴滴,好吃的咖喱饭、酸芒果,香甜的甘蔗汁,蓝蓝的天空,以及学生们的笑脸。

说到这里我不禁想到,有个学期学校安排了行政听课,我被挑选为授课教师中的一员。校长在听课之后对我说,你们志愿者最大的优点就是普通话发音很好,授课的时候很有一套。我想,这不就是我们志愿者的责任和意义所在吗?为这些想要学习第二语言的孩子们带来丰富的汉语知识与中国文化熏陶,将我们在大学课堂上学到的教学知识运用到教学实践中去,不负我们"志愿者"的名称与文化传播使者的使命。希望我在柬埔寨的教学中,能够把汉语的"字正腔圆"烙印在学生耳中;能够把汉字的"横平竖直"镌刻在学生心里;能够把中华优秀传统文化的源远流长与现代的飞速腾跃留在学生脑海中,让他们能够喜欢汉字,热爱中国,不断学习,以后能来中国看一看。

一转眼,在柬埔寨的生活已过去多年。回头想想,作为志愿者,我们刚走出校门就踏入另一个国土,这份经历和很多在国内或就业或读研的同班同学都不同,自然也有更多的收获和见解,包括对这个世界的初步认识,对整个社会大环境的初步了解。来到一个陌生的国度,有新奇,有不适。晚上看到月亮会想家,走在大街上看到中文招牌会觉得亲切和自豪。新的国家、陌生的语言文字、新的身份、不同的责任,扮演着不同于在学校的学生角色,成为一名老师,承担起不同于小时候有父母遮风挡雨的社会责任。同时也学到了很多生活技能,从身心上都获得了不同的锻炼与成长。这时才真切体会到,为何把大学校园称之为象牙塔,那其实是我们梦开始的地方。在这里我想告诉每一位对汉教有梦想的朋友,作为一名文化传播使者,我很骄傲且自豪。

(作者简介:丁晓婷,平顶山学院2015届对外汉语专业毕业生,曾任柬埔寨金边崇正学校汉语教师志愿者。)

案例12:带你去旅行

冯 轲

时光如白驹过隙,我在泰国十个月的志愿者旅途告一段落。我把到泰国做汉语教师志愿者当作是一场在异国他乡的旅途,当我坚持不下去、难过、想家的时候,我告诉自己,我只不过是在旅行的路上,只不过这条路有点长而已。但现在看来,又并不觉得它长,比如刚到泰国出机场时的那股热浪,比如课堂上那群调皮又可爱的同学,比如我的生活老师,又比如每天上下班骑车走过的路,如今想来还历历在目。

生活——从好奇到融入

初到一个地方,总要先学会自己一个人生活。赴任后一个星期内,我认识了去学校的路;摸准了几点出门才不会堵车,尽管我骑的是自行车;知道步行去附近超市的路线;找到了去乘坐轻轨的双条车;等等。

初到泰国,每天最难过的就是早上出门就会堵车。泰国马路都特别得窄,根本没有人行道,所以对我来说,骑自行车去上班,就像在流水的小渠里走,以至于调侃自己"我不是在堵车,就是在堵车的路上,不是给车让道,就是给狗让道"。每次看到狗狗趴在路边,我都会想,我骑车过去的时候,它会不会咬我一口(好在从来没有),一路上真的是战战兢兢、如履薄冰。泰国的礼仪之一是在学校必须穿过膝的长裙,所以当我穿一条裤子骑车去签到的时候,每一个见我的泰国老师都满脸惊讶、迷惑地看着我,说着我听不懂的泰语,当然了,我会微笑着向他们解释,我骑自行车来的,稍后我会换衣服的。一天之内,差不多所有人都知道我是骑车来的,因为每个见我的人都会向我做骑自行车的动作。你看,泰国人就是热情似火。

当然,这些都是刚来的时候——他们对我好奇,我也对他们好奇。但是慢慢地相处下来,发生了越来越多的趣事,体会到越来越多的关爱。每个星期四,我的生活老师还有两个长辈总会带我去附近吃泰国有名的饭菜,比如我最爱的泰国宋当、鸡油饭,还有冬阴功汤,等等,每次我都吃得不亦乐乎,有时候我们还会一起讨论一下饭菜的做法。泰国学生每天早上都会升旗,他们会先唱国歌再唱校歌,每一位学生都很认真。而每次我去参加升国旗活动的时候,总会有几个老师过来,问我一些问题再向我学两句汉语,那一刻我真的骄傲又自豪。泰国是一个十分崇敬佛教的国家,周五的时候也会有一些僧侣到学校,老师和学生都会在那里"打坐",有的还会给僧侣送东西。僧侣在泰国人的心中有着十分重要的地位。为了体现自己对泰国文化的尊重,只要有校方邀请,我也常常会陪着学生坐在那里。

我觉得跟泰国人好好相处的最好方法就是积极融入,跟他们一起玩,玩到一起。在我眼中,泰国的每个人似乎天生就是一个表演家、一个舞者,抑或是一个创造者。他们都是疯狂的活动挚爱者、参与者和表演者。所以,跟他们在一起要尽量释放你的天性,鼓起勇气,相信自己,勇敢点、大胆点、自信点,走向舞台,去唱、去跳。我之所以这么说,是源于我献给泰国元旦晚会的人生第一支乱舞带来的感受。晚会结束之后我发现,身边有很多很多的泰国人对中文感兴趣,他们比以前更愿意跟我交流,更想跟我学汉语,因为他们会觉得我是真的喜欢泰国,真的喜欢他们。所以,想好好地把这场旅途生活得很好,就要和他们融合在一起。

教学——借助学生天性快乐教育

说起学生,圈内人士都是用"上课是魔鬼,下课是天使"来形容他们,这也是再合适不过了。先说说"魔鬼"吧。那真的是问题状况百出,一个个的都是戏精。一节课,从来不会安静超过五分钟,总会有人在呼呼大睡,总会有人在不停地玩手机,总会有人一节课下来本子上一片空白,总会有人在美美地照镜子……没有他们做不到,只有你想不到。一言不合不是尬舞就是尬歌。我还发现学生之间很讲友谊,譬如有人睡觉,就有同学会帮他拿书本挡着,我让学生叫他,学生集体告诉我"NO",好像睡觉才是正事,老师不能打扰。捕捉到这一点,我就会在课堂中组织一些语言训练的团队活动,激发团队合作的力量,也最大限度地不让那些捣乱的学生闲着。

"下课就是天使。"只要一下课,乖的、可爱的、卖萌的让你稀罕得不得了!虽然语言不通,但这群可爱的小女生对中国的明星喜爱疯狂得不得了,一到下课就跟我聊中国的年轻明星。我就会用激励的方式给她们聊,比如说一个中文句子奖励一条信息等。他们还可爱在无论什么时候,见到你,总会大声地喊"老师好! 你好!"就算是没有跟我学汉语的学生,见到我也会说"你好",如果这时候我也对他们说"你好",他们就会开心的一蹦三尺高,会跳着跟他的好朋友说一些我听不懂的泰语,我觉得应该就是"你看老师回应我了啊"的开心,他们高兴,我也高兴。

我所教授的对象,初中的孩子几乎都是零基础,中文是他们的选修课;高中生有一定的基础,中文是他们的专业课。我是跟我的泰国生活老师一起合作上的中文课,我们分工明确,我负责抄写和发音,她负责翻译。初中生没有课本,所以一开始就闹了笑话——我怎么写他们就怎么写,直接复制的那种。我从哪个生词另起一行,他们不管自己的本子有没有空格,也会另起一行;我为了方便他们看得清楚字写得大,他们也写得很大,导致一个格都不够用。更好玩的是,黑板上有个红色的点没有擦干净,他们真的有人拿红色的笔去点一下。看着他们的作业真的是既想哭又想笑,然而跟他们讲是没有用的,所以后来我就在板书设计上下功夫,比如哪些是重点我会圈住,也会在心里算一下什么时候另起一行比较合适。

初中的孩子是可爱,而高中的孩子是各有各的样。高一最乖,高二最不听话,高三介于两者中间。高一的学生一个毽子能玩一个小时不回家,每天放学都要找我要毽子踢。后来我想到让学生管理学生的办法,就找了班里最有号召力同时也是最不老实的学生,让他来当小老师去监督谁说话,有时候也让他领读。这样做的效果就是一旦我夸他,他就像向别人炫耀似的读得更响亮一些。

泰国孩子动手能力很强,手工那是绝对的顶尖,画画的水平也很高。所以,我的中文课堂上,学习生词时能让学生画就让他们画,在动手中帮助他们建立汉字的形、音、义联系。有时候给他们穿插一点剪纸内容,配合着讲中文,学生一边做一边学,不亦乐乎。泰国的孩子还特别喜欢活动,尤其是参加汉语夏令营的热情极为高涨。在夏令营,学生们不仅学习汉语,也充分体验到了中国的戏曲文化,当他们穿上戏服的时候,就迫不及待地向自己的朋友、家人使劲地炫耀,这种炫耀其实也是文化传递的一种方式。除此之外,我和学生还一起举办了庆祝中国春节的活动,从设计到内容编排,是和所有学汉语的学生一起完成的,作为老师的我帮助学生筛选节目,提供中国武术和舞蹈的视频素材,负责把关审核,能让学生完成的都让学生独立完成。我也发现大部分孩子的自学能力真的很强,有一部分对汉语也是充满了真挚的喜爱。见图4-8和图4-9。

图4-8　"小天使"们的绘画作品　　图4-9　参加夏令营的学生扮上戏服

　　总的来说,教学过程一定要有设计,从班级管理到课堂管理到教学内容设计,都是要一直思考、实践、反思并再实践的。所以我觉得要想当好一名泰国孩子的汉语教师,你必须有三头六臂,拥有十八般武艺,只有这样,你才能跟这群时而"魔鬼"时而"天使"的孩子愉快地度过一节汉语课!

泰国工作中应注意的事项

　　每个国家都有自己的文化,我简单地说一下身为一名汉语教育志愿者应该注意的文化礼仪。首先就是穿着,女士裙子要过膝,妆容要整洁,鞋子不能漏脚趾、脚跟。还有就是在一些节日老师要求你穿什么颜色,你一定要尽所能去穿这种颜色的衣服,这是为了跟全校的老师统一,不能因为自己是外国人就觉得没有必要。还有就是礼仪。在泰国,早上见到长辈要主动"萨瓦迪卡",下班回家也要对办公室的人说"萨瓦迪卡",这是礼貌,必须做到。还有他们的升旗仪式,老师让你参加必须参加,国旗是一个国家的象征,所以参加他们每天的升旗仪式,唱国歌、唱校歌都要做到站立端正。最后就是活动,如果有一天你去上课,发现教室没有学生,不要惊慌,打电话给你的生活老师询问情况,很有可能就是被叫去准备活动了。学校每个星期都会有一场或大或小的活动,需要帮忙的一定要尽自己所能去帮助,该参加的活动都要参加。

写在最后

踏上泰国的这片土地,让我对感恩一词有了更多理解。感恩不知名路人的帮助,感恩每一张学生的笑脸,感恩每一位老师的关怀,感恩在泰国遇到的一切,感恩自己选择做一名光荣的汉语教师志愿者!更感恩我亲爱的祖国提供的这个平台!想要看看自己的潜力,想要看不一样的自己,快来加入汉语教师志愿者吧,让汉语之花盛开在世界各地!如果非要在最后来一个总结的话,我会说,在泰国的这片土地上,我看到了不一样的自己,无处不精彩,无处不挑战。我来过,不曾后悔,谢谢你让我成长。

(作者简介:冯轲,平顶山学院 2017 届汉语国际教育专业毕业生,泰国汉语教师志愿者。)

案例 13:无悔青春,做自己青春的主人

赵金姿

青春是一个值得歌颂的字眼,二十几岁,人生最美好的时候。两年前,怀着梦想,我来到了柬埔寨,一个印象中很小很小的国家。至今都还记得刚来时,在车上看到的柬埔寨的第一印象,有点破,有点脏。这不是嫌弃,而是那时候最真实的想法。见图 4-10。

两年了,印象中的柬埔寨已经有了很大的改变,虽然有点脏乱,可是高大上的地方也数不胜数,好玩好吃的地方有很多很多。一点点地在这个异乡国度探索那一些令人惊奇赞叹的事情,同时,时刻不会忘记,我还肩负着汉语教师志愿者的责任,是一名传播中华优秀传统文化的使者,是要将美丽而富有魅力的方块字带给异国人民的教师。接下来就从我的教学、生活、感想三个方面来诉说我在柬埔寨的一切,诉说我的两年青春。

教学——快乐与烦恼的结合

教学是快乐而又烦恼的。学生的纯真与善良,往往都能触动心里那根温暖的琴弦,从而谱写一曲和谐而美妙的师生旋律;学生又是懒惰与被动的,往往能让你不知所措地对着一张张嬉皮笑脸的面孔,在心底只有无奈的叹息。可是,不管怎样,我很欣慰两年的时光,留在脑海中的是一幕幕快乐

和温馨的画面:是学生折叠的一颗颗小星星,是折叠的一朵朵美丽的花,是路上"老师好"的问候,是你难过时那一句"老师,你怎么了"的感动。不去叙述那些许的悲伤,因为快乐才值得记录,有深刻意义的东西才值得书写。

步入教学行业两年多,也曾迷茫过,也曾无助过,也曾思考过……因为教学没有成就感,因为老是得不到学生的好成绩,所以对选择这一个行业是对是错,我曾经迷失过。自己一直以来所崇尚的是鼓励式教学和轻松式教学,想要跳出传统的应试教育,达到让孩子身心愉快地学习,这样的结果可能有两个:一是对于本身成绩优异的,自主学习型的孩子,他们会学得很轻松、很愉快,成绩也很好;二是对于被动型学生来讲,放松式学习无疑是给了他们松懈和快乐玩耍的机会,但学习却不怎么样。俗语说"严师出高徒",严厉的老师可以规避学生不好的行为,引导他们走上正确的学习道路,而自己却似乎做不成严师。不过,我也有自己的一套教学方法——虽然不严厉,但是要有原则。有时候教学中的失误并不可怕,可怕的是自己不知道反思,当教学失误呈现于眼前的时候,就必须要正视自己的教学。

在柬埔寨的教学过程中,我一边学习一边反思自己的教学理念和教学方法,才发现不知不觉中自己的教学过程是不完整的。传统的教学过程分为:复习检查、导入、新课讲解、总结和布置作业,而自己在教学中只注重了前面的四步,而忽视了最后一步,而且太过于轻视学生对知识的掌握难度。想想他们没有过目不忘的本领,何况我们当初学习还要一遍遍地书写,一遍遍地背诵,而这对他们来说还是第二语言的学习,他们更需要一遍遍地学习,一遍遍地背诵,一遍遍地书写,直到掌握这一个知识点。见图4-11。

图4-10　柬埔寨街头

图4-11　学生送我的手折花

有时候在教学中，我发现学生会背诵，但是不会写，这也是一个大的失误，因为书写太少。教学必须记住一个规律，就是记忆遗忘规律，对教过的内容需要多增加浮现频率，强化学习者的记忆，直到能很好运用。教学过程是一个完整的存在，我们不能随意缺失其中任意一个环节。这些都是提醒我自己要把教学真正放在心上，真正担起作为一个老师的责任，并且向一个优秀老师的道路迈进。在之后的教学中，我特别注意这个问题，并且能够完善教学过程，教学变得相对轻松起来。见图4-12。

图4-12　课堂上教授汉语

柬埔寨的教学经历也让我明白了，没有谁是从一开始就是完美的或者非常优秀的老师。只要善于总结和反思，吸取自己在教学中遇到的教训并努力去践行，就没有什么是难的，也没有什么可以阻挡自己前进的脚步。

生活——与家人一起吃喝玩乐

学校的地理位置特别好，距离各个商场、超市都特别近。在两年的生活中，我很庆幸遇到了身边的那些同事。同是国家汉办志愿者老师，我们相互帮忙、相互体谅、相互关心，彼此相处得特别好，如同兄弟姐妹一般。另外，本地老师也很淳朴与善良，让在异国的我感觉到无比欢喜。我们喜欢一起去购物，一起去旅行。说起旅行，柬埔寨有很多值得游览的地方：这里不仅有天然的海边风景，更有具有浓厚历史文化气韵的吴哥窟。不管是天然的，还是人文的，都能给人舒适的感受，让人心旷神怡，流连忘返。

吴哥窟是一个世界级旅游目的地。走在气势磅礴的吴哥窟中，好似穿越历史的年轮走在十四世纪的吴哥城。斑斓的壁画，描述了那个时代的点点滴滴；雄伟的建筑，昭示着那个时代人民的不朽智慧；环绕的护城河，展示了一座王朝的气魄。吴哥有着深沉的一面，也有着轻松的一面。在河边，有着各式各样的小店迎着四面八方的游人；清幽的酒吧，每个夜晚都让无数游人驻足来享受柬埔寨特有的风采；老市场，陈列着各种各样的物品，等待着喜欢她的人来购买。还有一望无际的碧海蓝天。磅逊港美味的地道海鲜让我爱上了螃蟹和虾，对于一个从不吃海鲜的我来说觉得好神奇。磅逊港还有来自各地的游客,大家没有包袱,没有压力,只有旅行中的轻松和愉快,这一切真的很美妙,令人回味无穷。

在柬埔寨的旅行中,我深刻体会到了旅行的意义,与我自己而言,是一种自我享受、自我沉淀和自我寻找的旅行。寻找到真正的自我,寻求到真正的生活。

感想——我的骄傲与学生的骄傲没什么不同

有感想,是因为心里有所触动,这篇感想是由一个词而出现的。

那是一节复习课,讲到了一个词"骄傲"。我让学生造句,本来没有什么特别的句子,但问到一个小女生时,她说:"我们是柬埔寨的骄傲。"一下让我想到了自己,想到了我的国家。我发现原来我们各自的骄傲没有什么不同。在学生时代就觉得"少年强则国强"是至理名言。在那一节课,我告诉同学们:"这位同学说得非常对,你们是柬埔寨的骄傲,不是别人,正是处在学生时代的你们,你们所肩负的是你们国家未来的发展,你们是国家繁荣和昌盛的希望,因为只有你们学到了有用的知识,然后用所学的知识去为你们的国家做出属于自己的贡献,你们就成为了柬埔寨的骄傲。"

想想,从我踏出国门,我就时刻记着自己的身份,我是一个中国人。我没有耀眼的光芒,是一个默默的、渺小的路人,但在每一个场合或每一个瞬间,我都代表着一个国家的形象。我不敢忘记,也从未忘记我要成为自己国家的骄傲。

在端华教学的两年,我不仅要教知识,还要担负起育人的责任。我教学生,犯错了,不要怕,但是要改正;考试时,决不能作弊,因为考试不仅在考知识,也在考人品;做人一定要诚信,人信则立于世。这也正是中华优秀传统文化中的"仁、义、礼、智、信"的体现。在学生管理方面,我认为学生可以有个性,但属于自己的责任不能逃避,学习的义务也不能逃避。我们不能有事没事就旷课请假,随意旷课请假就是一种对自己学生身份的不负责任。我会告诉他们,只有对自己负责,才能对别人负责,也才能更好地为别人负责;对自己负责,才能让自己的未来更添光添彩。最重要的是,我们要成为自己的骄傲,自己国家的骄傲。见图4-13。

图 4-13　参加柬埔寨志愿者离任大会

写到最后,我要感谢我最爱的祖国给了我这个平台和机会,也感谢努力的自己。我把两年青春留在了柬埔寨,收获了满满的幸福与快乐,收获了人生这一段丰富而奇妙的旅程。我想,作为老师,作为志愿者,我没有遗憾,也没有荒废我的青春。感恩,感谢!

(作者简介:赵金姿,平顶山学院 2015 届对外汉语专业本科毕业生,曾任柬埔寨金边端华公立学校汉语教师志愿者。)

案例 14:泰国的时光机

任香玉

时光"泰"匆匆,一转眼,距离结束泰国汉语教师志愿者项目回国已将近两年,回看在泰国任教的点点滴滴,很多片段还是历历在目,有很多难以复刻的记忆。如果真的有时光机,我想我还是愿意回到那个夏天永不停歇的国家。

坚定的选择

当回忆自己为什么会选择做志愿者时,其实,我已经忘了具体是哪个片段促使我这样选择。可能是老师在课堂上讲的某个案例,可能是学长学姐分享的异国经历,也可能是曾经看过的一段国外汉语课堂视频,坚定了我毕业要当志愿者的决心。总之,最后我真的成为了一名汉语教师志愿者,现实也告诉我,我的选择是正确的。我很荣幸、很感恩、很难忘这段经历,并且从来没有后悔过。

初到泰国

从赴任前的各种准备工作开始,我就对泰国的工作和生活充满了期待,同时也有些担忧,因为不知道自己会被分到哪里、所在的学校怎么样、学生水平怎么样。就这样带着很多未知,我怀揣着憧憬踏上了泰国志愿者之旅。

记得初到泰国已是凌晨时间。一出机场就感受到扑面而来的热带湿热气息,但当时因为路程的奔波以及对即将面对的新环境充满好奇,对这份"热情"并没有时间多去体味,倒是很快适应了泰国的这一湿热气候。而后的一天时间里,所有的未知也都为我一一揭开了,泰国志愿者的新篇章也真正开启了。

我被分到了东北部四色菊府的邦谷中学,很幸运的是,和我分到同一个学校的还有一位男生。因为邦谷中学是东北部的汉语中心,负责这个地区的志愿者接送衔接工作,所以接我们的邦谷中学的汉语老师就是我今后要一起工作的同事,这让我安心不少。作为一名刚刚毕业的大学生,没有任何工作经验,没真正站上讲台,而第一份工作居然是来到了异国他乡的课堂,想想也会觉得不可思议。可想而知,在那将近一年的任期里,有很多故事在这里发生,我也在这里认识了许多学生、许多朋友,在这里学习、收获、成长。

成长:在邦谷中学的讲台上

刚到邦谷中学的第一天,负责老师和本土老师便给我安排了课程表,并向我介绍了邦谷中学的学生情况,带我认识老师、领导,熟悉汉语教室,一切都是那么亲切,让人感觉不到陌生。我的教学生涯就这样有序地展开了。

(一)我的那些"小天使"

邦谷中学是泰国东北部的汉语中心之一,也是这个地区的语言中心学校。学校设有汉语、韩语、日语、英语等,但相对于日语、韩语来说,汉语是十分受重视的,汉语资源也比周边学校多,经常主办各种汉语夏令营和汉语比赛。汉语是必修课,全校学生必须学汉语,而且初中、高中学年设有汉语专业班。专业班的学生汉语课较多,汉语基础较好,很多通过了HSK2级,部分通过HSK4级,他们大学大概率会读中文专业。学生汉语成绩由考试、出勤、课堂表现等组成,和中国的中学只看成绩不一样,泰国中学更像中国的大学,考查学生的综合表现。

泰国学生和中国学生的状态也完全不一样,是传说中的课下"小天使"、课上"小魔鬼"。刚开始的时候他们可能对我充满了好奇,表现还可以,渐渐地就调皮起来。他们自由散漫,但是又天真可爱,可想而知,课堂管理是我最头疼的部分。到了课下，每次见到我他们都会对我热情地打招呼，说着"老师你好!"经常忙活着其他活动或者手工，全然不是汉语课上那副模样，课内课外的反差很大。

（二）课堂管理小妙招

在一次初一（8）班的汉语课上，一进到教室，我就发现学生乱作一团，桌椅摆放不规矩，学生有的躺在地上，有的围在一起打游戏，有的在编头发，总之没有课堂的样子。我当时觉得那实在不是一个学习的环境，情况十分恶劣，如果保持现状，我的课堂是无法进行的。于是就想，即使我是外国老师，德育不是我的职责，但是影响到我的课堂就不能放任不管。本着这样的原则，我让学生重新摆放桌椅，安排座位。但我是外国老师，语言不通，没有威慑力，加上那时候我刚刚来到所在学校，第一节课对学生是非常亲近的，没有立下规矩，也没有给他们发过脾气和给过脸色，并且这个班级里的学生是非常调皮，所以当我对他们发出指令，让他们整理教室时，他们根本无动于衷，好像这就是他们的日常，是我打破了他们的学习方式一样。我当时意识到我可能对他们太温柔了，应该严厉点，看着他们的懒散状态，我也不得不亲自动手搬桌椅。

整理好了桌椅，接下来总算是可以上课了，但是学生却好像还是在状态外，全班没有一个人在听课，只有我一个人在讲，他们的声音也完全盖过我，我多次提醒安静也没有任何作用。中间我停止过讲课，试图让他们安静，但是没有效果。也让非常调皮的学生站到前面，既是对他的警告，也是对下面学生的警告。但是没想到站到前面的学生非常沾沾自喜，在前面也能手舞足蹈，惹得学生们哈哈大笑，更是没有人听汉语课了，一堂课下来好像在"打仗"，让人非常沮丧，自己怀疑自己。后来在课前我也会放些音乐来吸引注意，但是学生直接都坐不住，往前面跑，效果也不好。

本土老师曾提醒过我这个班级很不好管，但是我当时大意了，应该在第一节课时就表现得很严肃，于是，我进行了反思：给他们定下规矩，然后对待调皮的学生采取不同的方法，因材施教。还有一个原因是，因为这个班的汉语课是在下午第一节，这个时间不是学生注意力集中的最佳时间，学生难免有懈怠心理。应该增加课堂游戏活动的教学方式，促进学汉语积极性，调节课堂氛围。在汉语教学上，课堂管理和教学方法一样重要，只有管理好课堂，才能使汉语课程顺利进行下去。

（三）我的"杀手锏"：课堂游戏

泰国很多学校使用的汉语教材都不统一，我所在的学校一般班级是使用《快乐汉语》，汉语专业班则使用《实用汉语教程》——难度偏大。因为我所教的年级较多，所以教材使用数量也多，备的课也就很多。我常常在周末把下一周要上的课备好，把每一课的生词、短语、语法点、对话都按顺序整理好，并附上泰语的翻译。课堂上也是按照这个顺序，由浅入深、由易到难地讲授。

我会设计一些课堂小游戏，既可以辅助教学，又可以带动课堂气氛，如讲词汇时会运用到"拍苍蝇""×××蹲"的游戏；讲到语法点，需要对话时，就会给学生设计一个情景，让学生佩戴人物头像，全班依次轮流进行对话，每名同学都会有问有答，进行一轮后本节课的主要课文对话也就基本掌握了。这种课堂小游戏效果都还不错，泰国学生不喜欢一味的填鸭式教育，那么各种课堂活动就显得尤为重要了。

（四）用文化墙助力汉字教学

在汉字书写部分，大多数学生表现得都非常认真，很多学生因为很早就接触过汉字，所以，写得有模有样，但是对汉字偏旁部首的组成及记忆还是十分困难。于是我通过字形讲解的方法，帮助学生们理解汉字和中国文化，如"月"字旁汉字大多数和身体部分有关，例如"脸""胳膊""脖子"等；如"灬"和火有关，例如"煮""热"等；还有很多这样的字形讲解方法。在汉语教室外面也设计了以"汉字演变"为主题的文化墙，通过卡通图片和几种汉字形体展示了如今简体字的演变发展。

放学后，汉语专业班的学生会来到办公室，我会辅导他们汉语知识准备比赛或者学习 HSK。看到他们一双双渴望学习汉语的眼睛，我觉得每天都是那么充实、那么开心，我来到这里是值得的。

邦谷中学文化活动和汉语比赛很多，常常要提前准备很久，学生和老师都会参与其中。学生在这些活动中拓展眼界，收获汉语知识，而我也对泰国学生学习汉语的精神有了新的认识。记得刚到邦谷中学一个多月的时候，正好是东北部新一届的汉语桥初赛，邦谷中学作为承办方之一负责各项工作。我也有幸在整个过程中和本土老师学习到很多工作方法，同时，也真真切切地看到了一些泰国学生对中华优秀传统文化的喜爱。作为外国人，而且还是高中生，能够对中华优秀传统文化有这样的见解和领悟，实在是让人倍感欣慰。

记得有一次,我在一堂课快下课时和学生聊天,几名学生兴奋地坐在我座位旁边的地上,和我讨论着中国的排球运动员朱婷,还让我唱中国的国歌,这让我十分惊讶。要知道其他学生都是和我讨论流量明星,让我唱《学猫叫》等网络流行歌曲的。而且当我唱起中国国歌的时候,他们还让其他说话的同学保持安静,这让我十分震撼,同时也让我感到十分的骄傲。

泰国受中国文化的影响,很多中国文化元素在泰国街头和百姓家中都有体现。尤其在春节的时候,越来越多的人会一同庆祝中国农历新年的到来。邦谷中学也不例外,每年都会举办春节活动,有舞狮、功夫、舞蹈、发红包等传统项目,把气氛带向高潮,尤其是两只舞狮出现的时候,总是能引起全场的轰动,很多时候也让不能回国的我感受到过年的氛围和热闹。当上综合课的时候,我会适当加入一些文化活动,比如说为了让学生了解春节,教学生剪立体春,使学生既能感受到春节的意味也能体会到汉字的方块字特点。

文化的碰撞:差异中的理解与尊重

初来乍到的我从一开始就受到很多老师的照顾,很多老师会主动用仅会的一点点汉语和我交流,大家都非常有耐心,不会因为我泰语不好而急躁。我知道他们怕我感到陌生而想家,总是问我在这里习不习惯,有各种吃的推荐给我,让我品尝,我有时也会做中国美食和他们一起分享。随着时间流逝,我和同事们越来越熟了,能开玩笑了,也越来越不舍了。和她们在一起,比较亲近的主要原因是她们常常不把我当作一个外国人,相处非常自然。越相处越发现,泰国人对中国人和其他国家的人是有些不同的,她们普遍对中国人主动热情,也比较有好感、比较亲切。很多时候,一件小事也会让我倍感温暖。比如当地小店的老板,泰国的朋友们、同事们、陌生的人们,真的有太多人和事值得我去纪念、去回忆。这些经过我人生的人们,我会努力地记住他们的模样。

虽然大多数的泰国人对中国的文化认同感很强,但是确实也会有一些跨文化交际的问题出现——跨语言的同音问题:在一次汉语专业班的 HSK 辅导时,我和学生的自由对话中说了"咖喱"这个词,因为泰国有很多咖喱菜,我以为他们会明白我的意思。结果学生们大吃一惊,表情变得不太好。我以为我没说清楚,还在强调这个读音"gali"。学生们连忙告诉我这个词是不好的意思,但是她们又解释不清楚它的意思。这时本土的汉语老师听到后立马向我解释,"咖喱"这个词的发音在泰语中是女性器官的意思,真正的咖喱泰语读音并不是这样读。听到这个解释后我十分窘迫,赶紧解释这个因为发音一样而词义不同引发的误会。从此以后,在泰国我再也不敢说这个词,也和其他小伙伴分享了这个案例,提醒大家不要发生同样的误会。这样同音不同义的问题还有很多,比如我常常口头语会问学生"对吗?"学生则会热烈地回答"对对对",其实"对"这个读音和泰国北部的"胖"的读音相似。

尾记

我们有幸生活在如今的中国,见到中国的蜕变,真心地为伟大的祖国感到骄傲和自豪。我们作为中泰文化的使者、文化沟通的桥梁,无疑是幸运的,也切切实实地感受到了"中泰一家亲"真的不是说说而已。在这趟经历中,我在收获的同时也真切地感受到中国的强大;感受到中华优秀传统文化和汉语对世界做出的改变。如今世界的眼光放在中国是真的。全世界都在说中国话也是真的。

我很感谢志愿者的这段经历,让我认识了很多志同道合的小伙伴,教到很多可爱的孩子,他们那一张张纯真的笑脸是我见过最纯粹的笑容。感恩泰国的时光,带给我那么多宝贵的回忆,即使现在回忆起来还是幸福感满满。最后,我想说我很荣幸曾经成为中泰文化沟通的使者和汉语推广工作的一员,衷心地希望中国和泰国友谊地久天长,两国人民友好交流和沟通,保持良好合作,互惠互利,为两国人民幸福创造福祉。

(作者简介:任香玉,平顶山学院 2018 届汉语国际教育专业毕业生,2018 年赴泰国东北部四色菊府邦谷中学汉语中心任汉语教师志愿者。)

案例 15:泰幸运——那些我在泰国的独家记忆

聂小梅

曾经有人问我:你为什么选择当汉语教师志愿者? 我的答案是:当不同肤色的人,能够齐声说出"你好,中国,我爱你!"这句话时,我知道,那是因为在这背后有我们所有汉语教师志愿者的努力,我非常自豪能够成为其中的一员!

回首我在泰国的那十个月,是在期待中有落差,在落差中又有惊喜的一段岁月。

黎逸——泰国东北部的一个城市,虽说不是繁华都市,但也是黎逸府首府。刚到这里时,我以为这是我未来一年将要工作和生活的地方,开始带着憧憬和期待要打开我的志愿者之路,结果答案却是:那只是我以为!

在泰日常生活

培训的时候,老师曾说过,很多志愿者在泰国都住在小木屋里,认识了很多以前从未见过的小动物,金蚂蚁、蜥蜴、大壁虎、大蜘蛛等。虽说赴泰之前我已经有了充分的思想准备,但仍抱有万分之一的期待,万一我是幸运的那一个呢?然而现实总是那么的残酷。红莲花中学,地处黎逸府下面的一个小县,距离黎逸大概要两个半小时的车程,每天也只有上下午各一班车,原来这才是我作为汉语教师志愿者即将要奋斗和努力的地方。就这样,说着一口蹩脚的泰语,完成了简短的自我介绍,"你好""谢谢",逐渐成为每天的口头禅。"放心,肯定不会分到小木屋的,现在哪儿还有木屋。"当时和朋友的对话还回荡在耳边,然而,现在的我却的的确确被分到了一个小木屋,看着眼前的小木屋,说实话,我有些害怕……但生活不会因为你的害怕而有任何的改变,而我唯一能做的就是坚持,然后慢慢习惯。

自从住进历任汉语教师志愿者的固定宿舍——"木屋",从此,我的生活里多了一项任务:和动物"大作战"。每天屋里都会爬好多壁虎,有时,它们会爬到桌子上,甚至一个不留神,它们还会爬到床上,掉进冰箱里。说实话,作为一个从小胆子特别小的女生来讲,真的是有种想要立刻打道回府的冲动,但是我没有真的选择放弃,而是选择了适应。一个月、两个月、三个月……就这样,我真的慢慢习惯了,当然也可能是因为没得选。在这里,除了壁虎,还会有各种各样你叫不出名的虫子,甚至是你从来没见过的巨型蚂蚁、巨型蜘蛛,所以面对这些,一定要做好防护措施,蚊帐用起来,还要记得准备一些杀虫剂、驱蚊水之类的,因为不同的季节,出现的虫类也不太一样。

分到的学校除了住的是小木屋之外,交通也不是很方便,可以说是我们这儿的老大难问题,到的第一天,负责老师就告诉我,这里的交通是真的不太好,出行几乎全靠老师接送。所以虽然已经在这里生活了近一年,但从来没有自己乘车出行过,一般都是负责老师或者其他老师出去的时候,顺便捎上我。在这里,真的很感谢帮助过我的每一位泰方老师,如果不是他们,估计我的生活会更加不方便。所以一般情况下,能在这个小镇上解决的事情,就不用考虑到市区了。如果平时的小长假想出去玩,就需要提前告诉负责老师,他们也会安排其他老师送我们去机场或者车站,基本的出行还是没问题的,但肯定不能和交通比较便利的其他志愿者小伙伴比。

生活和时间从来不会等待,更不会偏爱任何人,虽然生活环境给我带来一些小挑战,但工作环境却给了我一份大大的惊喜!独立的汉语教室、热情的同事、可爱的学生等,正是这些小美好,让我觉得自己又是幸运的,让我对汉语教师这个职业又充满了期待。

我的中文教学点滴

从第一次接触到这里的学生开始,他们给我最多的记忆就是活泼,可能在这里的课堂永远不会像在国内中学的课堂一样安静,但是只要我们能充分地利用他们不一样的性格特点,那么对于这些泰国的学生来说,学习汉语也就不是什么难事了。

我教的学生既有初中班级的,也有高中班级的,他们的唯一共同点可能就是在汉语方面都是零基础,但是在学习过程中,可以说他们既是相同的,又是不相同的,不同的年龄阶段呈现出不一样的特点。在这里,我以初中学生为例讲述一下我的汉语教学。见图4-14。

图4-14 我和我的学生们

(一)我的课堂管理法

在中国,学生在课堂上对老师的管理是服从的,课堂是相对安静的,这一切在我们眼里,都很平常,所以起初刚刚进入课堂时,我的期待也差不多。但是,在泰国,学生的所有课堂表现都会颠覆你之前的一切看法。可能因为不一样的考试制度、不一样的教学观念,所以导致了大不一样的课堂表现。

课堂上,会有学生迟到,会有学生玩手机,会有学生化妆,会有学生打闹,会有学生去厕所……有一次,我正在上课,有个男生不但没有好好听课,反而拿着一个蓝牙音箱在放歌,起初因为不想耽误大家的正常课堂,就只看了他一眼,心想这个眼神暗示他应该明白。结果,他不但没有领会,或者说是领会了故意不改,反而把音乐声越放越大,引起班里其他学生的注意。这次,我直接走到他面前,把音箱拿走了。但是这个惩罚对他的作用并不是很大,反而似乎是称了他的心,音箱没了,他就直接用手机放歌。对于教师权威受到挑战这件事,我当然是非常生气,但深呼吸冷静了几秒钟后,我想,既然你那么想引起大家的注意,那我就反其道而行之,就带领着其他学生接着进行学习。我发现,当我不刻意想要让他安静的时候,其他学生慢慢地也就不怎么注意他了,而等他自己发现没人关注他的时候,也就不闹腾了。后来的几堂课,我也有特别关注了这位学生,发现其实他所有扰乱课堂纪律的事情,就是想引起老师的关注。于是,在后面的课堂上,就会让他更多地参与到课堂中,手中一直有事情做,课堂捣乱的事情就会减少。

至于会有学生化妆、玩手机,一般在这种情况下,我都会走到他身边,以提问的方式提醒他要注意力集中。当然这种情况下,你问的问题他一般是不会的,这个时候就可以转而提问他的同桌或者是全班同学,之后再让他进行复述。还有一种就是,课堂中,会时不时有学生说要去上厕所,而其他人,看到有一个人去了,自己也会跟着起哄。这个时候,一定要控制每次去的人数,最多两个一起。同时,可以让学生重复今天的学习内容,在这个重复的过程中,那些只是起哄并不是真的想去厕所的学生可能就会忘记了要去厕所这件事,那么起哄去厕所这件事就会得到一个很好的遏制。

(二)我的教学方法

在这里,传统的讲授法并不是很好用,因为学生大多都比国内的学生更活泼、更爱动,能持续安静 10 分钟,已经十分不容易。所以,在这里的课堂教学中,一定要准备丰富的教学道具,设置不同的教学互动,让学生能够被课堂吸引,真正地做到在玩中学、在学中玩。在这过程中,不仅需要师生间的互动,也需要学生间的互动。

我印象特别深刻的是在学习人的身体部位的过程中,我设计了一个"看谁反应快"的游戏。在这个游戏里,我首先随机说出"眼睛、鼻子、耳朵、手"等身体部位词汇,学生集体在自己身体上指出相应的部位,看谁的反应快。其次,我按照学号挑了两个学生来进行这个游戏。刚开始还不错,在进行了几组之后,我发现不被提问的学生开始有自己的小心思,不再积极参与,于是我临时改变我的方法,让台上的两个学生结束挑战后,自己再去挑两名学生继续挑战。这样,大家瞬间都开始紧张起来,因为不知道下一个会不会是自己。这种适度的紧张很好地调节了课堂气氛,让每一个学生的参与感都越来越强。

但两个高中班级的情况却不太一样,从管理老师那里得知,原来这两个高中班级都是学校强制分过来学习汉语的,可能他们本身对汉语并不感兴趣,也不喜欢汉语,所以最初给他们上的每一节课就像是打仗一样,每个班43人,我在前面上课,后面却有很多学生唱歌打闹。曾经我询问过一个学生为什么不喜欢汉语,他的答案是:"太难了! 汉语太难学习!"这个时候真的要有足够多的办法可以减少他们的畏惧心,让汉语真正地走进每一个学生的心里。

起初,我试过分享一些他们感兴趣的中文歌曲、中文电影,效果不错,但只是一时的;后来我又试着在课堂上用提问复习的方法,但事实也并不是那么好用的。在一次课堂上,我尝试挑了一位最喜欢打闹的学生上来帮我点名,然后让他带领其他学生复习上节课的内容,当然他是不会的,全程下来,可能是全班同学带着他复习的,但是以后的每次课上,我都会格外关注他的每一次进步,并及时给予肯定,通过他让每一个学生都不再畏惧学习汉语,甚至喜欢上我们的汉语。

(三)我的教材观

在教材方面,在我任教的教学期间,学生是没有任何教材的,一切的教学内容都要靠老师自己制定。起初,我总是强迫自己"要教会点学生什么具体的知识结构",但经过一段时间的实验教学,发现收效甚微。于是我开始改变策略,尽量让学生在学习汉语的同时又能最大程度地感受到汉文化的魅力。比如:课上,自己做一些识字卡片,然后利用小组间的竞赛,激发学生的学习兴趣;课后,教学生们唱一些中文歌《茉莉花》《甜蜜蜜》等,让他们对汉文化有一个初步的接触,并且愿意主动地去了解更多的汉文化。

其实,在没有固定教材的情况下,对我们汉语教学来说,反而是拥有了更大的灵活性和挑战性,教什么、怎么教,这对于我们这些初出茅庐的新教师来讲,都是需要不断地思考与探索。

泰国是第一个制定全国性促进汉语教学战略计划的国家,同时作为"一带一路"上的重要节点国家,中泰两国的交往日益频繁,汉语学习的热度在泰国与日俱增。但是,由于缺乏统一的课程设置和课程标准,泰国学校的中文教材情况良莠不齐,有些学校订购了中国学者编写的汉语教材,有些学校使用的是本国人自编教材,还有一些学校没有任何教材,全凭汉语教师自行决定教学内容。国内编写的教材对于泰国学生来说,主要的问题就是文化融入度较低,多停留于表面,同时难度较大,泰国学生难以在规定学时内完成相应的学习内容。而我所见过的泰国本土自编教材又缺乏系统性。本土自编教材主要是针对汉语零起点的对象,难以满足汉语的中高级阶段学习。此外,本土自编教材整体上存在的偏误略多,科学性和严谨性有待商榷。

因此,对于我所在的学校,没有任何的固定教材要求,经过艰难的摸索和思考,我的教学内容一般遵循以下三个原则:第一,趣味性原则。教学内容的选取一定是与不同年龄阶段学生的不同关注点相结合的。比如,泰国传统服饰在泰国的重要节日依旧扮演着举足轻重的角色,于是我先请同学们在课前准备关于泰国服饰的图片、内容等,一方面锻炼他们的动手能力,引起他们的学习兴趣,另一方面更重要的是让他们感觉到老师在主动了解他们的文化,密切师生关系。然后,在了解过泰国服饰之后,我会通过视频等形式引入中国服饰的介绍,接着在了解服饰的基础上学习"上衣、裤子、帽子、热、冷"等词汇和对话的学习。最后,考虑到泰国学生活泼好动的特点,学习完之后请他们进行时装展示,并用中文介绍自己今日的穿着,等等。第二,实用性原则。由于课时和学生基础所限,我希望学生在课堂上学到的一定是常用的知识,所以在传统的汉语教学方式尝试失败之后,我非常诚恳地与学生进行了交流,还邀请了汉语好的同学来帮忙翻译,请同学们来决定他们想要学习的内容,从学生的角度了解他们的需求,我们共同来制定学习的话题板块。如此大胆尝试之后,学生的学习主动性增强不少,这样的方式其实也是在兼顾学生的兴趣点。第三,重视汉字教学。当前主流的汉语教学一般是先教汉语拼音方案,然后教汉字,但是这就会造成拼音阶段的初学者很多,而到了教汉字阶段学习者人数骤降。尤其是在国外的汉语教学中,很大程度上因为畏难情绪,汉字教学一直未能受到足够的重视。但是,我认为汉字是不同于印欧语的表意文字,一般认识汉字最多而且会写汉字最多的留学生的汉语综合应用能力也是最高的。因此,在教学的初期我就会对学生进行汉字的教学,通过一些汉字动画演示、重点讲解象形字和会意字、用毛笔书写汉字等形式让学生接触汉字。课堂板书中我也坚持汉字和拼音同时出现,尽力让学生多熟悉汉字,预防学生产生畏难汉字的情绪。

（四）辅导学生的日常

除了日常的教学工作外,还有一件令我深深感到作为一名教师、作为一名对外汉语教师无比荣耀的事情。那就是我们辅导的学生,在泰国国家举办的话剧比赛和演讲比赛中,一路披荆斩棘,取得了优异的成绩。

还记得一开始为参赛作品的选择苦恼时的抓耳挠腮,记得为了挑选比赛人选时的再三斟酌,记得那一次次为了取得优异成绩而努力加练的周末,记得一次次帮他们纠正发音的过程,记得和学生来回七八个小时车程去参加初赛、复赛、决赛的过程……回想起辅导他们的点点滴滴,他们的坚持,他们的热爱,他们在台上的精彩表现,让我再一次肯定了汉语教师志愿者这份职业所带来的神圣使命!也是在他们取得优异成绩的那一刻,我才能深刻体会到,作为教师对学生的那份殷切希望和深深的期待。见图4-15。

图4-15　带领学生参加比赛

独特的泰文化

泰国注重日常的着装礼仪。关于日常的着装问题,我所任职的学校并没有什么特别严格的规定,但一些基本的礼仪还是需要的。比如,裙子要过膝、上衣要不透不露,至于颜色方面平时也没有什么特别的要求,除了在一些特别的节日会有颜色的要求,但负责老师也会提前通知到我们的,这个不用担心。不过一定要记得,每周五的衣服颜色是白色,这个是固定的。

爱人所爱。为更好地推进汉语教学,我决定主动融入他们的生活,向泰国的师生们传递友好。7月20日,我应校方邀请参加了泰国的寺庙活动。

第一次穿上了传统的泰服，梳起了高高的发髻，再加上浓浓的妆容，感觉自己真的有了一种融入当地的感觉。全校两千多名师生徒步，最前排有学生表演，中间有童子军的随行，从学校到寺庙，一路上的街边都站满了这个小镇上的人，仅是这种场面以前就很少见到。到了寺庙之后，学生们都脱鞋坐好，我们当然也是入乡随俗，跟随其他本土老师一起，脱了鞋，进入会场坐好，等待此次寺庙活动的开始。布道开始的时候，全场两千多名师生瞬间安静，双手合十行合十礼。虽然整个过程我也听不明白，但我想我的学生会看到我在了解他们。见图4-16。

回到学校之后，一个曾经上课特别调皮的学生突然用中文对我说："老师，漂亮！"当时，我突然觉得这可能是我听到过的最美的夸赞！原来，当你向他们敞开心扉，他们也会以真心拥抱来回馈你！

图4-16　身着泰国传统服饰参加活动

结语

这就是我所感受到的在泰中文教学之路。10个月，说长也长，说短也短，虽然不知道未来的自己是否还有机会继续从事对外汉语教学这个职业，但至少在泰国的这一年，所有的记忆都值得珍惜留念，因为，这些回忆都是独一无二的。同时，这一年的自己，无论是在过去还是将来，都是一个独一无二的自己。真的很幸运，有机会成为这个对外汉语教师大家庭中的一份子,未来,期待与你再会!

(作者简介:聂小梅,平顶山学院 2018 届汉语国际教育专业毕业生,泰国黎逸红莲花中学汉语教师志愿者。)

案例16:不忘初心、不负韶华

张雯斐

两年前,我离开父母亲朋,离开熟悉的环境,离开校园,怀着无比激动的心情,背起行囊来到柬埔寨这片陌生的土地,开始自己的汉语志愿者生活。虽然在太多人嘴里,对这片土地有着各种抱怨各种不满,而于我,却觉得这片土地像她的天空一样美丽而令人神往,我深爱着这片土地。在我眼中,柬埔寨的一切都在发展中,都在一点一滴变得更好。

时光总是匆匆,转眼间,我已经在柬埔寨度过了整整两年的时光。感谢缘分让我来到这里,让我遇到这里的人,这些经历都会深深地烙印在我的心里,融进我的性格和气质里,它们是我一生的财富,会一直陪伴着我的成长。

教学上的成长

初到柬埔寨,教学上的很多事情都是在摸索中进行。还记得 2016 年上半年,我刚接手拼音和作文两个课程时,内心是超级没底的。拼音课程,教材里的练习特别少,而且我还不了解学生的真实水平,根本不知道如何去做才能有好效果;对于作文,刚开始的时候,很多学生连一个完整的句子都写不出来。经过一段时间的摸索,磕磕绊绊着终于总结出一套适合自己和学生的教学方法:拼音方面,我从各个网站甚至国内学生的拼音用书中筛选出合适的教学内容,在实际讲课中,特别注意学生的辨音与练习活动,最后会进行专项分类练习与考核,取得了不错的成效。作文教学,小学生主要写的是记叙文,所以我把记叙文的几大类(写人、记事、描景、状物)写作方法研究清楚,再联系学生们的生活实际,在日常教学中引导他们积累字词,然后写句子、写段落直到写一篇文章,循序渐进地进行练习。另外,我还会把学生的作文修改整理后投稿给当地的各大报纸,当学生看到自己写的文章竟然变成铅字发表在报纸上,心里别提多高兴了。通过这一方式,学生们学习作文的积极性也调动起来了,成就感也就这么培养起来了。经过一年的学习,他们终于可以用中文把自己的想法用写作文的方式表达出来,看到他们充满童真和童趣的文字,我内心感到十分欣慰。在 2016 年华校学生"大使杯"的现场作文比赛中,我辅导的学生拿到了一个"优秀奖",我想这是对我工作最大的认可与回报了。见图4-17和图4-18。

图4-17 带学生参加比赛(1)

图4-18 带学生参加比赛(2)

关于学生管理,刚去的时候管理班级的经验几乎为零。上第一节课的时候,面对着二年级的小朋友,我都会紧张。印象中,有一次还被班里一个调皮捣蛋的小孩子气哭了,记得当时还是校长帮我解的围而不是自己独立解决的这个问题。后来,我慢慢结合学生的特点对所教的六年级学生进行人文教育。六年级的孩子正处于十几岁的青春期,这个年纪的学生已经有自己的想法,如果教育不当,很容易对老师产生逆反心理。而且,刚接手六年级时,班里还有7个留级生,他们会带着其他学生一起玩,对整个班级的班风都有影响。他们中的一部分比较调皮、叛逆、不听话,而且很懒散,具体表现为:经常迟到、上课讲话、作业不按时交,而且有时还会撒谎,跟家里说来学校上课,实际上却跑出去玩。批评他们的话,经常是被敷衍一下,仅仅是嘴上说知道,心里是不会把老师的话听进去的,当老师看不到的时候,还是我行我素。他们对老师的批评见怪不怪,简单的口头教育已经没有威慑力,有时候批评多了他们还会顶撞老师。这部分学生的散漫无序不仅影响着其他同学,甚至还会带偏整个班级的节奏。这使得我的班级管理进行起来特别困难。

没有什么是对外汉语人做不了的,既然没有经验,那就学习呗。经过和优秀教师的沟通,我从关注学生的心理着手,关心他们的成长,了解他们内心的想法,了解他们的思想,同时传播正确的"三观"和良好的品德。在这个过程中,我坚持这么几个原则:一是真诚性原则。学生都是可塑的,要有耐心,不能急于求成,让他们感受到你是真心对待他们的,学习起来也会事半功倍。二是示范性原则。言传身教,为人师要做好表率。作为老师,要求学生做到什么,自己要首先做到。比如,要求学生不迟到,那么作为老师首先不能迟到。三是技巧性原则。学生有自己的自尊心,特别是处于青春期的学生,更加敏感,一定要有批评技巧,而不是不分情况地单纯责骂,这样只会适得其反。除了这些,我还引导他们尊重他人,做一个礼貌的好孩子,讲卫生,不随地乱扔垃圾,全方位地培养他们健康的人格。经过一段时间的磨合,这些曾经调皮捣蛋的孩子终于收敛,班级管理也就理顺了。

从 2017 年 4 月开始,我开始为 HSK 做准备。我们学校是以中小学生为主,许多学生还没有到要考大学的年纪,但是为了检测他们真实的中文水平,我鼓励学生们参加汉语水平考试。最开始,有很多学生连 HSK 是什么都不知道,我就做了一个演示文稿,把"什么是 HSK""为什么要考 HSK"等问题,用图片、动画直观地表现出来,并把中国的特色大学给他们做了介绍,这样成功地吸引了他们的兴趣。整个考试的报名工作非常繁琐,从一一核对学生的报名信息,到后来的考务安排和考场布置,都是我一个人单独去完成的,这也是我第一次全程独立完成的一次考试安排。记得 5 月 20 日考完那天,我需要把试卷带给考点负责人,当时学校马上要关门了,天又突然下起了大雨。记得那天的我,一个人撑着伞,抱着试卷,就像抱着孩子们的汉语梦想一样,小心翼翼地跑在泥泞的小路上。那一刻,我深深地感到自己作为汉推事业的一员,肩膀上的责任有多大,我心中的自豪感有多强烈!

在柬埔寨教学的一些思考

柬埔寨是一个文化多元的国家,特别是在首都金边,随处可见各国的美食及各种肤色的人。柬埔寨的官方语言是英语和柬埔寨语,中文的使用主要运用在商业往来上。近年来,随着越来越多的中国人到柬埔寨投资或旅游,更多的学习者加入学习中文的队伍中,也是为找工作多一个筹码。总体上,柬埔寨人学习中文的热情和需求相对较高。

作为一名中文教师在这里工作,一手教中文一手进行文化交流,这让我感到非常的快乐,非常有成就感。然而,我常常想,志愿者老师和侨办老师毕竟有限,在一个岗位上工作 1 到 3 年就要回国,而学生也会在刚适应了一个老师的教学方法后却又马上去适应另外的老师,这使我十分困惑。我能想到的办法就是加强本土老师的培养力度。这些本土老师多数是华人,从小学习中文,但是由于语言环境和学习条件的关系,很多老师的发音及中文基础知识并不扎实,有的还存在一些明显的语法错误。如果能给这些老师们多些常规化和持续性的培训,一定能提升当地汉语的学习效果,这也是一件可持续发展的事情。

对于志愿者老师来说,提升自身的跨文化交际能力也是一件重要的事情,而且要主动去了解异国文化,并能在交际中根据文化差异处理好一些突发事件。我自己就曾遇到一件当时没有处理好的事情。柬埔寨是个佛教国家,超过90%的人都信仰佛教。这一点我是了解的,但是由于自己只是浅层次的了解,有一次在课堂上还是闹出了笑话。我们学校校风严谨,原则上规定学生不能穿拖鞋来上课,但是由于这里经常下雨,加上习惯问题,有一次天下暴雨,第二天就有几个学生穿拖鞋来上课,我就毫不客气地批评了他们。而他们却对我说"老师,佛都是不穿鞋的。"我一时之间不知道该如何回应,课堂气氛也一下子尴尬起来。这虽然是一件不大的事,但让我陷入了深深的反思。这让我清晰地知道,在中文教学中,深入了解学生的文化背景是一件非常重要的事情,一定要加强学习的力度而不是简单地知道就可以了。

尾记

在柬埔寨的两年,基本上是过了8个夏天,而我也适应了这里的一切。两年的时间,我早已把学生当作自己的孩子。有幸能陪伴他们小学毕业,毕业考试完的那天,突然觉得他们一个个都特别可爱,虽然平时经常唠叨他们,在他们最后一起起身整齐地跟我鞠躬说"再见"的时候,眼圈一下子红了。六个班,是我陌生城市里最熟悉的一角;讲台,是我工作的战场;他们,是我最熟悉也最牵挂的人。而我,从最初的饭不会做、地不会拖、衣服不会洗也变成十八般武艺样样精通。学会照顾自己、独立生活、独立工作是成长最大的表现。除此之外,我也变得更加成熟稳重,思考问题也更加深入与全面,对海外中文教育的事业也是越来越热爱了。我想,回国后我会选择继续考研,我想继续在这条路上走下去。

时间,总是在你回首时觉得飞快,却也是一天天真实而充实地度过着。两年的志愿者生涯,我付出着,也收获着;播种下的中文种子,也在默默地生根发芽。与我而言,二十多岁,花一样美好的青春,我没有辜负,这也是以后的日子里最最宝贵的财富。

(作者简介:张雯斐,平顶山学院2015届对外汉语专业毕业生,柬埔寨公立广肇学校汉语教师志愿者。)

案例 17：我的跨文化适应期

赵亚文

往事犹如沙滩上的贝壳，数也数不尽，但有一颗最大、最亮的贝壳让我至今记忆犹新。在 2017 年，我以一名汉语教师志愿者的身份来到微笑之国——泰国，品味着酸甜苦辣的生活百态。

蜜月期

初到泰国，看着屋外别致的建筑，还有接机老师的亲切笑容，心中十分的开心。参加了一场会议，和其他志愿者老师们吃过午饭，便和小伙伴一起坐着大巴车来到泰东北，一路上，小伙伴都一个接一个下了车，最后偌大的大巴车上，只剩下我和两个泰国老师。因为是晚上，看着外边低矮的小房子，还有大片的荒草，心里很是不安，大概又坐了 1 个小时左右，终于到了学校，负责老师带我来到住宿处，把行李放好，就嘱咐我好好休息，明天开始上课。

第二天，负责老师带我去办了手续，还参观了学校。学校环境很好，到处都是花花草草，还有各种颜色的教学楼，一路上见到的老师和学生都微笑着向你行合十礼。刚开始还有点不习惯，因为在中国学校里，大家认识的人见面都是点头致意，不认识的很少打招呼；而在泰国校园，到处都在行合十礼。学生见到老师，老师见到老师，不论在做什么，不论在哪儿，不论什么时候，大家都会行合十礼，相互微笑致意，说声"萨瓦迪卡"。后来，我也学着泰国老师的样子，每天早上见面，和办公室的老师们相互问候；晚上下班走时，也会说声"萨瓦迪卡"，办公室的老师们也都非常友善地和我打招呼。

早上办完了手续，下午就去班里开始上课，也许是初次见面，学生很是听话，不吵也不闹，即便我只用了几句简单的泰语介绍了自己，也赢得了学生的一阵热烈掌声和喝彩，我的心里也是美滋滋的，想着学生这么听话，以后的教学活动肯定会进行得很顺利。

中午，我和负责老师一起去学校饭堂吃饭。饭堂里的菜式有很多，价钱也很便宜，虽然味道稍微重了一点，但也还是很美味的。泰国人很喜欢吃甜的和辣的，泰国小吃基本都比较甜，泰国菜中很多也都会放辣椒和糖。这儿的辣不仅仅只有辣椒的辣，还有姜味儿的辣，如果你不喜欢吃姜，在饭堂吃饭的时候可要小心点餐了；在我们学校，每个办公室都会有一个小厨房，在这里应有尽有，泰国老师会买很多小吃和零食放在餐桌上边，你总会看到还没有到饭点儿，就会有三两个老师坐在餐桌边，悠哉地一边聊天，一边吃着刚买的小吃或水果，时不时地哈哈大笑，这和中国教师办公室的严肃气氛真的完全不同。接下来的一个月，办公室的老师开始邀请我一起出去吃饭、出去旅游。虽然有时候因为语言和文化的差异，出现了一点点不适和小误会，但是总体上还是很美好的。这些好的开头也让我放松了自己，没有趁热打铁去学习泰语，只安然地享受着"新人"的待遇。

挫折期

随着熟悉度的增加，学生估计认定我是一个脾气比较好的老师。上课的时候开始在教室肆无忌惮地说话、打闹甚至是玩手机。低年级的学生甚至是把教室当成了游乐场，"飞"来"飞"去，好不自由。面对这样的场景，刚开始确实有点手足无措，因为在中国从来没有这样放肆的课堂。我随机询问了其他的汉语教师，她们的学生有些不听话的也是如此，于是我便将这些归咎为文化差异，并没有深入思考其中的原因。因为平时会给学生积分，所以对于那些顽皮的学生我开始不留情面地扣分。可是有些学生依然不为所动，我行我素的，扣分多了的学生最后索性开始破罐子破摔，甚至倒头大睡。眼看着自己的策略一个一个地夭折，我变得有些消沉，令我消沉的不仅仅只有课堂纪律的维持还有教学计划的搁浅——泰国教育比较侧重学生的德育，几乎每周每个年级都会有一个活动，这个活动一般是训练学生的动手动脑能力，学生如果参加活动，当堂课程便会往后推移，每次给学生们制定好的教学计划也就被打乱。时间过得很快，已经过去 3 个月了，可学生的汉语水平却没有多大的提升，我也逐渐开始焦虑起来。再加上和学生沟通，受到语言的限制，我总是听不懂学生在说什么，不懂他要做什么，虽然我们都是手舞足蹈，但是效果并不尽如人意。沟通后，看到学生那稍显尴尬失望的表情，我的心情也越发得难过。教学计划的搁浅，和学生沟通时语言上的障碍，这一个个困难完全冲淡了我刚来泰国时的喜悦和激动，我也开始冷静下来深入思考未来改进的方案。

与此同时，初期对校园环境陌生，负责老师总会带我去附近的餐厅吃饭，来往多了，彼此就比较熟悉。泰国菜吃了 2 个月以后，我的胃便有点不适应了，于是便开始筹划着买食材自己做饭，晚餐经常会一个人吃饭，慢慢和老师们的关系就远了一些，尤其是夜深人静的时候，孤独感便蔓延开来。

调整期

我开始在网上找有关泰国学生学习汉语的论文，请教泰国本土老师，和其他的志愿者小伙伴进行沟通。慢慢地我开始意识到,我身处的是泰国,面对的是泰国学生,他们大多活泼好动,更爱表现、展示自我,我不能再拿以前的那一套来教。我想,如果让他们在课堂中感觉到快乐,只要他们开心了、感兴趣了,就必然会积极投入课堂中来的。我私下找到一些学生询问他们对汉语最感兴趣的点,然后从中选出他们最喜欢的几个话题开始教学。果然兴趣是学生最好的老师,话题改变,学生的兴趣大大提高。另外,我也在教学比较枯燥的环节中加了很多有意思的游戏,比如,用大声小声、拍词、你说汉语我说泰语来操练生词,用击鼓传话、友谊之圈、抛绣球来操练对话。有了这些环节,汉语课堂开始变得很活跃,很多学生下课后都意犹未尽的,告诉我她们很喜欢学中文生词,更令人开心的是那些不听课的学生也慢慢地开始认真背单词,参与其中。虽然偶尔也会有几个学生不听话,但课堂纪律明显好了很多。看着学生每天上汉语课时脸上洋溢的笑容,我也很享受每天的汉语课堂。

随着和学生、老师的亲近,我也开始明白泰式教育和中式教育的差别,尤其是对于泰国课外活动的设置方式有了更深刻的认识。一开始,我总觉得泰国人不注重学生的教育,总是放任学生参加一些活动,耽误学习,但在后期各种活动中见识了学生的创新能力之后,才明白泰国人更加看重的是学生的德育,更注重学生的创新和艺术能力。在学校,他们给学生异常充分的自由和多彩的课余活动,学生在初高中的时候就可以开始锻炼自己的时间管理能力,自己的选择辨别能力,选择自己喜欢的活动,并在活动中尽情挥洒活力和创造力。他们喜欢表演话剧,喜欢画画、制作工艺品这些需要动脑又动手的事情。每次我布置与创造力相关的作业时,作业的提交率就会出奇得高,并且能收获一个又一个惊喜。见图4-19和图4-20。

随着自己厨艺的进步,我开始大着胆子邀请老师和学生到家里吃饭,一起做火锅,一起包饺子,一起研究泰国菜,你一言我一语的,我的泰语水平也有了进步。成就感促使我开始认真学习泰语,以融进这个有爱的大家庭。每天下班之后,我便开始背单词,每天上课时把遇到的不会说的话都记下来,课下就去问泰国本土老师,她们都热心地帮我解答,虽然进步很缓慢,但是为了更好地沟通,我不能偷懒,"一定要努力,一定要坚持下去",我在心中默默地告诫自己。

图4-19 教学生画水彩画

图4-20 教学生画脸谱

适应期

功夫不负有心人,教学策略的改变,课堂上加入游戏,学生开始在课堂上变得专注,课堂上更是很少看到有学生睡觉的,大家都仰着脸认真听我讲课,积极回答问题。

校园里,每次学生看到我,不再是像之前一样只是说声"你好"就害羞地跑掉,而是开始试着用汉语和我沟通。看着他们一点一点的进步,我心里真的很感动、很开心,当然也给了我更多动力。而泰语的学习,也让我可以和泰国本土老师进行更多的交流,在遇到事的时候,不用总是去麻烦负责老师,也可以自己试着去解决。平时下班没事了,就约着泰国老师一起去吃东西、逛夜市、唱歌,日子过得舒适而悠闲。以前不了解泰国,以为国内外的生活节奏基本差不多,但当你走上泰国街头,才会真正感受到泰国人的慢节奏,是那样得悠闲、自由,没有一丝慌张和焦虑。也许就是这样的一种慢节奏,让每个人都心平气和,微笑满面的。我也开始真正享受在泰国的生活,每天早上六点起床,洗澡、吃饭、打卡、参加升旗,有条不紊的。起得比较早,我便会邀请隔壁的韩国老师一起去操场跑步,锻炼身体。到了中午,一般回家自己做饭然后带去和泰国老师一起分享。周末了,就出去找其他的志愿者玩,或者是在家里练练毛笔字,或是做做饭、打扫打扫卫生,怡然地享受着在这里的宁静与舒适。

从刚来的不适到现在一切基本生活都可以处理妥当,感觉更像是一种回炉重造,我在一个不一样的国度重新认识了自己,完善了自己。真心感谢国家和学校可以给我们这样一个展示自我,挥洒热情的机会,让我们在泰国这样一个可爱的国度,认识一群可爱的人,和一群可爱的孩子们共同成长。

我的教学经历

(一)教学对象以及教学内容

我在学校主要教授初中的3个班和高一、高三的汉语专业班。因为年纪不同,备课的重点也不同。初一的学生年纪比较小,基本都是零基础,所以教授内容比较简单,以生词和单句为主,教学方法采用比较直观的图片展示法和游戏法,目的是激发学生对汉语的兴趣。对于初二、初三的学生,会教授生词、对话和简单的语法规则,使用教材是《体验汉语初中版》,教学方法以图片展示和游戏法为主,目的是激发学生对汉语的兴趣,让学生认识汉语。对于高一的学生,我准备的教学内容主要以情景对话为主,锻炼其听说能力。因为高三的学生有很多都要准备 HSK 考试,我的教学就以 HSK 词汇和中国文化为主。

(二)课堂教学管理

制定课堂规则并与学生达成共识。初二学生年纪太小,不太听话,平时上课总是乱糟糟的,安静不下来。后来我就和学生沟通并一起制定了规则:"当学生声音很大时,我要喊三声'安静',如果老师说完,还有学生在说话,就让他给大家表演节目,然后扣5分。"学生们也都同意。在后来的教学中,每次我喊"安静"时,学生真的都很快就安静下来。也有个别的学生没有安静,不过也可以让他们表演节目,缓解下课堂氛围。类似的规则还有"不许在课堂上吃东西,帮助老师擦黑板给2学分,等等"。

(三)泰国学生心理状态

班级里有几个学生,每天上课的时候,就一直瞪着眼睛看着窗外,也不写作业,我发现好几节课都是这样。等到下课了,我就问他:"为什么不想学汉语,身体不舒服?还是听不太懂?"刚开始他还不好意思,说"不是,没有"。后来和他交流了几次,熟悉了,他才说:"老师说的泰语不太清楚而且比较快,我听不太懂,不知道要做什么。"我恍然大悟,有很多学生并不是不想学,而是教学模式,或者是教学方法是他们不太能接受的。后来,我就尽量讲得慢一点,还会重复很多遍,私下也会问学生有没有听懂。和学生沟通的多了,关系也亲近了,学生们听课的时候不懂了就问,就像朋友那样。

泰国学生的心理年龄普遍比较大,但是又比较害羞。和学生相处的过程中,要给予他们话语权,平等地和他们沟通。每个班级都会有那么几个自己不学习还影响其他学生学习的、不太听话的学生。遇到这些学生,不能一味地责备,要了解学生的真实想法,然后有针对性地解决问题。

(四)教学注意事项

1.兴趣是最好的老师

汉语博大精深,难记难背,如果只是一味地学习语法知识或者知识性的内容,学生会觉得汉语很枯燥、没有趣味,就不太想学,建议要选取好的话题,同时设计一些有意思的游戏环节。

2.教师的状态会影响到学生

学习状态是会传染的。后期有一段课量比较大,我的上课状态不是很好。学生看到我的状态,他们似乎也没有了学习劲头,课堂上表现也比较低落。当我意识到学生的学习热情减退时,便很快调整了状态,以最饱满的情绪带着学生诵读、开玩笑、做游戏,学生的热情和专注度也提升了很多。

3.学生之间的学习状态也会互相传染

当班级里有一些不听话或者睡觉的学生时,一定要及时关注和制止,以免影响其他学生的专注度。

4.课堂设计环节要适量

教学环节设计要明确有效,不能"眉毛胡子一把抓"。环节过多会导致每个环节都草草了事,没有什么太大的效果,所以,教学环节的设计一定要有所侧重,要抓主要矛盾。

5.教学模式的创新

教师容易在长期的教学过程中,形成自己的一套教学模式。例如生词教学—生词操练—句型学习—句型操练—测试反馈。长期一样的教学模式太过死板,没有太多变化和创新,学生的兴趣逐渐减弱,所以要多看有关汉语教学相关的书籍,不断地创新和突破。

6.教学计划设计要合理

教学计划的设计一定要张弛有度,要适合泰国教育体制下课程安排的进度,实事求是,不贪多,要有质量地一步步实施。

跨文化交际案例

刚来学校时,学校的一个行政老师很喜欢约我一起去吃饭、参加各种活动。后来,有一次,我因为工作和生活上的一些事情,感觉很累,想早点回家休息,就拒绝了她一次。我们后来再见面,她就不太愿意和我说话,对我也没有以前那样热情,也没有以前那样亲近了。我主动找她说话,她也不怎么搭理我,觉得很尴尬,所以我当时觉得泰国人有点斤斤计较。

后来,在平常的工作中,我会主动找她帮忙,或者看到她需要帮忙的时候就积极地帮助她,有时候也会给她送点水果什么的,让她感受到我的善意,后来觉得我们慢慢又比较熟悉了,就问她关于上次吃饭的事。她有点生气地说:"你的拒绝太没有礼貌。"听她一说,我才恍然大悟,其实是我比较大大咧咧惯了,当时也没有想太多,就直接拒绝了她,也没有说什么具体的理由,所以她觉得我很不礼貌,不够尊重她。

反思

泰国人不论说话还是做事,都比较含蓄和内敛,所以在和泰国人交往时,要多注意一下说话的语气和方式,以避免造成不必要的误会。另外,沟通和理解是解决一切问题的最有效途径,所以在生活和工作中遇到问题时,要及时进行有质量的沟通,将心比心,在理解的基础上把工作做好。

(作者简介:赵亚文,平顶山学院汉语国际教育专业 2017 届毕业生,泰国汉语教师志愿者。)

案例18:未知的幸福

岳 霞

梦想成真

我的本科专业和研究生专业都是汉语国际教育,从理论上来说,出国实践是专业实习的一种理想途径。研究生生活刚开始,我就从心里确定了自己研二实习的方向:去孔子学院进行实践教学。报罗马尼亚,其一是因为同门师姐去过罗马尼亚,所以感觉有什么不懂的地方可以问她,心里多了份安全感,也减少了对陌生国度的恐惧;其二是锡比乌孔子学院是北京语言文化大学的合作院校,我自己在网上搜索了一些有关罗马尼亚的资料,虽然作为欧洲东部的一个小国家,它的知名度并不高,但是它的风景和建筑真的让人沉迷,也丝毫不逊于其他知名度较高的欧洲国家。当自己通过国家汉办的面试,并且后来培训顺利结业时,心里悬着的石头终于落地了。剩下的,就是对未来生活的无限期待。

2016 年 9 月 27 日,我和小伙伴们踏上了征程。一下飞机,发现负责老师已经在机场等我们了,心里暖暖的。在从机场到任教学校的路上,我看着车窗外的这个城市,一切都是那么陌生,陌生的建筑、陌生的人群、陌生的风景和陌生的城市。当时心里想着,这个城市就是我未来一年要工作和生活的地方了,心里是满满的未知、忐忑,同时又充满了无限的期待,期待着自己的专业知识可以得到实践;期待着自己能够在这里传播汉语;期待着更多的人可以认识中国,了解中华优秀传统文化。

众所周知,孔子学院除了承担汉语教学工作任务之外,还负责中国文化的推广。到达罗马尼亚锡比乌孔子学院的第二天,我们这些新来的志愿者就和老师们一起参加了由孔子学院主办的中国文化体验活动。之前并没有太多活动举办经验的我感觉有些紧张。当天来了很多的学生和家长,忙碌了整整一天,活动结束后,突然发现心里的紧张不知道什么时候早已消失得无影无踪,只剩下忙碌后的轻松与自在。活动过程中,看着行动力很强的老师们,心里默默想着,我该学习的东西还有很多。

第一堂课

我的第一节课是在 25 号小学,教学对象是十一二岁的小学五年级学生,共 25 人,课程是选修课。对于之前没有很多汉语教学经验的我来说,第一节汉语课,是一个挑战。我在上课之前问了同行的老师和小伙伴们,记住了他们关于内容、纪律和要求等方面的建议,也查了一些资料,做了充足的准备。

第二天去上课,25 个可爱的小朋友在班主任的监管下安安静静地坐在教室里盯着我看。我用我不太熟练的罗马尼亚语和他们打招呼,介绍自己,他们惊奇地看着我问:"Can you speak Romania(你能说罗马尼亚语吗)?"我笑着说:"Only a little.(会一点)""So cool(太酷了)!"就这样开始了我的第一节汉语课,学了"你好""谢谢""再见"等简单日常用语。正式的第一节课学习部分国家的国旗,我准备了视频、卡片和课堂小礼物等教具,在一系列的小组赛、个人赛、男女生赛等识记国旗赢奖品的游戏之后,我们愉快地结束了这堂课。中国风的小礼物,孩子们也是喜欢极了,拿到礼物之后一个个都抱着我说"谢谢"。因为这个小学是第一次开设汉语课,可能这里的小孩子们很少见到中国人,所以下课的时候教室外面围满了其他年级的学生,一个个都探着小脑袋看我,我笑着用罗马尼亚语和他们打招呼,并把课堂上剩下的小礼物分给了他们,他们兴奋得不得了。也许是因为这些惹人喜爱的小礼物,也许是因为他们的好奇心,也或者是因为我与众不同的黄皮肤、黑眼睛,后来我的班上又多了好几名小可爱。见图 4-21。

图 4-21　喜迎十一国庆节之中国文化体验活动

可爱的孩子们

作为一名汉语教师志愿者和孔子学院大家庭的一员,走出国门,为爱好汉语的人搭建认识中国、了解中华优秀传统文化的桥梁是我们的光荣使命。但是这个传播中华文化的过程不是一蹴而就的,它是一个漫长的过程。对我们的学生而言,这是一个逐渐了解中国的过程;对于汉语教师志愿者来说,这是一个历练和成长的过程。

来罗马尼亚锡比乌孔子学院以前,对如何上好汉语课,我心里是底气不足的。来到这边之后,几位有多年汉语教学经验的老师给了我很多建议,让我受益匪浅。之后我带着老师们的建议,忐忑又期待地去上着一节节汉语课。我有九个班,两个幼儿园班,一个小学五年级的班,两个少年宫的班,两个中学生班,两个社会成人班。少年宫的学生年龄比较小,其中一个班的学生年纪在 8 岁左右,另一个班 11 岁左右,所以我的班级大部分算是少儿班。记得刚去少年宫上课时,一进教室就发现小小的教室里坐满了可爱的孩子们。他们一直冲我笑,这让原本紧张的我顿时平静了许多,我用罗马尼亚语简单地介绍了一下自己,孩子们一听我居然会罗马尼亚语,一个个瞪着大眼睛惊讶地看着我,然后他们就开始用罗马尼亚语一个接一个地问我问题,我赶紧解释说我会说的罗马尼亚语并不多,孩子们笑着说"老师,没关系,以后我们教你",我心里顿时感觉暖洋洋的,于是我就开心地喊他们"小老师"。

很快，一节课结束了。下课之后，大部分孩子都陆陆续续离开教室了，我在前面擦黑板，这时有几个学生过来说："老师，我们帮你。"我说："没关系，我可以自己来，谢谢你们。"可是他们还是拿起黑板擦，提起小水桶帮我擦黑板。等我收拾好的时候，发现他们几个人还在教室门口等我，然后一个小女生小声地问我："老师，我可以抱抱你吗？"听到这句话，我一愣，随后伸出双手笑着说"当然可以"，然后拥抱了他们每一个人。

十二月的最后一个星期，我们的汉语课正好在圣诞节假期前，我知道圣诞节对他们的重要性，所以给班里的每个孩子都准备了小礼物，有中国特色的卡片、中国结、剪纸和小福袋。在我们学习完如何用汉语说"圣诞快乐、圣诞老人、糖果、巧克力、南瓜灯"等一系列词之后，我拿出小礼物，一瞬间教室里炸开了锅，我从他们的眼睛里看到了惊喜。当他们打开小福袋，一件一件地把礼物从里面拿出来时，每个孩子的脸上都是甜甜的笑容，孩子们都跑过来抱着我大声说"谢谢老师，我爱你"。随后，孩子们让我闭上眼睛，并且不让我问他们在做什么。我闭上了眼睛，过了一会儿，他们开心地让我睁开眼睛。我睁开眼睛一看，每个孩子都拿着他们自己做的或画的小饰品站在我面前，用我们刚刚学过的句子对我说："老师，圣诞快乐。"然后他们一个个把手里的东西都塞给了我，有小灯泡画成的圣诞老人，有手工制作的星星、圣诞树、圣诞老人帽子，有画的长筒袜，有各种糖果。那一刻，我被可爱的孩子们感动了。作为一名老师，我想最幸福的时刻就是孩子们向你表达爱的时候吧。即使是一句不太熟练的中文"我爱你"，即使是一个简单的拥抱，都会让我觉得无比幸福。见图4-22。

图4-22　2017年锡比乌孔子学院春节联欢会

因为这些孩子们,我逐渐感受到了作为一名汉语教师志愿者的价值所在;也因为他们,让我越来越喜欢我的工作。我知道,互相了解的过程即使有困难和冲突,但终究是幸福的。

匆匆的一年

时光就是这样,不紧不慢地走着,却在你回头的一瞬间,匆匆逝去。刚来罗马尼亚锡比乌的时候,想着要在这里一年——一年可是三百多天呐,多漫长的岁月。可是慢慢地由刚来时的一天天数着过,变成一个月一个月不知不觉地过,再到后来,心里念的是:时间啊,你慢点走。

依然记得刚来时初见学生时的紧张、面对陌生文化时的心理落差、不会罗马尼亚语交流时的无奈、课堂上调皮学生的捣乱。到现在,只剩下面对所有学生时的放松,跨文化交际时的理解与包容。孔子学院的文化活动几乎每周都有,刚来时我们只能帮老师们做一些力所能及的事情,因为我们还没有能力去组织和策划一场活动。老师们就带着我们,每次活动都让我们参加和学习。从一场场的活动中,我们在老师们身上学到了如何策划活动。后来,老师们开始让我们自己尝试策划活动,如果哪里有问题或者有不合适的地方,老师们再给我们提建议。我第一次策划活动时,上课之余全部都用来想方案、想细节,整晚整晚地和其他志愿者商量。因为经验不足,所以肯定有很多考虑不周到的地方,老师们也给了很多建议。再到后来,策划的活动多了,考虑的也逐渐周全,老师们也放心地让我们策划和组织各种活动、讲座了。由刚开始策划时的焦虑,到后来的游刃有余,在老师们的帮助下,我们逐渐成长。

我不是一个很外向的人,所以有时候在开放、热情的欧洲文化环境中我需要改变自己。还记得刚上课时,我甚至有点害羞,慢慢地,我放松多了。课前我会准备一些课间小话题,下课休息时就和学生聊聊天、家乡、风景、美食、电影、人文、学习,当然聊的最多的话题就是汉语和中国文化。人是需要自己改变自己的,时间久了,我越来越期盼上课,因为我们的课堂不再是单一的汉语知识课堂,而是掺杂着多样文化碰撞的课堂。学生们的笑容越来越暖人,我也感觉越来越幸福。这一年,这样的一种经历,对我来说,是一笔财富。无论是从工作上,还是生活上、学习上,都学到了很多,也让我更加坚定了努力成为一名对外汉语人的信念。短短的一年,满满的收获。

写在后面的话

每个人在成长的过程中都会经历很多选择,这些选择当时可能会让你迷茫、让你困惑、让你对自己产生怀疑,但是这些都没关系,我还是希望每个人都能大胆地去选择,去遵从自己的内心。可能你的选择会让你暂时后悔,但是你若不经历种种,又怎能体会到其中的美妙与甘甜? 多样的经历会让你更加充实,因为你所经历的事情会让你用另一种眼光看待问题。世界广阔而又美妙,给自己一个探索发现的机会,让自己的人生多彩多姿!

路还长,梦想还在,而我要做的,就是继续努力学习。

(作者简介:岳霞,平顶山学院 2015 届对外汉语专业毕业生,罗马尼亚锡比乌孔子学院汉语教师志愿者。)

案例 19:千岛之国之旅

郑海文

距离这次志愿者之旅结束已将近一年。现在想想刚赴任时的喜悦以及离别时的不舍,还是觉得像做了一场梦一样,而这场梦又是如此的美和真实。

缘起

从上大学开始,我们的老师就经常跟我们讲一些有关志愿者的事情,可是总感觉这些事情距离我们很遥远,而且觉得这项事业太神圣,害怕自己不能承担起这份重任,所以连想都不敢想。直到大三的时候,我们有一位刚从国外回来的老师经常跟我们讲一些在国外与学生们发生的趣事,每次听了都觉得很新奇,很有趣。想想自己从小就特别喜欢中国文化,特别是中华优秀传统文化,那为什么不走出去让更多的人了解中国,喜欢中国文化呢? 而且这件事情对于正处于迷茫时期的我来说,就像是茫茫大海中的一座灯塔,让漂泊在海上的这艘孤船找到了方向。

梦想起航

于是我开始为了这个目标做各种准备。从二月份开始准备报考,到三月份压着尾巴赶上了报名,到四月份的考试,五月份的培训,六月份的毕业,七月份的签证办理,再到八月份的派出,一切都来得按部就班而又迅猛匆忙。有时候会让人觉得有点力不从心,特别是在五月至六月份的培训期间,早七晚九的培训以及深夜的作业和论文一度压得心里特别崩溃,但是现在想想那种日子真好,每天都很忙,但很有收获。通过培训,我还结识了一群有相同梦想的小伙伴,见了一批在书中才能见到的汉教大咖,听了他们的讲座,再一次被中华文化的魅力深深地感染,更加坚定了我走出去的决心。

日子过得可真快啊！在接到孔子学院管理教师通知的一个星期以后，便开始了这趟为期一年的印尼之行。随着飞机在印尼首都雅加达机场的缓缓降落，手机上的国际时间自动往后跳了一格。当机舱门打开的时候，感觉自己像是一只正要被放出笼子的小兔子，竖着耳朵睁大眼睛好奇地看着这个陌生而美丽的国度。跟着小伙伴们迈着小碎步兴奋地一路向前，过海关的时候生怕自己有什么差错，可老天爷好像看出了我的担心故意整我似的，在指纹录入环节总是出错，手上出了很多汗，海关处的工作人员笑着对我说："你是中国人吗？来做什么的？没关系的不用紧张，你看你有很多小伙伴，我不敢欺负你的！"我瞬间被他的这句话给逗笑了，心里的紧张感也少了很多。而孔子学院的管理教师们也早早地在机场等候着，暖心地给我们准备了水和面包，把我们送往各个城市。因为我要转机的航站楼在另一处，而第一批的志愿者中，没有和我分到同一个学校的人，所以，管理教师在把我送到航站楼门口后就不能入内了，所有的行李托运以及取票、找登机口等只能靠自己。我的英语水平并不怎么好，很少开口说话，但是在当时的情况下，也不得不壮着胆子开始和工作人员交流，现在想想虽然开口很难，但是第一次靠自己在陌生的语言环境中生存下来，真的觉得自己很勇敢。

离开了雅加达，经过两个小时多的航程便到了我任教的城市占碑。而此时在航站楼的出口处，学校的校长等管理人员已经早早地在门口等候了，还有一位通过第三方机构过去的中文教师，在车上大家一路开心地说说笑笑，让我放松了不少。

透过车窗看着道路两旁各式各样的房子、路边的椰子树、蔚蓝的天空、空中飘荡的白云，各种各样的充满东南亚风情小吃街道，一切都让人觉得陌生又激动。天边慢慢落下地平线的太阳好像在说："这里是苏门答腊岛的占碑省占碑市，欢迎来到我的国度！"

中文教学时光

我所任教的学校是迦南全球学校，我负责教的是小学生。因当地华人比较多，这所学校里的孩子90%都是华裔，又因之前印尼的中文教育出现过断层，所以他们的父母更加重视孩子的中文教育。

学校使用的教材为《汉语》，相对来说每节内容不多，但是整本书有将近15个单元，学校要求一年一本书，所以教学进度相对有些快，学生们在学习的时候会有些难度，特别是对于小学生来说，难度更大，容易造成他们的排斥心理。这就要求教师在教学的过程中既要注意到学生的接受能力，又要跟上学校要求的教学进度。在接触之初,学校的老师就告诉我,印尼的学生们比较懒散,学生们上课时喜欢以出去上厕所、接水等理由出去玩儿,而且上课的时候喜欢趴在地上,小动作比较多,喜欢说话,没有中国课堂那么安静。因为语言本身因素,汉语拼音的构成中有声调,还有一套汉字书写体系,相对于英语来说,学生们觉得还是有一定难度的,加上小学生本身的自我约束能力薄弱,需要教师不断的督促,而汉语又是他们的必修课程,所以教师的任务和学生的任务都很重,这也会让学生觉得汉语既难又枯燥无聊。

针对以上问题,在教学过程中,我注重先培养学生们的学习兴趣。俗话说兴趣是最好的老师,只有把兴趣提起来了,孩子们才能从心理上接受汉语。早在赴任之前,我已经准备了一些用作奖励的书签、小熊猫、十二生肖的小吊坠以及用作盖章的十二生肖小印章等比较有纪念意义的小玩意儿。在第一节课的时候,我先给学生们展示小礼物,等学生们一哄而上的时候,做右手手指放在嘴边的动作,并表示以后这个手势就是表示要保持安静,如果一节课中老师打这个手势不超过三次,证明大家表现得都很好,每个学生都可以得到一个小印章;每节课都会评选出一位表现最好的同学奖励一个小印章,平时作业写得好的也会奖励小印章。一周一结,集齐的小印章按照数量可以兑换不同的礼物,当然平时考得好的和进步的学生也会有额外的奖励。这些规则要让学生觉得自己付出一些努力就可以做到,不能定得太高打击学生们的积极性,也不能太低而起不到激励的作用。

无规矩不能成方圆。中文教学在提高学习者兴趣的同时一定要定下规矩的意识和行动。针对学生们感觉课堂无聊、学习难度太大的问题要靠兴趣去吸引,但是学生们课堂纪律差,总是爱出教室的小毛病则需要一定的规矩去约束。可能跟印尼是热带国家有关,学生们做事都懒懒的、慢慢的,一堂课从老师进教室到开始上课,大部分教师都需要将近 10 分钟的时间来管理,学生们会叫"老师我要上厕所,老师我要喝水,老师我要拿书,老师我要拿练习册"等各种想不到的状况。为此,我会在上课之前想好需要学生们准备什么东西,并在进教室的那一刻拍拍手让他们安静,告诉他们有两分钟的时间去喝水、上厕所、拿出课本和练习本以及圆珠笔。前几节课需要掐着表站在门口等他们,超出时间的需要接受小小的惩罚。但是这种做法让学生们在无形之中养成了习惯,每次汉语课学生们都知道课前两分钟要把该做的事情做完,一整堂课下来,学生们都比较安静,不会出现其他老师所说的比较乱的情况。见图 4-23 和图 4-24。

图 4-23　活泼的印尼孩子(1)　　　　图 4-24　活泼的印尼孩子(2)

　　我所教授的是四五年级的学生,这个阶段的孩子已经有了自己的喜好,有一定的理解能力,所以我会事先准备一些比较好听的中文歌曲,最好是有视频的那种以及一些小的动画短片,简单易懂,在上课的前几分钟给学生们观看,同时去观察学生的兴趣点,记在笔记本上以便于用到日后的教学中。例如,我发现学生们都特别喜欢问我中国有哪些地方比较美,因为他们大部分同学每年都会来中国旅游,所以我会在上课之前给他们看一个城市的旅游宣传片,引导他们说出自己最喜欢的城市以及原因。在同学们分享的时候纠正读音和语法。引导一段时间以后就可以增加中文表达的长度和难度,问题就变成了你最喜欢哪个地方的哪个季节及原因。慢慢地学生们的兴趣培养起来了,汉语也学好了。见图 4-25。

图 4-25　在课堂上

之前看过一段很有意思的话："上帝给了我一个任务,叫我牵一只蜗牛去散步,我不能走太快。可是蜗牛走得太慢了,每次总是一点点。我推它,喊它,责备它,蜗牛用抱歉的眼光看着我,似乎说:我已经尽力了。我拉它,扯它,甚至想踢它。让蜗牛往前爬,我在后面生闷气,咦!我闻到了花香,嗯,原来这边还有个花园;我闻到了微风,原来夜里的微风这么温柔。我忽然想起来了,我忽然想起来,是上帝叫一只蜗牛牵我去散步。"其实,教育孩子就像我们牵着一只蜗牛,我们总是以大人的标准去要求孩子,觉得孩子慢,我们不停地催促、抱怨,我们为什么不换个角度呢?用平和的心态接受孩子,陪孩子一起欣赏世界,就不会让孩子变成一只流泪的蜗牛。

俗话说,一日为师,终身为父。相信每位老师在教授学生的时候都像对待自己的孩子一样,希望他懂事、听话、优秀,希望他能够有个好的未来。所以对我的学生而言,我不仅是老师,更像是朋友、母亲。学生们对我更多的不是害怕,而是尊敬;但是课下孩子们也会像对待朋友一样和我相处。

印象深刻的三次尴尬事件

印尼孩子的上课时间是比较特殊的。从早上七点到学校开始上课到下午一点放学,中间仅有两个饭点,一个是九点多的半个小时的点心时间,另一个是中午十一点半到十二点的半个小时的吃饭时间。记得刚给他们上课的时候,有一次给五年级一个班的学生讲完课,让学生们在课上完成练习册的内容。这是第一次让他们在课堂上写作业,也是我人生第一次体会到什么叫不懂就问——学生把这句话体现得淋漓尽致!学生们在课堂上开始的时候还会乖乖地在位置上举手,后来有一两个学生跑到我跟前问问题,最后就演变成了我走到哪儿,学生跟到哪儿,问完没位置就直接趴在地上写。后来到了吃饭的时间,因为已经是最后一波吃饭的时间,如果错过时间餐厅就没有饭了,但是还有个学生一直在拦着我说:"老师,一个,我就再问一个。"结果问完一个还有一个,没办法,只能让学生和我一起拿着东西往餐厅跑。当时正是吃饭的点儿,而我总共带了四个班的学生,有学生看到我往下跑,就开始追着问我:"老师,你干嘛?为什么要跑?"并且跟着我跑,最后越跟越多,就成了一个老师在前面跑着说"我要去吃饭",后面一群学生中传出一个声音说:"老师,我再问一个!"跑到食堂的时候,当时在吃饭的老师都惊呆了,都问我:"老师,发生了什么事情?"我也只能很无奈地说:"没什么"然后抛出尴尬的一笑,最后被学生拉着坐到了对面,吃一口饭回答一个问题。

还有一次是上网课。因为每一课课后的生词都需要听写,我就给他们提前录好了音频放在了学校的网站提供的云盘里面,但是不知道什么原因,在听写的时候有的同学能放出来,有的同学打不开。因为只有一个小时的听写和提交时间,学生们都比较着急,当我正在焦急地检查问题的时候,有个学生打来了电话,结果一着急我说出来的全是中文,学生沉默了好久说了一句:"老师,我听不懂汉语。"听完之后我笑了好久,着急的心情也舒缓了很多。和学生们在一起,总感觉自己也像是一个长不大的孩子。过节的时候教学生跳舞,下课了跟学生一起跳绳、玩游戏,有时候在陪学生们等家长,学生走的时候还会偷偷地亲亲脸颊。这种快乐就好像是在那一瞬间与幸福撞了个满怀吧!每天都沉浸在学生满满的爱中!

还有一件事发生在和认识的一个中文老师之间。这位中文老师之前在广东那边留学,特别喜欢吃西红柿炒鸡蛋,现在另一个学校教中文。有一次,他问我会不会做西红柿炒鸡蛋,他特别想念那个味道,虽然我也从来没有做过,但看他满脸期待的样子,我还是不忍扼杀他的中国菜情结就答应了。基于当地习惯,我问他是在我宿舍吃还是带回去慢慢品尝,如果要带回去的话,那就需要带个饭盒过来。于是他骑着小摩托飞驰而来,不一会就端坐在会客厅了。我把西红柿炒鸡蛋端下去以后,又给他切个芒果,这时我突然发现面前除了西红柿炒鸡蛋外好像还多了一双碗筷,碗里好像还有东西,仔细一瞧,竟然是米饭!然而我特别疑惑地想了半天,怎么也想不出来自己准备过这些,于是忍不住开口问:"振达老师,你这米饭是哪里来的?"振达老师也一脸迷惑地问我:"不是你让我带的吗?"我顿时忍不住哈哈大笑了起来,说:"我是让你带饭盒,如果不想在这儿吃可以带回去,你怎么会带米饭,还有,你背着书包是如何把这碗米饭带过来的?"振达老师赶忙问饭盒是什么的时候,我才意识到原来是一场语言误会。

曾经的挫折和调整

但是这种快乐和幸福并不是随时随地都有的。刚去的那段时光于我而言是特别痛苦的。学校下午一点放学,教师再准备准备当天的收尾工作及第二天的任务,学校基本都是在下午三点下班。下午三点以后的时间对我来说有点难熬,特别是周末时光,出了学校的大门,人们说的都是印尼语,而我只会简单的"你好"和"谢谢"等常用印尼语,自己一个人根本不敢出门。每个星期还要跟学校申请校车去一次超市,买一个星期的生活用品。开始的时候,我还不适应印尼的饭菜,需要自己做饭带去学校,这样一来就需要存够一个星期的菜品,而且带到学校的饭菜到了中午也都是凉的,慢慢的就开始胃疼,身体也出现了很多问题。记得大概第三个月开始,我还出现了小小的抑郁倾向。当时已经没了前两个月的新鲜感,生活和工作开始步入正轨,在学校的时候有老师和同学沟通交流,还有一个当地的中文老师可以陪着说说话,但是一旦回到宿舍,门一关开始洗澡、洗衣、休息、起来做饭,整个过程没有一个可以说话的人,就觉得宿舍里面安静得可怕,加上身体出现的不适,有时候会偷偷地躲在被窝里面哭,渐渐的笑容也变得少了,也不太愿意和其他人交流了。

当时,学校的那个中文老师发现了我的变化,开始给我介绍一些会中文的朋友,还建了一个群,一到星期天的时候就有朋友组局一起出去吃饭、唱歌。他们知道我不习惯印尼菜,会特意挑选一些有中国菜的餐厅,因为他们中大部分之前都在中国留过学,所以有时候也会推荐一些觉得我可以接受的口味的菜。有的时候,这些认识的朋友也会单独约我出去认识更多的人。

特别是到了中国的节日时,当地也会有一些活动,就开始有老师计划着我们要去哪个地方玩儿,印象最深的是那边的春节和元宵节。虽然当地华人都保留着过节的传统,但是还是会根据当地的习俗做一定的改变。比如,春节的第一天中国人都会拎着礼物去拜年,主人会给客人家的小孩子红包,这些他们都保留着。但是不同的是我们是一天拜一家,他们是一天要拜好多家,主人会提前订好日子,告诉客人们什么时候开派对,在这一天邀请亲朋好友来家里拜年。因为客人比较多,所以大部分都是事先准备好所需要的餐食饮品,摆放成一排,待互相问候之后客人自主取餐食,类似于中国的一些酒会,客人和主人都比较随意,大部分家庭都会在一天内迎接完客人,然后开始赴其他家的约。所以在那一天对客人和主人来说都是累并快乐着的。一天走下来是又累又饱又开心!

但是所有的外在的快乐都是别人给予的,真正的快乐还需要自己想通啊!看到家人、朋友都那么努力地让我开心,于是我开始自我做出改变,感到孤独的很大一部分原因就是自己太封闭了,于是开始给自己做每天的计划:每天去一家会说中文的朋友家里练习瑜伽,晚上和家人朋友打打电话聊聊天,放假了约上朋友一起去巴厘岛和龙目岛玩儿,吃吃美食、逛逛街、晒晒太阳,认识更多的新的朋友,有的时候也会在宿舍和同事们开派对,每天都计划得满满当当,慢慢的生活也过得越来越开心了。这大概就是因为生活中有不开心的时光,所以才让幸福的时刻显得格外的幸福吧。

尾记

时间过得很快,受到疫情的影响,我们这批志愿者们不得不提前回国。虽然计划的留任最终没能实现,但是这短短 8 个月的时光是我一生中格外美好的一段。这 8 个月让我从一个青涩的小女孩变得独立坚强了起来,小到生活中的洗衣、做饭、收拾家务,大到一个人承担起一台新年晚会,这些事情不仅让我成长起来,磨炼了我的耐性,也让我在面对生活中的其他问题时变得更加从容自信,觉得自己在国外那么辛苦都可以抗过来,还有什么事情是做不到的呢?

虽然志愿者回国后没有特别多的保障,所有的事情都需要从头再来,但是我总觉得这个世界上,只有自己亲眼看到、亲自品尝到、亲身经历过,靠自己的努力牢牢地攥在自己手里的东西才是真正属于自己的,所以没有什么遗憾的。回国后,我顺利地考上了高中教师编制,身边有朋友、父母、亲人、爱人,过着平平淡淡的充满人间烟火味的生活,身边的朋友也会问我"既然出去了,为什么还要回来呢?"人生啊! 有很多岔路口,但是我们就只能选择一条路,看这一路的风景。当然在这条岔路口之后还可以继续有更多的选择,比如可以通过在职教师的身份继续出去做中文教师,都是延续梦想的方法。人生本就是个不断经历、不断超越的过程,带上愉悦的心情,去看一看这个世界的精彩与美好吧!

(作者简介:郑海文,平顶山学院文学院 2019 届汉语国际教育专业毕业生,曾赴印度尼西亚占碑市迦南全球学校任汉语教师志愿者。)

案例 20:"菲"一般的感觉

王世娜

不知不觉一年就这样过去了,还有一个月的时间我就要回到心心念念的祖国了。回想起这一年来的经历,一幕幕如电影般回放在眼前。

梦想终于落地

犹记得当初高考后选择专业的那年,不知不觉就被招生书上对外汉语这个专业所吸引,看到这个名字心中就泛起了无限遐想。农村出身的我从小就对外面的世界充满好奇,看到这个专业就觉得人生会有更大的可能。后来如愿以偿考上大学并进行了对外汉语专业的学习,更是对这个专业充满了无限兴趣,那时每天都想着有一天可以走出国门,做一名成功的海外中文教师,让更多人听到中国的声音,让更多学习者学说中国话。苍天不负有心人,大四那年,我有机会报考了汉语教师志愿者项目并且有幸被录取,我多年的心愿终于迈出了一大步。

记得在海南培训的时候,听到老师们对我们讲述菲律宾的种种生活,心中忍不住的激动,想赶快来体验一番这"菲"一般的感觉。

来到菲律宾后,开始的时候确实感觉"菲"同一般。这里的天空是如此得低,感觉如果自己站在一个小山丘上就能够触摸到天空。这里的天空是如此的湛蓝,如同画上的一般。菲律宾没有分明的四季,只有雨季和旱季,一年都是夏天,所以这里的植物覆盖率还是非常高的,风景也是与众不同。沿路来到学校看到了很多的教堂,培训时就常听老师们提起菲律宾是一个天主教国家,那时便想这个国家教堂自然是数不胜数了,到了这里才发现,这里的教堂真的不是一般得多,而且每个教堂都极其漂亮,都是当地的一道亮丽风景线。

我所居住的地方基本也算市中心,周围商铺林立,大部分是来菲华人经营的,所以在这个城市你可以买到的东西绝大部分都是来自中国的。这也使得你的生活不会有太多异国他乡的不方便,再加上没有时差,整体上在菲律宾的生活其实是没有太多的不适应的。

在启明学校的教学实践

我所任教的学校名字为启明学校,学校坐落在市中心。启明小学规模不大,有学生100多人,教师13人,其中汉语教师就有4人,包括两名华侨教师和两名汉语教师志愿者。启明学校是我所在城市唯一的一所华人小学,在这个城市的知名度还是极高的。这里将近五分之一的学生有华人血统,当然大部分是当地的菲律宾人,他们把孩子送启明小学的目的就是希望自己的孩子可以学好中文,这样有利于孩子们的未来发展。

我所任教的学校一共有8个班级,幼一幼二以及一到六年级,每个年级平均每天有两节中文课,一节数学和一节语文。我总共教四个年级,幼一和三年级的语文,幼二和一年级的数学。幼一的学生汉语几乎是零基础,但由于菲律宾是一个英语使用率很高的国家,很小的孩子就会说一些基础英语,所以我和小孩子的沟通还是没有太大问题的。就这几个班的教学来说,幼一的孩子们由于初次接触汉语加上他们的年龄还小,所以受到母语的干扰很小,这一点反而有利于他们汉语的输入。三年级的孩子则不同,他们已经学习了四年的汉语,有了一定的基础,所以和孩子们交流的时候可以适时地说一点汉语。一年级和幼二由于教授他们的是数学课,除了数字读音和中国的不同之外,其他方面也没有太大的问题,加之他们本地的老师也教他们数学,所以只是两种语言罢了,不存在无法交流沟通的问题。

在菲律宾教学最大的感触就是这里的课堂是十分活泼生动的。来这里才发现,这里和中国的课堂存在很大的差异。中国的孩子习惯端坐在课堂上,从不敢逾越;但是菲律宾的孩子不同,这里的孩子们相对调皮一些,很喜欢和老师们交流沟通,他们最大的优点就是能歌善舞,听到音乐就能根据旋律翩翩起舞。他们也很乐观,一件极小的事情就能够高兴一天。他们肢体语言丰富,课堂上极为活跃,有时也常常离开自己的书桌,有的调皮点儿的还会和其他学生打闹。所以要想上好一节中文课,课堂管理可能要花费一定的时间。另一点是,学生的学习程度差别明显。对于幼一、幼二的孩子们来说,他们年龄还小,中文基础薄弱,上课的时候中介语使用的频率相对高一些。但也有一些孩子的汉语水平不好,再加上英语基础也并不好,而老师沟通的媒介语却是英语,这样就造成了语言交流上的障碍。我就曾遇见过一名这样的孩子。他是幼二的一名男生,刚开始认识他就觉得这个孩子很可爱也很努力,可考试的时候却发现分数不是很理想。后来通过与他的沟通才发现,这个孩子的英语水平不好,甚至基本的英语数字也说不太清楚,所以每次我上课的时候他虽然瞪大眼睛看着我,但其实根本没有听懂我讲的话,又加上他个人害羞,从来不与老师交流,所以成绩才会比想象中的差些。来菲教学虽然没有强制性地让一名汉语教师志愿者学会说他们的本族语,但是基本的一些课堂用语和孩子们常讲的用语还是要掌握的。当然,我们还是应该尽自己最大的努力教孩子们多一些汉语,这样和他们沟通的时候也就变得容易了很多,而且也有利于他们汉语的习得。见图4-26和图4-27。

教学设计是教学的指导框架,必须从教学对象的实际出发。由于我的教学对象年龄都偏小,孩子们注意力集中时间有限,我在教学设计上也是做了功课的。首先,上课之前我会安排课前活动时间,或者活动活动腿脚,或者唱一首中文儿歌来暖场,或者做一个小游戏为教学内容做准备。其次,为了吸引孩子们的注意力,我自制了很多教学用具以及一些图片和实物,加上我的肢体语言,这样学生们就会把更多的目光转移到我的身上,而且这样也会节省很多时间。课程内容操练上,这个年龄段的孩子活泼好动,所以我就用很多游戏的方式让他们在参与中和体验中学习汉语,这样不仅引起了他们学习汉语的兴趣,也同时锻炼了他们汉语运用的能力,一举两得,甚是好用。

图 4-26 幼一的课堂管理

图 4-27 三年级的小组活动

用心做好文化活动

在有限的时间内,让孩子们更加了解中国,对中文更加感兴趣,这是我不可推卸的责任。我所在的学校有一个传统,就是每个星期都要带孩子们做一些课外活动以此来丰富学生们的校园生活。作为一名中文教师,我们准备的活动当然与我们的中文学习密不可分。周一至周四,我们组织的是听、说、读、写、锻炼活动,周五的活动则相对丰富。

活动的设计我一直坚持寓教于乐的原则,我也认为让孩子们在轻松快乐的氛围中学习汉语,是我们每个汉语教师志愿者都应该做到的事情。每个周五我们都会做一些多样的活动,有时候教孩子们剪纸或者折纸;有时候教他们画简笔画;有时候教他们学习一些基本的拳法,比如五步拳;有时候带他们做一些经典的游戏,比如跳绳、扔沙包、踢毽子;有时候带他们看一场富有中国文化气息的电影,例如《百鸟朝凤》;有时候带孩子们填色,画的内容都是中国经典的人物;有时候就带着孩子们做脸谱、练习毛笔字;等等。见图 4-28。

为了让孩子们学好汉语,我曾经用了一星期的时间做课件,从衣、食、住、行四个方面,纵横两个角度全方位地向他们讲述我们的祖国,带他们了解中国,了解中国文化。准备得充分,讲解就会游刃有余,也能很好控制节奏。我发现孩子们真的对我举办的活动很感兴趣,有不少学习者总是问我接下来一周会做什么,言语中充满了期待。我想,这也是我们举办活动的初衷。现在想起来,真的是教师有什么的观念、有什么指导思想,就会产生什么样的行为及结果。见图4-29。

图4-28　家长课堂

图4-29　趣味运动会

难忘的生活体验

就这么一边上课一边组织活动,闲暇时间穿梭在大大小小的城市中感受不一样的生活,第一年任期结束后,我毫不犹豫地选择留任。一是源于在这边的良好体验,二是源于内心的真正喜欢。中文教学让我有了另一份成就感,让我看到了自己的价值和内心向往的生活。

当然,海外中文教师经历也练就了我应对困难的能力。有一次,所在城市半夜台风袭来,窗外是呼啸的风声和震耳的雨打玻璃声,然而,没有想到的是我居然没有丝毫的胆怯,就那么安然睡着了。第二天早上,一觉醒来,惊呆了。拖鞋漂着,垃圾桶漂着,原来我的房间进水了! 同屋的小伙伴紧急向学校负责人汇报,而我,淡定地用桶往外倒水。事后,总觉得今后不管遇到什么问题,我都会坦然应对了,也许这就是独自面对困难后练就的本领吧。

总体上,在菲律宾的这两年,无论在生活上还是在工作上所发生的一切,对我来说都是我人生中的一笔财富。来到这里,我感受到了菲律宾人的乐观精神,感受到了他们生活的那份精致,也感受到了他们对我的友好,我想这是我应该好好学习的地方。来到这里,我也了解了菲律宾人的衣食住行,他们的突突车、吉普尼、铁轨、王城、白沙滩、薄荷岛、烤乳猪……在我心中都是菲律宾的标志。来到了这里我没有感受到很大的文化不适应,因为这里有很多的友好的中国同胞,还有来自菲律宾人的那份尊重。其实菲律宾的生活方式有很多和中国相像的地方,比如他们过生日的时候也会吃长寿面,他们也喜欢吃酸辣的东西,他们的学生一样害怕老师、害怕进办公室。不仅如此,他们有些还很喜欢中国的文化,比如喜欢喝茶。

这段"菲"常之旅,有欢声笑语,有感动钦佩。无论发生了好的还是不好的,我都感激人生的这段岁月,它让我成长,让我体会了一把别样的人生。我感激在我合适的年纪抓住了适合的机遇,一切来得刚刚好。

青春时光不留遗憾,无怨亦无悔,感恩我所历经的一切。

(作者简介:王世娜,平顶山学院2016届对外汉语专业毕业生,曾赴菲律宾启明学校任汉语教师志愿者。)

案例21:"泰"多收获,"泰"多不舍

——赴泰汉语教师志愿者工作总结

兰 茜

不知不觉,在泰国的志愿者工作已有8个多月了。此时的我,心中百感交集,无法准确形容出来,既有在异国对祖国家乡的思念,也有和老师、学生、朋友们相处时的感动,还有对即将到来的离别的不舍与留恋。

感谢国家汉办孔子学院、河南省教育厅对我的信任,给予我如此宝贵的机会,让我接受最好的培训,最终成为2018年赴泰汉语教师志愿者中的一员。感谢中国驻泰大使馆、泰国教育部、基教委对我们志愿者在职期间给予的鼓励和支持,感谢我所在的孔敬府春彭县春彭中学的全体师生对我的关照和指导,感谢所有朋友们给予我的力量。

从2017年6月到12月,这半年的努力没有白费,虽然考研失利,但是"失之东隅,收之桑榆",当收到国家汉办的拟录取的邮件时,我终于体会到了这句话的含义。在那6个月里,我将全部的重心都放在汉语教学的相关知识上,由于不是本专业的,很多知识都是从零开始,所以只能更加努力,好在最后的结果没有辜负自己。

家人、朋友们都为我感到高兴,但同时也给了我一些叮嘱,让我多多保重。家人担心更多的是安全问题、生活问题,不过现在他们看到的是,我顺利地在这里生活工作,很快地融入了本地老师交际圈,大家都很喜欢我,而我也向更多的人展现了一个中国女孩的魅力。关于泰国的负面消息,也是家人、朋友担心的问题。其实这些我也早有心理准备,我已经明确了来泰国的使命是为对外汉语教育事业的发展添砖加瓦的,可谓使命光荣,责任重大。至于那些困难和麻烦,也是我应该要去面对、去克服的。

体验微笑之国的文化风俗

2018年6月26日晚12点左右,随着飞机缓缓降落在泰国曼谷素万那普机场,激动不已的心情把行程中的疲倦一扫而空,"萨瓦迪卡!泰国,我来了。"

踏上这片热土,感受这个素有"微笑之国,黄袍佛国"之称的国度其与众不同的魅力:本土气候的"热情"(泰国气候属于热带季风气候,全年分为热、雨、旱三季,年均气温24~30℃,常年温度不下18℃,平均年降水量约1000毫米)、异域美食的诱惑(泰国美食国际知名,无论是口味辛辣的还是较为清淡的,和谐是每道菜所遵循的指导原则)、热带瓜果的飘香(如山竹、榴莲、菠萝等)、人民对宗教信仰的虔诚(佛教是泰国的国教,90%的人信奉佛教。几百年来,无论是风俗习惯、文学、艺术和建筑等各方面,几乎都和佛教有着密切关系)、旅游资源的得天独厚(主要旅游点曼谷、普吉、芭堤雅、清迈、清莱、华欣、苏梅岛等)。泰国人对于不认识的长辈都习惯叫叔、伯、姑、姨,或爷爷、奶奶;同辈之间也称兄道弟,或姐妹相称。他们从小受家庭教育,在家庭要尊敬父母、长辈;学校培养学生尊敬老师、对高年级同学要有礼貌的风气,教导学生敬老师犹如敬奉父母。

丰富多彩的教学工作和生活

(一)学校概况

我在泰国东北第二大府孔敬府春彭县春彭中学(Chumphae Suksa School)任教。学校属于公立学校,从初一到高三共6个年级,每个年级12个班。学校有4位本土的中文老师。校长是泰国人,但他会说一些英语,偶尔我会用英语同他交流。不过通知事情的时候,校长多数会让本土的汉语老师负责我们的日常问题。学校的学生和老师对我都非常的热情和友好,他们时常会教我说一些泰语,关心我在泰国的生活。

(二)教学任务

学校为每个年级的每个班都设置了中文课,每周一节,每个年级还有一个中文班,中文班的汉语课分为读写课和基础课。学校所用的教材是《跟我学汉语》第一册。我负责的是高三毕业班全年级的中文课,高三的学生有很大的特点:一是他们都有一定中文基础了;二是由于即将毕业,他们对于学习有一定的倦怠性。因此,我一定要让中文课格外生动,吸引住学生的注意,持续激发他们对中文的兴趣。我已经是这所学校第四批志愿者了,所以这里的学生已经能适应与中国老师相处。而我也积极参加学校组织的各种活动,如升旗仪式、教师例会、外语比赛等,经常与学校的领导和老师沟通,交流教学方法和教学经验。

在正式进行教学前,先分析教学对象。学生基本都是泰国人,性格活泼、行为肆意、艺术细胞很活跃、能歌善舞、表演欲较强,但学生学习汉语的主动性较缺乏,很少有学生能有课前预习、课后复习的习惯。这与中国学生有着本质的区别。上课讲解知识点时,有些学生学习观念不强,需要老师反复重复、不断督促,学生才会被动地记住。学生在发音、语调、汉字书写等方面存在很大的问题,书写汉字容易出现笔顺、笔画错误等。老师的责任是"传道授业解惑也",因此身为志愿者老师更有义务挑战问题,要有信心化阻力为动力,寻求更好的方法来教导学生。

选用合适的教学模式。首先,课前精心备课,仔细分析教学内容、明确教学目的和重难点、准备教具;其次课上认真、耐心地讲课,有效利用课堂时间,调动课堂气氛,例如通过小组间竞赛、接龙游戏、看图识字等方式,辅以合理布置练习和作业,帮助学生对所学知识点进行巩固,从而更好地达到教学目的;再次,课后,认真批改作业、试卷等,与学生形成朋友关系,经常同他们交流和沟通,跟他们聊聊有趣的事情、关怀他们的学习和生活等。一开始,他们要听懂可能会有点难,因为学生的汉语水平有限、我的泰语水平也平平,但这样既可以帮助学生学习汉语、产生学习汉语的语言环境,同时学生也可以教会我一些泰语,时间长了,不但做到了教学相长,同时也能更好地拉近与学生的距离,更好地促进教学的开展。

劳有所得的欣慰。在任职期间,通过我和学生的共同努力,我的教学有了一定的成果。学生的发音、语调、汉字书写有了一定的进步,能够运用汉语进行简单的日常会话,如见面问好、介绍自己和家人等。学生很喜欢学习唱中文歌曲,时不时能听见他们哼起中文歌。关于中国文化,他们也有一些了解,如中国的节日、中国的传统食物等。学生平时的测验成绩也有了明显的提高。与此同时,还组织学生参加由孔敬大学孔子学院承办的汉语技能大赛,我辅导的学生分别参加了中文歌曲比赛、读拼音比赛、读汉字比赛、讲故事比赛,一些学生取得了不错的成绩。通过前期我对学生的训练以及对他们开展的汉语演讲技能培训工作,进入比赛的三位学生有一位学生拿到了奖项。在此之前,他们从未参加过这样的演讲比赛,为了这次比赛他们也付出了很多的汗水,通过参加汉语技能比赛到之后一系列的汉语比赛,他们的汉语水平有了一定的提高,得到了很好的锻炼,同时还积累了不少的经验,对于他们来说这就是超越了自己,这也是对他们最好的鼓励。我为我的学生们感到欣慰,这也激励着身为汉语教师志愿者的我更好地完成所肩负的责任。见图4-30和图4-31。

图4-30　和学生在课堂　　　　　　　图4-31　校长颁奖

在泰生活

在泰国的生活比想象中容易多了。来到泰国之后,我生活在泰国东北部孔敬府春彭县,生活上并没有遇到很大的困难。在春彭,虽然交通方面不是很方便,但对于我来说这些都是可以克服的。学校安排的房子,是一个二层楼的木屋,有一位同样是志愿者的汉语老师与我同住。两个人生活上彼此照应,互相帮助,这让我觉得很安心。值得欣慰的是这里的人都比较淳朴、友好。日常生活中,出行去学校或是购物,我一般以自行车为交通工具。除了在学校里有本土汉语老师之外,我接触到的中国人很少。所以我努力学习一些日常的泰语以便在这里能独立地去购买东西或者吃饭。

在2018年9月初,我们也进行了为期两天的岗中培训,我见到了很多志同道合的志愿者和伙伴们,大家一起学习,一起交流,收获了很多。感谢国家汉办,也感谢孔敬府驻泰总领事对我们的热切关怀。

正所谓"独在异乡为异客,每逢佳节倍思亲",在2019年2月3日,我们参与组织了庆祝中国春节联欢晚会,2019年2月16日晚,又受邀参加总领馆的元宵节晚会,我想为在中国的家人朋友献上一份祝福,愿他们一切顺利、身体健康,也祝愿祖国更加繁荣。2019年的新年是我人生中最难忘的一次春节。而我将继续在这个微笑之国的土地上奉献着、学习着、生活着、感受着、成长着,这将是我人生中难忘的记忆和无价的财富。

"温柔而独立,自信而坚强"是汉语教师志愿者最好的概括,我为自己能成为一名赴泰汉语教师志愿者感到无比骄傲!

（作者简介:兰茜,平顶山学院汉语国际教育专业2018届毕业生,赴泰国孔敬府春彭县春彭中学担任汉语教师志愿者。）

第四节 国际中文教师跨文化交际案例分析

通过前文 12 个国际中文教师的案例分享,下面对这些案例所体现出的国际中文教师跨文化交际能力进行分析。

一、中文教学方面

(一)注重因材施教

因材施教虽然是个老话题,但永不过时,尤其是对于国际中文教师。不管是孔子学院的公派汉语老师还是普通志愿者,到任后承担的教学任务都比较重,一周 20 课时以上很常见,而且根据教学需要,有的志愿者还承担数学、历史等科目。总之,面对教学对象和教学内容多样化的情况,因材施教显得更为重要。

笔者在特洛伊大学孔子学院工作期间,根据教学对象的不同,尝试探索不同的教学方法。比如,在汉语兴趣班上课时,注意因材施教。有的年纪大,笔者就放慢教学进度;有的对中国文化更感兴趣,笔者就适当偏向文化介绍;有的喜欢写汉字,笔者就汉字书写授课内容多一些。再比如,笔者在多森"中国语言和文化活动月"中,因授课对象多是商务和企业人士,笔者准备的文化内容就偏向中国餐桌礼仪和"面子"问题。有人说,"面子"是打开中国文化的钥匙之一,中文是典型的高语境语言,如果外国人对此一无所知的话,就很可能闹笑话或达不到交际效果。

本章案例中,赴柬埔寨志愿者丁晓婷经过一段时间的教学,发现每个班级的办法和学习氛围并不一样,因此需要对不同的班级采用不同的教学态度和管理措施,"恩威并施"。另外,制定的教学规则一定要实施。国外课堂不如国内课堂"守纪律",若失去了教师的公信力,正常的教学活动将无法开展,更谈不上传播能力的体现。

(二)注重策略调整

案例 10 中赴泰汉语教师志愿者陈姗姗第一次在所任学校上汉语课自我介绍时,中文零基础的学生各种大笑,她觉着"和想象的并不一样,有点囧",但她并没有手足无措,而是迅速调整状态,按照备课准备的问候语"你好"，挨个和学生握手并问好，慢慢地学生进入了学习状态，第一节课的任务顺利完成。由此可见，国际中文教师在课堂教学碰到问题或难题时，要反应迅速，妥善地及时解决，这样才能提升海外中文教学技能，达成传播目的。另一位赴泰志愿者王清英留任后教学对象变成了幼儿园的学生，她及时调整策略，通过奖励制度和发放小奖品的形式大大提高了课堂教学效果。

赴柬埔寨志愿者丁晓婷一开始"抱着和在国内教学差不多的心态"去教，但发现书本上学的二语习得理论还需要实践的检验。她虚心向同事请教后，及时调整心态，从备课开始改变教学策略，注重学情分析，从学生的角度考虑教学。实践证明，这种以学生为中心、更贴近学生实际的教学方式取得了良好的效果，达到了传播的目的。

东南亚国家生活节奏慢，不喜欢竞争和压力，崇尚"慢慢来"的生活和学习态度。有些学生完不成作业，有时惩罚措施也未必见效，这更需要调整教学策略。比如，对于提前旅游度假不来上课的学生，志愿者丁晓婷的做法是让学生用中文口语或写作的方式描述旅游见闻，这种"温柔的惩罚"也能一定程度上提高教学效果。

对于泰国学生课堂上不好管理的问题，案例14赴泰国志愿者任香玉提出，课堂管理和教学方法同样重要，只有管理好课堂，才能使汉语课程顺利进行下去，而课堂游戏，是她教学的"杀手锏"。案例15赴泰志愿者聂小梅在和调皮学生"斗智斗勇"的策略中维持课堂秩序，在教学中，该志愿者从发现单纯教汉语知识收效甚微后，及时调整教学策略，根据泰国学生的特点，采取增加互动、游戏和中文歌曲、电影的方式，激发学生兴趣，做到玩中学、做中学，同时她还对学困生格外关注和鼓励，效果良好。类似情况还有案例19赴印度尼西亚志愿者郑海文，面对印尼小学生课堂秩序的问题，她也是及时树立规矩，另外想方设法培养他们对汉语课的兴趣。

(三)注重教学反思

案例11赴柬埔寨志愿者丁晓婷在教学伊始，没有对教学对象认真分析，按照国内的方法去授课，效果并不好。对此，该志愿者及时转变，通过请教和反思等，及时调整教学方式，采用更贴合学生实际学习情况的学习方法进行教学组织与安排，教学效果大大提升。同样，提到国际中文教师要加强教学反思的还有案例13赴柬埔寨志愿者赵金姿。她对赴任初期教学过程中，作业布置和检查这个环节做得不够好进行了反思，并及时改进。她说,没有谁是从一开始就是完美的或者非常优秀的老师,只要善于总结和反思,吸取自己在教学中遇到的教训并努力去改进,就没有什么是难的,也没有什么可以阻挡自己前进的脚步。赵金姿还注意把教学和传播中国传统文化"仁、义、礼、智、信"结合起来,润物细无声,巧妙达到传播目的。

案例12 赴泰志愿者冯轲在课堂中发现,泰国孩子动手能力很强,擅长手工和画画,该志愿者充分发挥学生的特长,学习生词时能画就画,在动手中帮助他们建立汉字的形、音、义的联系;有时结合授课内容穿插剪纸等内容,学生的积极性都被调动起来了。所以在教学中,要充分发挥他们的特点,寓教于乐,灵活安排。本章案例16 赴泰志愿者张雯斐在课堂管理上受挫后,通过请教和反思,从关心学生心理入手,了解其内心想法,同时坚持真诚性、示范性和技巧性的原则,班级管理慢慢好转。赴尼泊尔志愿者刘蔷薇也证明了课堂游戏的有效性。

二、文化推广方面

(一)形式灵活

从笔者的案例可以看到,文化推广是国际中文教师,尤其是孔子学院中文教师重要的工作内容。笔者所经历的文化推广从参与当地社区节日、文化节或重大事件庆祝中国节日到中国艺术家展演等,从中小学、大学到中国企业,可以说内容、形式、场域差别很大,这更需要中文教师采取灵活、恰当的方式,认真组织和参与每项文化推广,不放弃任何机会。同时,也要巧妙应对各种意想不到的问题和挑战。举个例子,笔者和同事在参加多森"全美花生节"文化推广活动时,为吸引民众,笔者准备了煎饺和春卷等中华美食,并免费品尝。结果有个美国人吃完之后又来问道:"你们是哪个餐馆?味道不错。"虽然我们"特洛伊大学孔子学院"的横幅很显眼,但被问到这个啼笑皆非的问题时,笔者仍微笑着回答道:"我们是特洛伊大学孔子学院,欢迎参加我们的文化课,我们也会在课堂上教中华美食,我们的美食可不仅仅是饺子哦。"这样,不仅化解了尴尬的气氛,也顺利推广了我们的中文课程。

赴泰志愿者谷伟伟在留任学校举行的"国际日"文化推广活动中,和志愿者齐心协力、积极谋划、精心准备,主题"梦回大清"的系列活动"火爆极了",取得了很好的传播效果。志愿者王清英的文化课形式多样,课上有观看有关中国的记录小短片、中国动画片、剪纸体验课、画脸谱、写春联、做红包、做春节中秋贺卡、教唱儿歌、踢毽子、打乒乓球、下五子棋、写书法、吃糖葫芦、穿汉服等活动,趣味性强,吸引了教学对象,展现了该志愿者较强的跨文化传播能力。本章案例20赴菲律宾志愿者王世娜的文化推广活动也是丰富多彩,除了常见的剪纸、简笔画、画脸谱、毛笔字和中国武术外,还经常带学生做一些经典的中国游戏,如跳绳、扔沙包、踢毽子等。

(二)积极融入当地文化

赴泰志愿者冯轲发现,和泰国人相处的最好办法就是积极融入。该志愿者在元旦晚会上大胆自信地表演了人生第一次乱舞,结果"舞"下来身边很多泰国人更愿意交流,更愿意学习汉语,因为他们觉着该志愿者是真的喜欢泰国,喜欢他们。这种拉近心与心距离的方式取得了意外的跨文化传播效果。

赴柬埔寨志愿者丁晓婷也有相似看法。她认为,无论是哪个国家,在与人交流的时候,尽管文化各有差异,但很多为人处事的准则是相通的,要尊重差异、尊重他人,外出要不卑不亢。有一次,该志愿者应邀参加柬埔寨同事婚礼,得知当地人对于出席婚礼的着装较为看重,她便着一身得体的汉服参加,受到了一致好评,也传播了中国文化。赴泰志愿者聂小梅有次参加当地活动便身着泰国传统服饰,进一步拉近了和当地人的距离感。

(三)提升跨文化交际能力

赴柬埔寨志愿者张雯斐有一次在课堂上批评一位学生穿拖鞋,但学生却辩解称佛都是不穿鞋的,而柬埔寨是个佛教国家,志愿者一时无言以对。这也让该志愿者反思,一定要多对赴任国的文化敏感,不断提升跨文化交际能力。

本章案例8中赴泰志愿者赵亚文用蜜月期、挫折期、调整期和适应期详细描述了自己在泰国经历的教学、生活和跨文化交际的历程,具有很好的借鉴和参考意义。

这些案例中的国际中文教师基本上都能明确对本民族文化认同和他民族文化尊重的态度,并能意识到与他民族文化之间的差异性,从而避免出现民族中心主义,能够做到公平公正地评价他民族文化,以及相关的文化观念和价值观,等等。

国际中文教师任期较短,其主要工作内容是汉语教学和文化传播。国际中文教师跨文化传播是双维度的,能够做到与赴任国人民产生良好的互动性影响,是一种文化融合的态度。良好的师生关系的建立是十分必要的,无论是从专业能力提升的自我预期角度,还是从保证教学质量和进度的角度。学生是教学的中心,积极与学生进行交流,借由学生们的眼睛,可以打开了解当地文化的大门,实现文化融合是了解文化传播的重要窗口和社交媒介。国际中文教师要不断注意不同文化的差异,提高自身的跨文化素养,这样在应对不同文化差异带来的问题时才能从容应对。同时,还要不断提高文化差异的敏感意识,及时调整教学和生活中的不适或不当,以乐观、自信的态度迎接各方面的挑战。

总之,国际中文教师在培养跨文化传播能力的探索上,首先,要培养文化自信。面对相对强势的西方文化时不至于迷失自己,在此基础上,还要懂得尊重与理解所在国文化的价值所在。其次,要培养跨文化适应能力。只有这样,才能寻求到与异国文化的交融之处,欣赏到异国文化的独特之处。最后,培养跨文化交际能力。加强中华文化的亲和力与吸引力,努力融入当地社会生活,探索中外文化交流的新形式。

三、各美其美、美美与共

国际中文教师应对赴任国文化抱有尊重、理解、宽容、接纳的态度。既不能崇洋媚外,也不能妄自菲薄。东方文化和西方文化因为历史、宗教等各种原因,差别非常大,但这并不影响彼此互相借鉴、互相理解和包容。笔者在特洛伊大学孔子学院工作期间,时刻不忘自己的身份,做好本职工作的同时,不断提升跨文化传播的能力,传播汉语、传播中华文化。在工作和生活中,也认真观察了美国各个方面的文化、民众的理念和价值观,发现虽然东西方文化差别很大,但我们也有很多共通之处:比如,对家庭的责任、对家人的爱、对朋友的关心、对和平的向往、对美好生活的追求等。

所以国际中文教师要秉承各美其美、美美与共的理念,既要充分了解中华文化、现代中国,同时要对赴任国的文化尽可能了解,能够做到尊重、理解和包容他国文化。以开放、自信的心态,不断提升自身的跨文化传播能力,当好"民间使者"。

第五章 提升国际中文教师跨文化传播能力的对策建议

本书聚焦国际中文教师跨文化传播能力研究,第一章从国际中文教育的发展历程入手,阐述国际中文教育是一项传播事业,然后分析国际中文教育和跨文化传播的关系。第二章理论分析部分首先介绍了跨文化传播概述,进而分析国际中文教师跨文化传播能力研究概况,提出国际中文教师跨文化传播能力包括跨文化适应能力和跨文化交际能力,然后提出了国际中文教师跨文化传播能力目前存在的问题。本书主体部分第三章和第四章分别从国际中文教师跨文化适应能力研究和跨文化交际能力研究进行论述,引用案例并进行分析。

需要指出的是,本书挑选国际公派汉语教师和汉语教师志愿者案例共21个,从国别上来看,有美国、老挝、泰国、尼泊尔、蒙古、柬埔寨、罗马尼亚、印度尼西亚和菲律宾等,跨越三大洲七个国家,国家类型较为丰富;从专业生源来看,既有汉语言文学专业、汉语国际教育专业,也有英语专业,这三个专业占据大部分国际中文教师的专业背景;直到现在这些案例时间跨度将近8年。可以说,这些案例作为国际中文教师群体发展现状具有一定的代表性。

本章将从加强传播理论学习、处理好语言与文化的关系和提升中国传统文化素养三个方面对提升国际中文教师跨文化传播能力提出建议和对策。

第一节 加强传播理论学习

文化传播的理论告诉我们,与个体相关的信息在信息的编码、解码过程中永远不可避免地带有个人的观点,而这些观点都是文化的产物。在文化的交流与传播过程中,个人文化背景的影响是永远无法预测的变量。个体的独特经历加上共有的文化经历,是沉淀在一个民族的集体潜意识深处的,是一个无法准确用语言描述的存在。具有相似经历即同样历史背景的人群对事物总有相似的理解力,这一点无须用语言做过多解释,反映到文化中的一个具体表现就是不同文化背景人群对语言的使用情况。以中华文化为代表的东方文化是高语境的,这在与对语言细节要求很高的低语境的西方文化进行交流时,势必会发生冲突。

语境对于传播意义与传播效果直接构成影响,除了简单意义上的上下文、特定文本的所指外,它"可以指一个解释理论、范式,一个特定的历史时期、时代背景,甚至可以囊括全部社会的、历史的、文化的、科学的、政治的、心理的等诸多方面的因素及其相互联系、相互作用的全部实在"。刘彦汝认为,跨文化传播视野下的语境可以理解为"某一传播主题的信息蕴藏在传播环境里或内化在传播主体身上从而形成的一种特殊的传播场"。在高语境传播场域里,信息传递会变得更简单、快捷,也许寥寥数语、一个手势就能达到传播目的。反之,在低语境传播场域里,信息接受者或者固守单一的文化形态,或者根本没有文化分享的欲望,传播内容从主体信息编码到受众解码的过程会变得受阻、缓慢。

首先,国际中文教师在跨文化传播过程中,不可避免会遇到语境不同的问题,即便在同属于高语境的东亚地区,因国别不同,政治制度、价值观念、民族信仰、风俗习惯也不同。所以国际中文教师需要持续不断地加强有关跨文化传播的理论学习。国际中文教师要反复认真研读传播学及跨文化传播学相关专著及研究论文,如《传播学教程》《传播学引论》《跨文化传播学》等,深入掌握相关理论知识,拓展理论视野,提升理论高度。其次,在自身的跨文化传播中应用相关理论知识并加以反思,如在跨文化传播的过程中思考传播者、传播内容和受众之间的关系。最后,注重实践调查,通过理论知识与实践相结合提升个人相关能力。在条件许可的情况下、在自己能力范围内,从汉语教师跨文化传播现状调查研究和跨文化传播个案研究这两个维度更深层次学习并提升自身对传播学与跨文化传播学基础理论的掌握与运用能力。

教学是国际中文教师之根本。教师想成为"教的专家",首先要成为"学的专家"。"学的专家",即教师学会学习,学会如何通过学习不断充实与完善自我,实现教学能力和专业素养的持续提升。其基本理念包括三方面:由被动学习变主动学习,由短期学习变终身学习,由工具性学习变反思性学习。具体实现路径包括以"经验实在"为基础的学习、以案例为支撑的情境学习、以共同体为基础的合作交流学习、以关键性事件为核心的学习、教师在反思性教学中学习、教师在行动研究中学习。国际中文教师教学能力的提升是"学—教—学"的连续的、循环的、呈螺旋式递进的过程。

第二节　处理好语言与文化的关系

　　国际中文教育不仅仅是教语言,我们要通过语言这一桥梁清除中外文化之间的障碍,传播中国的传统文化,提升中国的软实力。

　　文化离不开交流,这是传播学的原理告诉我们的,无论是社会的进步,还是人类的发展,这都是文化交流所产生的结果。交流离不开语言文字,语言仍然是现在最基本和最重要的交流媒介。在国际中文教育中,我们必须认识到文化的依附现象,我们的语言肯定是离不开文化的。汉语所依附的是我们中华民族的根,是我们的民族传统文化,语言差异直接体现了文化差异。语言乃是一种具有逻辑性的、可以习得的符号体系,它是人类文化的载体和核心形式。虽然如今科技高度发达,全球化日益显著,成功的跨文化交流也可以通过其他各种不同的媒介,但是,语言却仍是最重要、最基本的媒介。和交流用到的其他媒介比较,语言文字的影响力是毋庸置疑的,语言和文字被分别看作是流动着和凝固着的历史,其他的媒介都是以语言文字为基础的。人们在使用与接受语言的时候,也意味着接受了隐藏于这种语言背后的思维方式和价值观念,也就是慢慢地接受了这类语言所代表的文化和传统。因此,我们可以说语言是跨文化传播当中最关键的一个环节。鉴于不同的文化差异,在进行跨文化传播时,我们不能仅仅只是单纯地考虑语言,而是要很好地处理文化与语言的关系,要将语言所依附的文化一同传递给受众。

　　另外要注意,语言只是一种工具,在学习的整个过程中,我们永远要面对的是学生的再创造。对这些永远无法准确预料的再创造,我们应有一个大概的“度”的标准。交流是第一目的,因此也是最低标准。第二语言也就是第二个媒体,运用不同语言媒体表达同一思想文化是第二语言习得的目的。因此,对其效果的要求也不应离开这一基本目的。我们在进行国际中文教育时要考虑到词语范围的异同及表达方式的差别,从而对第二语言教学效果做出合理的预期,对国际中文教育效果和文化传播的局限做出合理的预期。

第三节 提升中华优秀传统文化素养

(一)加强研习国学经典文化

国学经典文化指"在漫长的历史进程中,被流传下来代表某一时期精髓的思想、理念以及相关的作品,是中华优秀传统文化的最具代表性的部分"。研习中华优秀传统文化,有助于推动发展文化自觉、文化自信、文化认同。在国际中文教育的大背景下,要不断加强国际中文教师的国学经典研习的能力培养。可以通过开展国学培训班,讲授国学精华,邀请国学专家开设专题讲座及鼓励自主阅读经典著作等各种方式,学习中华优秀传统文化,提升文化素养。

(二)注重中华民族精神的培养

中华民族精神是几千年的历史文化沉淀,具有浓厚的民族情感和优秀的精神内涵。中华优秀传统文化孕育着中华民族精神,而民族精神则以传统文化作为依托。国际中文教师作为一支中华文化传播的重要力量,有责任、有义务传承与发扬中华民族优秀传统美德。了解中华民族历史,学习民族精神的衍生历程,重视中华优秀传统文化的传承,将有利于培养中华民族精神。针对国际中文教师开展民族精神培育实践活动,汲取传统文化养料,增加传统文化的感染力,激发国际中文教师对经典文化的兴趣,可以从下面两方面入手:一方面增加与中华民族精神相关的文化课占比,根据各个学科的特点,融合经典文化,渗透民族精神教育;另一方面夯实文化知识和历史文化常识,加强专业知识的学习,加强文化实践,清楚认识一个民族的根源及其发展历程。

(三)加强中华才艺素质能力的培养

国粹和民间艺术是我国长久以来流传下来的瑰宝。培养中华才艺素质能力,有利于弘扬中国传统国粹及民间工艺品制作,有利于宣传具有鲜明民族特色的文化艺术。欠缺中华才艺素质能力,开展文化活动就无法达到预期值。中华传统文化艺术传播的影响力甚微,世界人民普遍认为中国只有功夫、长城、中医等少量的中华元素。事实上,中国特色元素丰富且有内涵,比如国画艺术、古诗曲词、国学经典等,由于条件的限制未能更好地让世界所熟悉。因此,要不断加强中华优秀传统文化的教育与中华才艺素质能力的培养,国际中文教师才能更好地肩负起中华优秀传统文化传播的重任,助力国际中文教育事业的发展。

国际中文教师作为连接中国与世界的桥梁,在进行海外文化传播过程中,要对中国语言和传统文化从内心感到自豪与自信,才能在遭遇误解与质疑,在面对文化传播的困难与挫折时,始终保持从容镇定,处之泰然。这就需要国际中文教师去学习、探索儒家思想,做到中华优秀传统文化内化于心、外化于行,从而确保中华优秀传统文化对外传播顺利进行,取得效果。

第四节　提升跨文化适应能力

面对文化差异的现实,尊重各种文化。文化是千差万别的,文化没有高低贵贱之分。对待每一种文化,我们的态度都应该是尊重的,而不可有任何以大国自居,看不起其他小国文化的倾向。我们可以不接受、不学习,但要尊重不同的文化。在国际中文教育中,我们会遇到不同文化碰撞出问题。比如,我们汉语中有用"吐舌头"来表示尴尬、自我嘲笑的意思,但在英国文化中则完全不同,他们没有这种行为文化。英语中有"nice try"一词,表示对别人失败之后的鼓励,意思是"不错,至少你尝试了"。而中国文化没有类似的表示法,中国人会用由衷的同情来表示自己的理解,至多会说"下次看你的"之类的安慰话。对这些问题,我们都应该怀着极大的兴趣去互相学习,互相理解,而不能根据自身的文化背景去评价和判断其优劣,更不能去嘲笑某种文化习俗。应立足"共时",着眼于当今世界,面对当今世界文化"融合"的现实,无论是从课堂教学还是教材编写上,都要注意其适度性。

跨文化传播的核心内容是差异化的价值观以及由之衍生的文化传统、道德规范,它深刻依存于具象化的种种外在文化形态、文化产品之中。跨文化传播的效率首先取决于对跨文化传播的理解和态度。民族文化的积淀、传承是一个永远不会停顿的持续的过程,除非这个文化因为某种原因而遭遇毁灭。在当今鼓励多元化的信息社会,不同文化之间存在着误解、曲解、矛盾冲突,但更多地存在着相互沟通,彼此了解、理解后趋于融合的机会。作为世界上最古老的文明古国之一,中国先天就有着无比丰厚的文化遗产,我们所要做的是在保护好这些遗产的同时,尽力去实现新的文化创造并使之发扬光大。在当代跨民族、跨文化传播不断发展的潮流中,中国的民族文化自身有足够的价值资源去实现与他国文化平等交流、相互获益的目标,而对此的前提是我们对文化传播需要具有正确的认识,采取正确的态度,并辅之以正确的方式和手段。

国际中文教师要站在平等的立场上,充分认识到不同文化的异同,把握彼此文化的共通之处,以达到彼此的交融、和谐。

第五节　提升跨文化交际能力

国际中文教师面对的学生都是母语非汉语者,即具有他国文化背景的学生,所以应该提升自身对于传播学与跨文化传播学基础理论的掌握与运用能力,以保证在教学和文化传播中与学生的有效沟通。

（一）树立正确认知观

首先,应正确认识传媒与跨文化传播的多样化,树立文化自信,提升跨文化传播能力。当前世界形势变化多端,各国国情存在差异,民风民俗多样化,传播环境复杂多变,加之网络环境的不安定,自媒体的鱼龙混杂,要求国际中文教师对之必须要有一个正确的认知,进而充分发挥新媒体与相关软件的优势,在人际交往、课堂教学等方面传播正能量,通过多样化途径传播中国优秀传统文化,树立文化自信。其次,全面提升国际中文教师的文化素养,注重传播策略,力求精通一门才艺,强化才艺展示技能。国际中文教师应当不断提高、完善传统文化素养,可通过积极参加文化体验活动,如学习传统舞蹈、戏剧、国画、书法、武术、民族乐器与古典音乐等方式来提升自身的艺术素养。同时,应主动学习、精通一门中华优秀传统文化相关技能,并能在适当场合加以运用,以直观的感受和亲身的体验来增强外国学生对中华优秀传统文化的认识。

（二）提升环境适应能力

首先,国际中文教师要提升自身对国外环境的适应能力。应该客观审视不同国家环境因素,加强学习,主动融入当地大环境,全身心投入教学工作中,在与师生深入交流的基础上缓解不适和压力。应积极主动与当地学校同事处理好人际关系,在文化差异中提升跨文化交际理论素养与实践能力。主动发展和谐的办公室关系,友善对待同事、不卑不亢,良好的跨文化关系能够有效缓解跨文化差异带来的不适。其次,为了避免工作中出现跨文化适应性差的现象,赴任初期,国际中文教师要摆正心态,明确因教育观念和教学方法产生摩擦是一件极为平常的事情,不轻易否认同事的教学方式,求同存异,虚心求教,学习其长处,并根据自己的教学实际加以改进,明确教学上的交流都是为了更好地教授学生。通过学习当地日常用语,感受他国语言文化的特点。为了减少生活上出现跨文化适应性差的情况,国际中文教师在抵达赴任国之后,应主动学习当地语言,主动与当地人交流,融入新的生活环境。最后,了解并尊重当地文化习俗,如相关手势和礼仪仪态等,尊重他国文化,找准生活节奏,提高自我反思与自我调控能力,逐步适应新的生活环境。

在海外工作期间,应尽快摆脱物质方面的文化"休克"。首先,国际中文教师可以通过游览参观当地名胜古迹感受他国文化魅力,转移注意力,不要过分关注生活用品等物质方面的因素;条件许可的话,可亲手做中餐调节饮食的不适应。其次,通过多方交流、沟通缓解心理"休克"。国际中文教师应该充分认识到跨文化传播是一个"一国一策"的应对过程,如信息、媒体、环境等因素,仅会在初期产生诸如文化形象凌乱、跨文化传播形态粗放等现象而引起心理上的不适应。最后,国际中文教师可以通过与国内亲朋好友、同样身份者进行深入交流的方式,咨询请教相关问题的解决方法以资借鉴,通过多种方式调节自我身心状况,以加快步伐提升跨文化适应与沟通能力。

（三）辨识有效跨文化交际信息

首先,跨文化信息呈现出多元化特点,存在一定的负面因素,会产生相应的负面影响。国际中文教师在跨文化传播过程中要对不合理的、有碍于跨文化交际的相关信息进行辨识,避免跨文化交际障碍的误区。其次,以有益的信息推进跨文化适应与沟通能力的提升。在教学工作中,更多地关注那些充满正能量的信息,积极筛选出正面的、有益于促进跨文化交际的信息,以便于更好地交流沟通。

（四）创新跨文化传播方式

首先,应创新文化传播方式,改革课堂教学手段,丰富教学经验,在教学实践中不断提高、完善教学技能。通过认真研读有关文化传播、二语教学、课堂教学改革等方面的最新成果,补充学习教学改革方面的理论知识,努力探索课堂教学模式的创新路径和方式,从而提高教学质量。其次,积极组织和参与文化教学类公开课的展示活动。此类活动的开展可以激发国际中文教师的教学热情,缓解职业倦怠心理,使他们能够在观摩和展示中获取课堂文化教学经验,取长补短,提高自身教学技能。积极参与、组织丰富多彩的中华优秀传统文化活动,为传播中华优秀传统文化、讲好中国故事出谋划策,在文化实践中不断完善提升对中国文化传播模式与策略的掌握与运用能力。

具备运用新媒体的能力,如何才能用好是关键。加强运用多媒体展示文化的技术能力的培养,提高教育技术能力,熟悉当今流行的社交媒介和手机软件,灵活运用,最大程度地利用新媒体技术传播文化,使得文化影响力更广泛、更深远。汉语教师志愿者应着力培养的新媒体运用能力的目标为:拓宽中华优秀传统文化传播的渠道,积极探索展示和体现中华优秀传统文化传播的手段,利用新媒体技术多渠道、多层次、全方位和立体化展现出生动精彩的中华优秀传统文化。

在对外文化传播过程中,汉语教师的跨文化传播能力对汉语教学与文化教学的效果和文化传播的有效性产生直接的影响。国际中文教师由于学历、职称、经历、性别等的不同,在汉语教师跨文化传播能力方面存在一定的差异。他们均不同程度地展示出自身的优势,也相应地显露出存在的不足与问题。但总体来说,国际中文教师是一支相对年轻的汉语教师队伍,在跨文化交际能力方面显示出一定的优势。

国际中文教师是能胜任多种任务的专门人才。除了完成课堂教学任务之外,在日常生活中,在自己出现的每一个地方都是中国符号,教师的言行、举止、服饰、气质等每一个细节都可能是传播中国文化的一个媒介。国际中文教师要具有自觉的传播意识,与时俱进的传播理念,将中国文化的民族魅力和当代特色传递给世界。

总之,在国际中文教师传播能力培养方面,我们要有与时俱进的培养理念,科学、高效的培养方法,动态、开放的培养机制,既注重理论素养,又强化实战技能,全面提高跨文化传播能力培养的质量和效果。

参考文献

一、著作类

［1］SAMOVA L A,PORTER R E,MCDANILE E R. 跨文化交际(第七版)［M］. 董晓波,编译. 北京:北京大学出版社,2012.

［2］爱德华·霍尔. 无声的语言［M］. 何道宽,译. 北京:北京大学出版社,2010.

［3］戴晓东. 跨文化能力研究［M］. 北京:外语教学与研究出版社,2018.

［4］单波. 跨文化传播的问题与可能性［M］. 武汉:武汉大学出版社,2010.

［5］董乃强. 孔学知识词典［M］. 北京:商务印书馆,2008.

［6］费孝通. 费孝通文集(第14卷)［M］. 北京:群言出版社,1999.

［7］郭庆光. 传播学教程［M］. 北京:中国人民大学出版社,2011.

［8］国家汉语国际推广领导小组办公室. 国际汉语教师标准［M］. 北京:外语教学与研究出版社,2007.

［9］亨利·詹金斯. 融合文化［M］. 杜永明,译. 北京:商务印书馆,2012.

［10］胡文仲. 跨文化交际学概论［M］. 北京:外语教学与研究出版社,1999.

［11］吉尔特·霍夫斯泰德,格特·杨·霍夫斯泰德,迈克尔·明科夫. 文化与组织［M］. 张炜,王烁,译. 北京:电子工业出版社,2019.

［12］贾玉新. 跨文化交际学［M］. 上海:上海外语教育出版社,1997.

［13］克利福德·格尔兹. 文化的解释［M］. 韩莉,译. 北京:译林出版社,2014.

［14］拉里·A.萨默瓦,理查德·E.波特,埃德温·R.麦克丹尼尔. 跨文化传播［M］. 闵惠泉,贺文发,徐培喜,译. 北京:中国人民大学出版社,2013.

［15］刘珣. 对外汉语教育学引论［M］. 北京:北京语言大学出版社,2000.

［16］马克斯·范梅南. 生活体验研究:人文科学视野中的教育学［M］. 北京:教育科学出版社,2003.

［17］孙庚. 传播学概论［M］. 北京:中国人民大学出版社,2010.

［18］孙英春.跨文化传播学导论［M］.北京:北京大学出版社,2008.

［19］沃特森.多元文化主义［M］.叶兴艺,译.长春:吉林人民出版社,2005.

［20］吴应辉.汉语国际传播研究理论与方法［M］.北京:中央民族大学出版社,2013.

［21］中共中央宣传部.习近平总书记系列重要讲话读本(2016年版)［M］.北京:学习出版社,人民出版社,2016.

［22］祖晓梅.跨文化交际［M］.北京:外语教学与研究出版社,2015.

二、期刊类

［1］BARKER G. Cross–Cultural Perspectives on Intercultural Communication Competence［J］. Journal of Intercultural Communication Research, Volume 45, Issue 1. 2016;1–18.

［2］CHIU C Y, MALLORIE L, KEH H T, et al. Perceptions of Culture in Multicultural Space:Joint Presentation of Images from Two Cultures Increases in–Group Attribution of Culture–Typical Characteristics［J］. Journal of cross–cultural psychology, Volume 40, Issue 2. 2009;282–300.

［3］毕继万,张占一.跨文化意识与外语教学［J］.天津师范大学学报(社会科学版),1991(05):72–76.

［4］曹春静.论外派汉语教师跨文化能力模型的建构［J］.牡丹江大学学报,2018,27(06):133–135,147.

［5］曹晓安.从萨丕尔—沃尔夫假说看语言对思维和文化的影响［J］.重庆科技学院学报(社会科学版),2008(07):122–123.

［6］陈力丹.“一带一路”下跨文化传播研究的几个面向［J］.江西师范大学学报(哲学社会科学版),2016,49(01):69–73.

［7］陈卫星.跨文化传播的全球化背景［J］.国际新闻界,2001(02):11–14,18.

［8］崔希亮.汉语国际教育“三教”问题的核心与基础［J］.世界汉语教学,2010,24(01):73–81.

［9］崔希亮.汉语国际教育的若干问题［J］.语言教学与研究,2018(01):1–7.

［10］崔希亮.汉语国际教育学科与事业:道与时偕行［J］.国际汉语教学

研究,2019(04):39-40.

[11]单波,孙宇心.跨文化传播研究的新视角与新趋势[J].南昌大学学报(人文社会科学版),2017,48(05):108-116.

[12]范慧琴.国际汉语教师传播能力的构成及培养[J].现代传播(中国传媒大学学报),2013,35(05):146-148.

[13]洪历建."国际汉语":作为"国际性语言"的汉语如何发展[J].华东师范大学学报(哲学社会科学版),2014,46(06):60-72,150-151.

[14]黄启庆,刘薇.国际汉语教师研究三十年回顾与展望[J].云南师范大学学报(对外汉语教学与研究版),2017,15(02):1-16.

[15]柯卓英,姚盈.汉语教师跨文化传播能力调查研究[J].海外华文教育,2020(05):116-125.

[16]雷启立,常冬.跨文化传播的困境与可能:以孔子学院在全球的发展为例[J].杭州师范大学学报(社会科学版),2009,31(04):63-67.

[17]李宝贵,刘家宁."一带一路"战略背景下孔子学院跨文化传播面临的机遇与挑战[J].新疆师范大学学报(哲学社会科学版),2017,38(04):148-155.

[18]李建军.实现中国语言文化传播的六大转变[J].中南民族大学学报(人文社会科学版),2014,34(06):43-46.

[19]李炯英.中国跨文化交际学研究20年述评[J].解放军外国语学院学报,2002(06):86-90.

[20]李泉,关蕾.对外汉语教学:教师、匠人、学者[J].国际汉语教育(中英文),2019,4(01):19-27.

[21]李泉.教学经验:汉语教师专业发展务实而重要的取向[J].语言教学与研究,2021(03):10-21.

[22]李卫国.汉语国际教育人才培养储备前瞻性研究[J].河南大学学报(社会科学版),2013,53(04):124-130.

[23]李艳.在文化传播中拓展语言传播 以语言传播深化文化传播[J].语言文字应用,2014(03):125-132.

[24]李奕,刘军平.基于文化场域的跨文化传播能力提升路径研究[J].学习与实践,2021(03):125-131.

[25]梁社会.优秀汉语志愿者管理教师应具备的条件[J].中国成人教育,2012(19):36-37.

[26]刘继红.有效的文化教学资源:选择与利用:兼谈教师的文化传播意识[J].海外华文教育,2017(08):1037-1045.

[27]刘双.文化身份与跨文化传播[J].外语学刊,2000(01):87-91.

[28]刘涛,刘富华.国际汉语教师课堂教学能力培训策略研究[J].东北师大学报(哲学社会科学版),2013(01):185-188.

[29]陆俭明.汉语国际传播中的几个问题[J].华文教学与研究,2013(03):1-4.

[30]吕必松.关于对外汉语教师业务素质的几个问题[J].世界汉语教学,1989(01):1-17.

[31]孟建.跨文化传播理念与方法的嬗变[J].对外传播,2021(07):20-23.

[32]彭军.国际汉语教师跨文化交际能力调查研究[J].辽宁师范大学学报(社会科学版),2013,36(05):695-698.

[33]邵滨,邵辉.新旧《国际汉语教师标准》对比分析[J].云南师范大学学报(对外汉语教学与研究版),2013,11(03):31-36.

[34]王添淼.国际中文教师教学能力再探:成为"学的专家"[J].东北师大学报(哲学社会科学版),2021(06):150-155.

[35]王端.汉语国际教育本科专业人才跨文化交际与传播能力培养研究[J].现代语文(学术综合版),2015(09):97-99+2.

[36]王帅.国际汉语教师如何讲好中国故事[J].对外传播,2018(02):34-36.

[37]王希竹,彭爽.试论国际汉语教师应具备的跨文化交际素养[J].当代教育与文化,2016,8(06):27-31.

[38]王雁冰.海外汉语培训对我国汉语国际教育的启示:以特洛伊大学孔子学院汉语培训为例[J].内蒙古师范大学学报(教育科学版),2017,30(06):114-117.

[39]吴坚.孔子学院本土汉语教师培养:现状、问题与对策[J].华南师范大学学报(社会科学版),2014(05):63-66,162.

[40]吴应辉.国际汉语师资需求的动态发展与国别差异[J].教育研究,2016,37(11):144-149.

[41]吴应辉.国际中文教育新动态、新领域与新方法[J].河南大学学报(社会科学版),2022,62(02):103-110,155

［42］徐明华.我国跨文化传播研究的文献综述:以 2000—2011 年中国跨文化传播研究为背景［J］.新闻爱好者,2012(17):1-3.

［43］许琳.充分发挥孔子学院综合文化交流平台作用 助推"中国梦"走向世界［J］.华文教学与研究,2013(02):1-4.

［44］尹宏伟.孔子学院跨文化传播能力可视化分析［J］.新闻研究导刊,2022,13(01):52-54.

［45］云国强.关于新时代中国跨文化传播能力建设的一点思考［J］.新闻知识,2019(04):11-14.

［46］张秉福,齐梦雪.我国对外文化传播能力提升论略［J］.新疆社会科学,2022(01):121-129,148.

［47］张和生,鲁俐.再论对外汉语教师的素质培养［J］.语言文字应用,2006(S2):163-167.

［48］张文英.对外文化传播意识的构建:人才培养的问题与对策［J］.黑龙江高教研究,2011(10):138-141.

［49］张笑难.国际汉语教师:跨文化传播的"把关人"［J］.内蒙古师范大学学报(教育科学版),2015,28(10):33-35.

［50］赵金铭.国际汉语教育研究的现状与拓展［J］.语言教学与研究,2011(04):86-90.

［51］周小祥,庄恩平.2010 年上海世博会跨文化传播的价值与策略［J］.徐州师范大学学报(哲学社会科学版),2010,36(02):67-70

［52］周勇.国际中文教师供需矛盾分析与对策［J］.教师教育研究,2020,32(02):110-115.

三、硕博论文类

［1］陈蕾.从跨文化传播角度解读孔子学院［D］.南京:南京师范大学,2011:46-52.

［2］范笛.中韩跨文化交际中文化冲突案例研究与应对策略［D］.济南:山东师范大学,2018:15-21.

［3］何娅.对外汉语教学中的跨文化传播现状分析和对策研究:以孔子学院为例［D］.北京:北京印刷学院,2014:20-23.

［4］梁钊华.汉语教师志愿者文化传播途径及能力培养研究［D］.武汉:湖北工业大学,2018:15-23.

［5］刘彦汝.跨文化语境下自群体文化认同缺失研究［D］.上海:复旦大学,2008:10-12.

［6］梅寒雪.赴新西兰汉语教师志愿者跨文化适应性研究［D］.上海:上海交通大学,2018:44-48.

［7］汤筠冰.跨文化传播与申奥片的国家形象建构［D］.上海:复旦大学,2008:1-3.

［8］王丽华.跨文化交际中的文化冲突研究:基于汉语国际教育案例的分析［D］.沈阳:辽宁大学,2017:15-18.

［9］王晓音.对外汉语教师素质研究［D］.西安:陕西师范大学,2013:262.

［10］易丽平.孔子学院跨文化传播研究［D］.重庆:重庆工商大学,2012:68-79.

［11］赵涵.儒家人文精神范式下孔子学院中方院长跨文化能力研究［D］.上海:上海外国语大学,2018:5-9.

四、网上资源类

［1］《习近平在中共中央政治局第三十次集体学习时强调 加强和改进国际传播工作 展示真实立体全面的中国》［EB/OL］新华网.［2021-6-1］.http://www.xinhuanet.com/politics/leaders/2021-06/01/c_1127517461.htm.

五、会议录类

［1］丁芳芳.文化差异的解读——国际汉语教师跨文化传播能力培养的案例分析［C］//.世界汉语教学学会.第十一届国际汉语教学研讨会论文集.2012:316-320.